MERCIFUL WRITING BIBLE

야훼밑글씨

성령님과함께쓰는

# 은혜로운 필사성경

2

레위기 – 신명기

필 사 자 : ____________________

시작한 날 : ____________________

끝 난 날 : ____________________

서울말씀사

# 일러두기

1. 성경 각 권의 서론을 수록하여 성경의 이해를 도왔습니다.

2. 성경의 장과 절이 인쇄되어 있어 보기 쉽고 쓰기 쉽습니다. 또한 밑글씨가 인쇄되어 있어, 성경 없이 누구나 쉽게 필사할 수 있습니다.

3. 성경의 순서에 관계없이 자유롭게 필사할 수 있습니다.

4. 성경과 같이 2단 편집으로 되어 있어 쓰기 쉽고, 여백 활용을 최대화하였습니다.

5. [성령님과 함께 쓰는 은혜로운 필사성경](개정)은 총 10권으로 구성되어 있습니다.

   1 : 구약 1 _ 율법서 1 (창세기 ~ 출애굽기)
   2 : 구약 2 _ 율법서 2 (레위기 ~ 신명기)
   3 : 구약 3 _ 역사서 1 (여호수아 ~ 룻기)
   4 : 구약 4 _ 역사서 2 (사무엘상 ~ 열왕기하)
   5 : 구약 5 _ 역사서 3 (역대상 ~ 에스더)
   6 : 구약 6 _ 시가서 (욥기 ~ 아가)
   7 : 구약 7 _ 예언서 1 (이사야 ~ 예레미야애가)
   8 : 구약 8 _ 예언서 2 (에스겔 ~ 말라기)
   9 : 신약 1 _ 마태복음 ~ 사도행전
   10 : 신약 2 _ 로마서 ~ 요한계시록

# 머리말

지식의 홍수 속에서 살아가는 현대인들의 영혼에 가장 필요한 지식은 무엇일까요? 그것은 바로 '하나님을 아는 지식'입니다. 하나님께서는 호세아 6장 6절에서 "나는 인애를 원하고 제사를 원하지 아니하며 번제보다 하나님을 아는 것을 원하노라"라고 말씀하셨습니다. 이처럼 하나님께서 가장 원하시는 것은 우리가 하나님을 알고 하나님의 뜻대로 사는 것입니다.

하나님을 알아가는 가장 좋은 방법은 하나님의 말씀인 성경을 가까이하는 것이며, 성경을 가까이하는 가장 좋은 방법들 중 하나는 성경을 직접 쓰는 것입니다. 성경을 필사하는 시간은 성경을 읽고 묵상하는 시간과 더불어 또 하나의 은혜의 시간, 축복의 시간이 될 것입니다. 이렇게 귀한 성경 필사에 도움이 되고자 이번에 『성령님과 함께 쓰는 은혜로운 필사성경』을 펴내게 되었습니다. 이 책은 말씀을 읽는 것에서 더 나아가 말씀을 직접 기록하며 하나님을 더욱 알기를 원하는 모든 분들에게 큰 유익이 될 것입니다. 인내와 정성이 깃든 성경 필사를 통해 성령님의 음성을 듣고 하나님 말씀의 더 깊은 세계로 나아가는 은혜를 체험하게 되시기를 간절히 바랍니다.

여의도순복음교회
위임목사 이영훈

LEVITICUS

# 레위기

저 자 모세

주 제 속죄와 성결

기록목적
- 이스라엘 백성이 선민으로서 생활할 때 필요한 제도와 규칙들을 공포한다.
- 죄인인 인간이 속죄 의식을 통해 하나님께 나아가는 길을 알려 준다.
- 제사 의식을 통해 완전한 희생제물이시며 영원한 대제사장이신 예수님의 희생과 구속의 의미를 보여 준다.

기록배경 레위기는 출애굽기 40장의 성막 완성 이후 시내 산을 출발하기까지의 두 달 동안에 하나님께서 모세에게 지시하신 것을 내용으로 한다. 모세는 하나님께서 이스라엘을 위해서 그에게 50회에 걸쳐 계시하신 지시 사항을 기록하였다.

특 징
- 성경의 어떤 책보다도 하나님의 말씀이 직접적으로 인용되어 있다.
- 제사 체계와 속죄의 대속에 관하여 자세히 기록되어 있으며, 특히 16장에는 속죄일에 대하여 언급되어 있다.
- 이스라엘 백성들이 영적 · 도덕적으로 정결한 생활, 다른 나라로부터의 분리, 하나님께 대한 순종을 통하여 제사장적 소명을 성취하도록 강조하고 있다.

나의 기도

# 레위기

1 야훼께서 회막에서 모세를 부르
시고 그에게 말씀하여 이르시되
2 이스라엘 자손에게 말하여 이르라
너희 중에 누구든지 야훼께 예물을
드리려거든 가축 중에서 소나 양으
로 예물을 드릴지니라
3 그 예물이 소의 번제이면 흠 없는
수컷으로 회막 문에서 야훼 앞에
기쁘게 받으시도록 드릴지니라
4 그는 번제물의 머리에 안수할지니
그를 위하여 기쁘게 받으심이 되어
그를 위하여 속죄가 될 것이라
5 그는 야훼 앞에서 그 수송아지를
잡을 것이요 아론의 자손 제사장들
은 그 피를 가져다가 회막 문 앞 제
단 사방에 뿌릴 것이며
6 그는 또 그 번제물의 가죽을 벗기
고 각을 뜰 것이요
7 제사장 아론의 자손들은 제단 위에
불을 붙이고 불 위에 나무를 벌여
놓고
8 아론의 자손 제사장들은 그 뜬 각
과 머리와 기름을 제단 위의 불 위
에 있는 나무에 벌여 놓을 것이며
9 그 내장과 정강이를 물로 씻을 것
이요 제사장은 그 전부를 제단 위
에서 불살라 번제를 드릴지니 이는
화제라 야훼께 향기로운 냄새니라
10 만일 그 예물이 가축 떼의 양이나
염소의 번제이면 흠 없는 수컷으로
드릴지니
11 그가 제단 북쪽 야훼 앞에서 그것
을 잡을 것이요 아론의 자손 제사
장들은 그것의 피를 제단 사방에
뿌릴 것이며
12 그는 그것의 각을 뜨고 그것의 머
리와 그것의 기름을 베어낼 것이요
제사장은 그것을 다 제단 위의 불
위에 있는 나무 위에 벌여 놓을 것
이며
13 그 내장과 그 정강이를 물로 씻을
것이요 제사장은 그 전부를 가져다
가 제단 위에서 불살라 번제를 드
릴지니 이는 화제라 야훼께 향기로
운 냄새니라
14 만일 야훼께 드리는 예물이 새의
번제이면 산비둘기나 집비둘기 새
끼로 예물을 드릴 것이요
15 제사장은 그것을 제단으로 가져다
가 그것의 머리를 비틀어 끊고 제
단 위에서 불사르고 피는 제단 곁
에 흘릴 것이며
16 그것의 모이주머니와 그 더러운 것
은 제거하여 제단 동쪽 재 버리는
곳에 던지고
17 또 그 날개 자리에서 그 몸을 찢되

기록일 : . . .

아주 찢지 말고 제사장이 그것을
제단 위의 불 위에 있는 나무 위에
서 불살라 번제를 드릴지니 이는 화
제라 야훼께 향기로운 냄새니라

2 누구든지 소제의 예물을 야훼께
드리려거든 고운 가루로 예물을 삼
아 그 위에 기름을 붓고 또 그 위에
유향을 놓아
2 아론의 자손 제사장들에게로 가져
갈 것이요 제사장은 그 고운 가루
한 움큼과 기름과 그 모든 유향을
가져다가 기념물로 제단 위에서 불
사를지니 이는 화제라 야훼께 향기
로운 냄새니라
3 그 소제물의 남은 것은 아론과 그의
자손에게 돌릴지니 이는 야훼의 화
제물 중에 지극히 거룩한 것이니라
4 네가 화덕에 구운 것으로 소제의
예물을 드리려거든 고운 가루에 기
름을 섞어 만든 무교병이나 기름을
바른 무교전병을 드릴 것이요
5 철판에 부친 것으로 소제의 예물을
드리려거든 고운 가루에 누룩을 넣
지 말고 기름을 섞어
6 조각으로 나누고 그 위에 기름을
부을지니 이는 소제니라
7 네가 냄비의 것으로 소제를 드리려
거든 고운 가루와 기름을 섞어 만
들지니라
8 너는 이것들로 만든 소제물을 야훼
께로 가져다가 제사장에게 줄 것이
요 제사장은 그것을 제단으로 가져
가서
9 그 소제물 중에서 기념할 것을 가져
다가 제단 위에서 불사를지니 이는
화제라 야훼께 향기로운 냄새니라
10 소제물의 남은 것은 아론과 그의 아
들들에게 돌릴지니 이는 야훼의 화
제물 중에 지극히 거룩한 것이니라
11 너희가 야훼께 드리는 모든 소제
물에는 누룩을 넣지 말지니 너희가
누룩이나 꿀을 야훼께 화제로 드려
사르지 못할지니라
12 처음 익은 것으로는 그것을 야훼께
드릴지나 향기로운 냄새를 위하여
는 제단에 올리지 말지며
13 네 모든 소제물에 소금을 치라 네
하나님의 언약의 소금을 네 소제에
빠지 못할지니 네 모든 예물에 소
금을 드릴지니라
14 너는 첫 이삭의 소제를 야훼께 드
리거든 첫 이삭을 볶아 찧은 것으
로 네 소제를 삼되
15 그 위에 기름을 붓고 그 위에 유향
을 더할지니 이는 소제니라
16 제사장은 찧은 곡식과 기름을 모든
유향과 함께 기념물로 불사를지니
이는 야훼께 드리는 화제니라

3 사람이 만일 화목제의 제물을 예
물로 드리되 소로 드리려면 수컷이

기록일 : . . .

나 암컷이나 흠 없는 것으로 야훼
앞에 드릴지니
2 그 예물의 머리에 안수하고 회막
문에서 잡을 것이요 아론의 자손
제사장들은 그 피를 제단 사방에
뿌릴 것이며
3 그는 또 그 화목제의 제물 중에서
야훼께 화제를 드릴지니 곧 내장에
덮인 기름과 내장에 붙은 모든 기
름과
4 두 콩팥과 그 위의 기름 곧 허리 쪽
에 있는 것과 간에 덮인 꺼풀을 콩
팥과 함께 떼어낼 것이요
5 아론의 자손은 그것을 제단 위의
불 위에 있는 나무 위의 번제물 위
에서 사를지니 이는 화제라 야훼께
향기로운 냄새니라
6 만일 야훼께 예물로 드리는 화목제
의 제물이 양이면 수컷이나 암컷이
나 흠 없는 것으로 드릴지며
7 만일 그의 예물로 드리는 것이 어
린 양이면 그것을 야훼 앞으로 끌
어다가
8 그 예물의 머리에 안수하고 회막
앞에서 잡을 것이요 아론의 자손은
그 피를 제단 사방에 뿌릴 것이며
9 그는 그 화목제의 제물 중에서 야
훼께 화제를 드릴지니 그 기름 곧
미골에서 벤 기름진 꼬리와 내장에
덮인 기름과 내장에 붙은 모든 기
름과
10 두 콩팥과 그 위의 기름 곧 허리쪽
에 있는 것과 간에 덮인 꺼풀을 콩
팥과 함께 떼어낼 것이요
11 제사장은 그것을 제단 위에서 불사
를지니 이는 화제로 야훼께 드리는
음식이니라
12 만일 그의 예물이 염소면 그것을
야훼 앞으로 끌어다가
13 그것의 머리에 안수하고 회막 앞에
서 잡을 것이요 아론의 자손은 그
피를 제단 사방에 뿌릴 것이며
14 그는 그 중에서 예물을 가져다가
야훼께 화제를 드릴지니 곧 내장에
덮인 기름과 내장에 붙은 모든 기
름과
15 두 콩팥과 그 위의 기름 곧 허리 쪽
에 있는 것과 간에 덮인 꺼풀을 콩
팥과 함께 떼어낼 것이요
16 제사장은 그것을 제단 위에서 불
사를지니 이는 화제로 드리는 음식
이요 향기로운 냄새라 모든 기름은
야훼의 것이니라
17 너희는 기름과 피를 먹지 말라 이는
너희의 모든 처소에서 너희 대대로
지킬 영원한 규례니라

4 야훼께서 모세에게 말씀하여 이
르시되
2 이스라엘 자손에게 말하여 이르라
누구든지 야훼의 계명 중 하나라도

기록일 : . . .

그릇 범하였으되
3 만일 기름 부음을 받은 제사장이
범죄하여 백성의 허물이 되었으면
그가 범한 죄로 말미암아 흠 없는
수송아지로 속죄제물을 삼아 야훼
께 드릴지니
4 그 수송아지를 회막 문 야훼 앞으
로 끌어다가 그 수송아지의 머리에
안수하고 그것을 야훼 앞에서 잡을
것이요
5 기름 부음을 받은 제사장은 그 수
송아지의 피를 가지고 회막에 들어
가서
6 그 제사장이 손가락에 그 피를 찍
어 야훼 앞 곧 성소의 휘장 앞에 일
곱 번 뿌릴 것이며
7 제사장은 또 그 피를 야훼 앞 곧 회
막 안 향단 뿔들에 바르고 그 송아
지의 피 전부를 회막 문 앞 번제단
밑에 쏟을 것이며
8 또 그 속죄제물이 된 수송아지의
모든 기름을 떼어낼지니 곧 내장에
덮인 기름과 내장에 붙은 모든 기
름과
9 두 콩팥과 그 위의 기름 곧 허리쪽
에 있는 것과 간에 덮인 꺼풀을 콩
팥과 함께 떼어내되
10 화목제 제물의 소에게서 떼어냄 같
이 할 것이요 제사장은 그것을 번
제단 위에서 불사를 것이며
11 그 수송아지의 가죽과 그 모든 고기
와 그것의 머리와 정강이와 내장과
12 똥 곧 그 송아지의 전체를 진영 바
깥 재 버리는 곳인 정결한 곳으로
가져다가 불로 나무 위에서 사르되
곧 재 버리는 곳에서 불사를지니라
13 만일 이스라엘 온 회중이 야훼의
계명 중 하나라도 부지중에 범하여
허물이 있으나 스스로 깨닫지 못하
다가
14 그 범한 죄를 깨달으면 회중은 수
송아지를 속죄제로 드릴지니 그것
을 회막 앞으로 끌어다가
15 회중의 장로들이 야훼 앞에서 그
수송아지 머리에 안수하고 그것을
야훼 앞에서 잡을 것이요
16 기름 부음을 받은 제사장은 그 수
송아지의 피를 가지고 회막에 들어
가서
17 그 제사장이 손가락으로 그 피를
찍어 야훼 앞, 휘장 앞에 일곱 번
뿌릴 것이며
18 또 그 피로 회막 안 야훼 앞에 있
는 제단 뿔들에 바르고 그 피 전부
는 회막 문 앞 번제단 밑에 쏟을
것이며
19 그것의 기름은 다 떼어 제단 위에
서 불사르되
20 그 송아지를 속죄제의 수송아지에
게 한 것 같이 할지며 제사장이 그

기록일 : . . .

것으로 회중을 위하여 속죄한즉 그
들이 사함을 받으리라
21 그는 그 수송아지를 진영 밖으로
가져다가 첫번 수송아지를 사름 같
이 불사를지니 이는 회중의 속죄제
니라
22 만일 족장이 그의 하나님 야훼의
계명 중 하나라도 부지중에 범하여
허물이 있었는데
23 그가 범한 죄를 누가 그에게 깨우
쳐 주면 그는 흠 없는 숫염소를 예
물로 가져다가
24 그 숫염소의 머리에 안수하고 야훼
앞 번제물을 잡는 곳에서 잡을지니
이는 속죄제라
25 제사장은 그 속죄 제물의 피를 손
가락에 찍어 번제단 뿔들에 바르고
그 피는 번제단 밑에 쏟고
26 그 모든 기름은 화목제 제물의 기
름 같이 제단 위에서 불사를지니
이같이 제사장이 그 범한 죄에 대
하여 그를 위하여 속죄한즉 그가
사함을 얻으리라
27 만일 평민의 한 사람이 야훼의 계
명 중 하나라도 부지중에 범하여
허물이 있었는데
28 그가 범한 죄를 누가 그에게 깨우
쳐 주면 그는 흠 없는 암염소를 끌
고 와서 그 범한 죄로 말미암아 그
것을 예물로 삼아
29 그 속죄제물의 머리에 안수하고 그
제물을 번제물을 잡는 곳에서 잡을
것이요
30 제사장은 손가락으로 그 피를 찍어
번제단 뿔들에 바르고 그 피 전부
를 제단 밑에 쏟고
31 그 모든 기름을 화목제물의 기름을
떼어낸 것 같이 떼어내 제단 위에
서 불살라 야훼께 향기롭게 할지니
제사장이 그를 위하여 속죄한즉 그
가 사함을 받으리라
32 그가 만일 어린 양을 속죄제물로
가져오려거든 흠 없는 암컷을 끌어
다가
33 그 속죄제 제물의 머리에 안수하고
번제물을 잡는 곳에서 속죄제물로
잡을 것이요
34 제사장은 그 속죄제물의 피를 손가
락으로 찍어 번제단 뿔들에 바르고
그 피는 전부 제단 밑에 쏟고
35 그 모든 기름을 화목제 어린 양의
기름을 떼낸 것 같이 떼내어 제단
위 야훼의 화제물 위에서 불사를지
니 이같이 제사장이 그가 범한 죄
에 대하여 그를 위하여 속죄한즉
그가 사함을 받으리라

5 만일 누구든지 저주하는 소리를
듣고서도 증인이 되어 그가 본 것이
나 알고 있는 것을 알리지 아니하면
그는 자기의 죄를 져야 할 것이요

기록일 : . . .

그 허물이 그에게로 돌아갈 것이며
2 만일 누구든지 부정한 것들 곧 부
정한 들짐승의 사체나 부정한 가축
의 사체나 부정한 곤충의 사체를
만졌으면 부지중이라고 할지라도
그 몸이 더러워져서 허물이 있을 것
이요
3 만일 부지중에 어떤 사람의 부정에
닿았는데 그 사람의 부정이 어떠한
부정이든지 그것을 깨달았을 때에
는 허물이 있을 것이요
4 만일 누구든지 입술로 맹세하여 악
한 일이든지 선한 일이든지 하리라
고 함부로 말하면 그 사람이 함부
로 말하여 맹세한 것이 무엇이든지
그가 깨닫지 못하다가 그것을 깨닫
게 되었을 때에는 그 중 하나에 그
에게 허물이 있을 것이니
5 이 중 하나에 허물이 있을 때에는
아무 일에 잘못하였노라 자복하고
6 그 잘못으로 말미암아 야훼께 속죄
제를 드리되 양 떼의 암컷 어린 양
이나 염소를 끌어다가 속죄제를 드
릴 것이요 제사장은 그의 허물을
위하여 속죄할지니라
7 만일 그의 힘이 어린 양을 바치는
데에 미치지 못하면 그가 지은 죄
를 속죄하기 위하여 산비둘기 두
마리나 집비둘기 새끼 두 마리를
야훼께로 가져가되 하나는 속죄제
물을 삼고 하나는 번제물을 삼아
8 제사장에게로 가져갈 것이요 제사
장은 그 속죄제물을 먼저 드리되
그 머리를 목에서 비틀어 끊고 몸
은 아주 쪼개지 말며
9 그 속죄제물의 피를 제단 곁에 뿌
리고 그 남은 피는 제단 밑에 흘릴
지니 이는 속죄제요
10 그 다음 것은 규례대로 번제를 드
릴지니 제사장이 그의 잘못을 위하
여 속죄한즉 그가 사함을 받으리라
11 만일 그의 손이 산비둘기 두 마리
나 집비둘기 두 마리에도 미치지 못
하면 그의 범죄로 말미암아 고운
가루 십분의 일 에바를 예물로 가
져다가 속죄제물로 드리되 이는 속
죄제인즉 그 위에 기름을 붓지 말
며 유향을 놓지 말고
12 그것을 제사장에게로 가져갈 것이
요 제사장은 그것을 기념물로 한
움큼을 가져다가 제단 위 야훼의
화제물 위에서 불사를지니 이는 속
죄제라
13 제사장이 그가 이 중에서 하나를
범하여 얻은 허물을 위하여 속죄한
즉 그가 사함을 받으리라 그 나머
지는 소제물 같이 제사장에게 돌릴
지니라
14 야훼께서 모세에게 말씀하여 이르
시되

15 누구든지 야훼의 성물에 대하여 부
지중에 범죄하였으면 야훼께 속건
제를 드리되 네가 지정한 가치를
따라 성소의 세겔로 몇 세겔 은에
상당한 흠 없는 숫양을 양 떼 중에
서 끌어다가 속건제로 드려서
16 성물에 대한 잘못을 보상하되 그것
에 오분의 일을 더하여 제사장에게
줄 것이요 제사장은 그 속건제의
숫양으로 그를 위하여 속죄한즉 그
가 사함을 받으리라
17 만일 누구든지 야훼의 계명 중 하
나를 부지중에 범하여도 허물이라
벌을 당할 것이니
18 그는 네가 지정한 가치대로 양 떼
중 흠 없는 숫양을 속건제물로 제
사장에게로 가져갈 것이요 제사장
은 그가 부지중에 범죄한 허물을
위하여 속죄한즉 그가 사함을 받으
리라
19 이는 속건제니 그가 야훼 앞에 참
으로 잘못을 저질렀음이니라

# 6

야훼께서 모세에게 말씀하여 이
르시되
2 누구든지 야훼께 신실하지 못하여
범죄하되 곧 이웃이 맡긴 물건이나
전당물을 속이거나 도둑질하거나
착취하고도 사실을 부인하거나
3 남의 잃은 물건을 줍고도 사실을
부인하여 거짓 맹세하는 등 사람이
이 모든 일 중의 하나라도 행하여
범죄하면
4 이는 죄를 범하였고 죄가 있는 자니
그 훔친 것이나 착취한 것이나 맡은
것이나 잃은 물건을 주운 것이나
5 그 거짓 맹세한 모든 물건을 돌려
보내되 곧 그 본래 물건에 오분의
일을 더하여 돌려보낼 것이니 그 죄
가 드러나는 날에 그 임자에게 줄
것이요
6 그는 또 그 속건제물을 야훼께 가
져갈지니 곧 네가 지정한 가치대로
양 떼 중 흠 없는 숫양을 속건제물
을 위하여 제사장에게로 끌고 갈
것이요
7 제사장은 야훼 앞에서 그를 위하여
속죄한즉 그는 무슨 허물이든지 사
함을 받으리라
8 야훼께서 모세에게 말씀하여 이르
시되
9 아론과 그의 자손에게 명령하여 이
르라 번제의 규례는 이러하니라 번
제물은 아침까지 제단 위에 있는
석쇠 위에 두고 제단의 불이 그 위
에서 꺼지지 않게 할 것이요
10 제사장은 세마포 긴 옷을 입고 세
마포 속바지로 하체를 가리고 제단
위에서 불태운 번제의 재를 가져다
가 제단 곁에 두고
11 그 옷을 벗고 다른 옷을 입고 그 재

를 진영 바깥 정결한 곳으로 가져
갈 것이요
12 제단 위의 불은 항상 피워 꺼지지
않게 할지니 제사장은 아침마다 나
무를 그 위에서 태우고 번제물을
그 위에 벌여 놓고 화목제의 기름
을 그 위에서 불사를지며
13 불은 끊임이 없이 제단 위에 피워
꺼지지 않게 할지니라
14 소제의 규례는 이러하니라 아론의
자손은 그것을 제단 앞 야훼 앞에
드리되
15 그 소제의 고운 가루 한 움큼과 기
름과 소제물 위의 유향을 다 가져
다가 기념물로 제단 위에서 불살라
야훼 앞에 향기로운 냄새가 되게
하고
16 그 나머지는 아론과 그의 자손이
먹되 누룩을 넣지 말고 거룩한 곳
회막 뜰에서 먹을지니라
17 그것에 누룩을 넣어 굽지 말라 이
는 나의 화제물 중에서 내가 그들
에게 주어 그들의 소득이 되게 하
는 것이라 속죄제와 속건제 같이
지극히 거룩한즉
18 아론 자손의 남자는 모두 이를 먹
을지니 이는 야훼의 화제물 중에서
대대로 그들의 영원한 소득이 됨이
라 이를 만지는 자마다 거룩하리라
19 야훼께서 모세에게 말씀하여 이르
시되
20 아론과 그의 자손이 기름 부음을
받는 날에 야훼께 드릴 예물은 이
러하니라 고운 가루 십분의 일 에
바를 항상 드리는 소제물로 삼아
그 절반은 아침에, 절반은 저녁에
드리되
21 그것을 기름으로 반죽하여 철판에
굽고 기름에 적셔 썰어서 소제로
야훼께 드려 향기로운 냄새가 되게
하라
22 이 소제는 아론의 자손 중 기름 부
음을 받고 그를 이어 제사장 된 자
가 드릴 것이요 영원한 규례로 야
훼께 온전히 불사를 것이니
23 제사장의 모든 소제물은 온전히 불
사르고 먹지 말지니라
24 야훼께서 모세에게 말씀하여 이르
시되
25 아론과 그의 아들들에게 말하여 이
르라 속죄제의 규례는 이러하니라
속죄제 제물은 지극히 거룩하니 야
훼 앞 번제물을 잡는 곳에서 그 속
죄제 제물을 잡을 것이요
26 죄를 위하여 제사 드리는 제사장이
그것을 먹되 곧 회막 뜰 거룩한 곳
에서 먹을 것이며
27 그 고기에 접촉하는 모든 자는 거
룩할 것이며 그 피가 어떤 옷에든
지 묻었으면 묻은 그것을 거룩한

기록일 : . . .

곳에서 빨 것이요
28 그 고기를 토기에 삶았으면 그 그릇
을 깨뜨릴 것이요 유기에 삶았으면
그 그릇을 닦고 물에 씻을 것이며
29 제사장인 남자는 모두 그것을 먹을
지니 그것은 지극히 거룩하니라
30 그러나 피를 가지고 회막에 들어가
성소에서 속죄하게 한 속죄제 제물
의 고기는 먹지 못할지니 불사를지
니라

7 속건제의 규례는 이러하니라 이
는 지극히 거룩하니
2 번제물을 잡는 곳에서 속건제의 번
제물을 잡을 것이요 제사장은 그
피를 제단 사방에 뿌릴 것이며
3 그 기름을 모두 드리되 곧 그 기름
진 꼬리와 내장에 덮인 기름과
4 두 콩팥과 그 위의 기름 곧 허리 쪽
에 있는 것과 간에 덮인 꺼풀을 콩
팥과 함께 떼어내고
5 제사장은 그것을 다 제단 위에서
불살라 야훼께 화제로 드릴 것이니
이는 속건제니라
6 제사장인 남자는 모두 그것을 먹되
거룩한 곳에서 먹을지니라 그것은
지극히 거룩하니라
7 속죄제와 속건제는 규례가 같으니
그 제물은 속죄하는 제사장에게로
돌아갈 것이요
8 사람을 위하여 번제를 드리는 제사
장 곧 그 제사장은 그 드린 번제물
의 가죽을 자기가 가질 것이며
9 화덕에 구운 소제물과 냄비에나 철
판에서 만든 소제물은 모두 그 드
린 제사장에게로 돌아갈 것이니
10 소제물은 기름 섞은 것이나 마른
것이나 모두 아론의 모든 자손이
균등하게 분배할 것이니라
11 야훼께 드릴 화목제물의 규례는 이
러하니라
12 만일 그것을 감사함으로 드리려면
기름 섞은 무교병과 기름 바른 무
교전병과 고운 가루에 기름 섞어
구운 과자를 그 감사제물과 함께
드리고
13 또 유교병을 화목제의 감사제물과
함께 그 예물로 드리되
14 그 전체의 예물 중에서 하나씩 야
훼께 거제로 드리고 그것을 화목제
의 피를 뿌린 제사장들에게로 돌릴
지니라
15 감사함으로 드리는 화목제물의 고
기는 드리는 그 날에 먹을 것이요
조금이라도 이튿날 아침까지 두지
말 것이니라
16 그러나 그의 예물의 제물이 서원이
나 자원하는 것이면 그 제물을 드
린 날에 먹을 것이요 그 남은 것은
이튿날에도 먹되
17 그 제물의 고기가 셋째 날까지 남

기록일 : . . .

앉으면 불사를지니
18 만일 그 화목제물의 고기를 셋째
날에 조금이라도 먹으면 그 제사는
기쁘게 받아들여지지 않을 것이라
드린 자에게도 예물답게 되지 못하
고 도리어 가증한 것이 될 것이며
그것을 먹는 자는 그 죄를 짊어지
리라
19 그 고기가 부정한 물건에 접촉되었
으면 먹지 말고 불사를 것이라 그
고기는 깨끗한 자만 먹을 것이니
20 만일 몸이 부정한 자가 야훼께 속
한 화목제물의 고기를 먹으면 그
사람은 자기 백성 중에서 끊어질 것
이요
21 만일 누구든지 부정한 것 곧 사람
의 부정이나 부정한 짐승이나 부정
하고 가증한 무슨 물건을 만지고
야훼께 속한 화목제물의 고기를 먹
으면 그 사람도 자기 백성 중에서
끊어지리라
22 야훼께서 모세에게 말씀하여 이르
시되
23 이스라엘 자손에게 말하여 이르라
너희는 소나 양이나 염소의 기름을
먹지 말 것이요
24 스스로 죽은 것의 기름이나 짐승에
게 찢긴 것의 기름은 다른 데는 쓰
려니와 결단코 먹지는 말지니라
25 사람이 야훼께 화제로 드리는 제물
의 기름을 먹으면 그 먹는 자는 자
기 백성 중에서 끊어지리라
26 너희가 사는 모든 곳에서 새나 짐
승의 피나 무슨 피든지 먹지 말라
27 무슨 피든지 먹는 사람이 있으면 그
사람은 다 자기 백성 중에서 끊어
지리라
28 야훼께서 모세에게 말씀하여 이르
시되
29 이스라엘 자손에게 말하여 이르라
화목제물을 야훼께 드리려는 자는
그 화목제물 중에서 그의 예물을
야훼께 가져오되
30 야훼의 화제물은 그 사람이 자기
손으로 가져올지니 곧 그 제물의
기름과 가슴을 가져올 것이요 제사
장은 그 가슴을 야훼 앞에 흔들어
요제를 삼고
31 그 기름은 제단 위에서 불사를 것
이며 가슴은 아론과 그의 자손에게
돌릴 것이며
32 또 너희는 그 화목제물의 오른쪽
뒷다리를 제사장에게 주어 거제를
삼을지니
33 아론의 자손 중에서 화목제물의 피
와 기름을 드리는 자는 그 오른쪽
뒷다리를 자기의 소득으로 삼을 것
이니라
34 내가 이스라엘 자손의 화목제물 중
에서 그 흔든 가슴과 든 뒷다리를

기록일 : . . .

가져다가 제사장 아론과 그의 자손
에게 주었나니 이는 이스라엘 자손
에게서 받을 영원한 소득이니라
35 이는 야훼의 화제물 중에서 아론에
게 돌릴 것과 그의 아들들에게 돌
릴 것이니 그들을 세워 야훼의 제
사장의 직분을 행하게 한 날
36 곧 그들에게 기름 부은 날에 야훼
께서 명령하사 이스라엘 자손 중
에서 그들에게 돌리게 하신 것이라
대대로 영원히 받을 소득이니라
37 이는 번제와 소제와 속죄제와 속건
제와 위임식과 화목제의 규례라
38 야훼께서 시내 광야에서 이스라엘
자손에게 그 예물을 야훼께 드리라
명령하신 날에 시내 산에서 이같이
모세에게 명령하셨더라

# 8

야훼께서 모세에게 말씀하여 이
르시되
2 너는 아론과 그의 아들들과 함께
그 의복과 관유와 속죄제의 수송아
지와 숫양 두 마리와 무교병 한 광
주리를 가지고
3 온 회중을 회막 문에 모으라
4 모세가 야훼께서 자기에게 명령하
신 대로 하매 회중이 회막 문에 모
인지라
5 모세가 회중에게 이르되 야훼께서
행하라고 명령하신 것이 이러하니
라 하고
6 모세가 아론과 그의 아들들을 데려
다가 물로 그들을 씻기고
7 아론에게 속옷을 입히며 띠를 띠우
고 겉옷을 입히며 에봇을 걸쳐 입히
고 에봇의 장식 띠를 띠워서 에봇
을 몸에 매고
8 흉패를 붙이고 흉패에 우림과 둠밈
을 넣고
9 그의 머리에 관을 씌우고 그 관 위
전면에 금 패를 붙이니 곧 거룩한
관이라 야훼께서 모세에게 명령하
신 것과 같았더라
10 모세가 관유를 가져다가 성막과 그
안에 있는 모든 것에 발라 거룩하
게 하고
11 또 제단에 일곱 번 뿌리고 또 그 제
단과 그 모든 기구와 물두멍과 그
받침에 발라 거룩하게 하고
12 또 관유를 아론의 머리에 붓고 그
에게 발라 거룩하게 하고
13 모세가 또 아론의 아들들을 데려다
가 그들에게 속옷을 입히고 띠를
띠우며 관을 씌웠으니 야훼께서 모
세에게 명령하신 것과 같았더라
14 모세가 또 속죄제의 수송아지를 끌
어오니 아론과 그의 아들들이 그 속
죄제의 수송아지 머리에 안수하매
15 모세가 잡고 그 피를 가져다가 손
가락으로 그 피를 제단의 네 귀퉁
이 뿔에 발라 제단을 깨끗하게 하

기록일 : . . .

고 그 피는 제단 밑에 쏟아 제단을
속하여 거룩하게 하고
16 또 내장에 덮인 모든 기름과 간 꺼
풀과 두 콩팥과 그 기름을 가져다
가 모세가 제단 위에 불사르고
17 그 수송아지 곧 그 가죽과 고기와
똥은 진영 밖에서 불살랐으니 야훼
께서 모세에게 명령하심과 같았더라
18 또 번제의 숫양을 드릴새 아론과
그의 아들들이 그 숫양의 머리에
안수하매
19 모세가 잡아 그 피를 제단 사방에
뿌리고
20 그 숫양의 각을 뜨고 모세가 그 머
리와 각 뜬 것과 기름을 불사르고
21 물로 내장과 정강이들을 씻고 모세
가 그 숫양의 전부를 제단 위에서
불사르니 이는 향기로운 냄새를 위
하여 드리는 번제로 야훼께 드리는
화제라 야훼께서 모세에게 명령하
심과 같았더라
22 또 다른 숫양 곧 위임식의 숫양을
드릴새 아론과 그의 아들들이 그
숫양의 머리에 안수하매
23 모세가 잡고 그 피를 가져다가 아
론의 오른쪽 귓부리와 그의 오른쪽
엄지 손가락과 그의 오른쪽 엄지
발가락에 바르고
24 아론의 아들들을 데려다가 모세가
그 오른쪽 귓부리와 그들의 손의
오른쪽 엄지 손가락과 그들의 발의
오른쪽 엄지 발가락에 그 피를 바
르고 또 모세가 그 피를 제단 사방
에 뿌리고
25 그가 또 그 기름과 기름진 꼬리와
내장에 덮인 모든 기름과 간 꺼풀
과 두 콩팥과 그 기름과 오른쪽 뒷
다리를 떼어내고
26 야훼 앞 무교병 광주리에서 무교병
한 개와 기름 섞은 떡 한 개와 전병
한 개를 가져다가 그 기름 위에와
오른쪽 뒷다리 위에 놓아
27 그 전부를 아론의 손과 그의 아들
들의 손에 두어 야훼 앞에 흔들어
요제를 삼게 하고
28 모세가 그것을 그들의 손에서 가져
다가 제단 위에 있는 번제물 위에
불사르니 이는 향기로운 냄새를 위
하여 드리는 위임식 제사로 야훼께
드리는 화제라
29 이에 모세가 그 가슴을 가져다가
야훼 앞에 흔들어 요제를 삼았으니
이는 위임식에서 잡은 숫양 중 모
세의 몫이라 야훼께서 모세에게 명
령하심과 같았더라
30 모세가 관유와 제단 위의 피를 가
져다가 아론과 그의 옷과 그의 아
들들과 그의 아들들의 옷에 뿌려서
아론과 그의 옷과 그의 아들들과
그의 아들들의 옷을 거룩하게 하고

기록일 : . . .

31 모세가 아론과 그의 아들들에게 이
르되 내게 이미 명령하시기를 아론
과 그의 아들들은 먹으라 하셨은즉
너희는 회막 문에서 그 고기를 삶
아 위임식 광주리 안의 떡과 아울
러 그 곳에서 먹고
32 고기와 떡의 나머지는 불사를지며
33 위임식은 이레 동안 행하나니 위임
식이 끝나는 날까지 이레 동안은
회막 문에 나가지 말라
34 오늘 행한 것은 야훼께서 너희를
위하여 속죄하게 하시려고 명령하
신 것이니
35 너희는 칠 주야를 회막 문에 머물
면서 야훼께서 지키라고 하신 것을
지키라 그리하면 사망을 면하리라
내가 이같이 명령을 받았느니라
36 아론과 그의 아들들이 야훼께서 모
세를 통하여 명령하신 모든 일을
준행하니라

9 여덟째 날에 모세가 아론과 그의
아들들과 이스라엘 장로들을 불러
다가
2 아론에게 이르되 속죄제를 위하여
흠 없는 송아지를 가져오고 번제를
위하여 흠 없는 숫양을 야훼 앞에
가져다 드리고
3 이스라엘 자손에게 말하여 이르기
를 너희는 속죄제를 위하여 숫염소
를 가져오고 또 번제를 위하여 일
년 되고 흠 없는 송아지와 어린 양
을 가져오고
4 또 화목제를 위하여 야훼 앞에 드
릴 수소와 숫양을 가져오고 또 기
름 섞은 소제물을 가져오라 하라
오늘 야훼께서 너희에게 나타나실
것임이니라 하매
5 그들이 모세가 명령한 모든 것을
회막 앞으로 가져오고 온 회중이
나아와 야훼 앞에 선지라
6 모세가 이르되 이는 야훼께서 너희
에게 하라고 명령하신 것이니 야훼
의 영광이 너희에게 나타나리라
7 모세가 또 아론에게 이르되 너는
제단에 나아가 네 속죄제와 네 번
제를 드려서 너를 위하여, 백성을
위하여 속죄하고 또 백성의 예물을
드려서 그들을 위하여 속죄하되 야
훼의 명령대로 하라
8 이에 아론이 제단에 나아가 자기를
위한 속죄제 송아지를 잡으매
9 아론의 아들들이 그 피를 아론에게
가져오니 아론이 손가락으로 그 피
를 찍어 제단 뿔들에 바르고 그 피
는 제단 밑에 쏟고
10 그 속죄제물의 기름과 콩팥과 간
꺼풀을 제단 위에서 불사르니 야훼
께서 모세에게 명령하심과 같았고
11 그 고기와 가죽은 진영 밖에서 불
사르니라

기록일 : . . .

12 아론이 또 번제물을 잡으매 아론
의 아들들이 그 피를 그에게로 가
져오니 그가 그 피를 제단 사방에
뿌리고
13 그들이 또 번제의 제물 곧 그의 각
과 머리를 그에게로 가져오매 그가
제단 위에서 불사르고
14 또 내장과 정강이는 씻어서 단 위
에 있는 번제물 위에서 불사르니라
15 그가 또 백성의 예물을 드리되 곧
백성을 위한 속죄제의 염소를 가져
다가 잡아 전과 같이 죄를 위하여
드리고
16 또 번제물을 드리되 규례대로 드
리고
17 또 소제를 드리되 그 중에서 그의
손에 한 움큼을 채워서 아침 번제
물에 더하여 제단 위에서 불사르고
18 또 백성을 위하는 화목제물의 수소
와 숫양을 잡으매 아론의 아들들이
그 피를 그에게로 가져오니 그가
제단 사방에 뿌리고
19 그들이 또 수소와 숫양의 기름과
기름진 꼬리와 내장에 덮인 것과
콩팥과 간 꺼풀을 아론에게로 가져
다가
20 그 기름을 가슴들 위에 놓으매 아
론이 그 기름을 제단 위에서 불사
르고
21 가슴들과 오른쪽 뒷다리를 그가 야
훼 앞에 요제로 흔드니 모세가 명
령한 것과 같았더라
22 아론이 백성을 향하여 손을 들어
축복함으로 속죄제와 번제와 화목
제를 마치고 내려오니라
23 모세와 아론이 회막에 들어갔다가
나와서 백성에게 축복하매 야훼의
영광이 온 백성에게 나타나며
24 불이 야훼 앞에서 나와 제단 위의
번제물과 기름을 사른지라 온 백성
이 이를 보고 소리 지르며 엎드렸
더라

10 아론의 아들 나답과 아비후가 각
기 향로를 가져다가 야훼께서 명
령하시지 아니하신 다른 불을 담아
야훼 앞에 분향하였더니
2 불이 야훼 앞에서 나와 그들을 삼
키매 그들이 야훼 앞에서 죽은지라
3 모세가 아론에게 이르되 이는 야훼
의 말씀이라 이르시기를 나는 나를
가까이 하는 자 중에서 내 거룩함
을 나타내겠고 온 백성 앞에서 내
영광을 나타내리라 하셨느니라 아
론이 잠잠하니
4 모세가 아론의 삼촌 웃시엘의 아들
미사엘과 엘사반을 불러 그들에게
이르되 나아와 너희 형제들을 성소
앞에서 진영 밖으로 메고 나가라
하매
5 그들이 나와 모세가 말한 대로 그

기록일 : . . .

들을 옷 입은 채 진영 밖으로 메어
내니
6 모세가 아론과 그의 아들 엘르아
살과 이다말에게 이르되 너희는 머
리를 풀거나 옷을 찢지 말라 그리
하여 너희가 죽음을 면하고 야훼의
진노가 온 회중에게 미침을 면하게
하라 오직 너희 형제 이스라엘 온
족속은 야훼께서 치신 불로 말미암
아 슬퍼할 것이니라
7 야훼의 관유가 너희에게 있은즉 너
희는 회막 문에 나가지 말라 그리
하면 죽음을 면하리라 그들이 모세
의 말대로 하니라
8 야훼께서 아론에게 말씀하여 이르
시되
9 너와 네 자손들이 회막에 들어갈 때
에는 포도주나 독주를 마시지 말라
그리하여 너희 죽음을 면하라 이는
너희 대대로 지킬 영영한 규례라
10 그리하여야 너희가 거룩하고 속된
것을 분별하며 부정하고 정한 것을
분별하고
11 또 나 야훼가 모세를 통하여 모든
규례를 이스라엘 자손에게 가르치
리라
12 모세가 아론과 그 남은 아들 엘르
아살에게와 이다말에게 이르되 야
훼께 드린 화제물 중 소제의 남은
것은 지극히 거룩하니 너희는 그것
을 취하여 누룩을 넣지 말고 제단
곁에서 먹되
13 이는 야훼의 화제물 중 네 소득과
네 아들들의 소득인즉 너희는 그것
을 거룩한 곳에서 먹으라 내가 명
령을 받았느니라
14 흔든 가슴과 들어올린 뒷다리는
너와 네 자녀가 너와 함께 정결한
곳에서 먹을지니 이는 이스라엘 자
손의 화목제물 중에서 네 소득과
네 아들들의 소득으로 주신 것임이
니라
15 그 들어올린 뒷다리와 흔든 가슴
을 화제물의 기름과 함께 가져다가
야훼 앞에 흔들어 요제를 삼을지니
이는 야훼의 명령대로 너와 네 자
손의 영원한 소득이니라
16 모세가 속죄제 드린 염소를 찾은즉
이미 불살랐는지라 그가 아론의 남
은 아들 엘르아살과 이다말에게 노
하여 이르되
17 이 속죄제물은 지극히 거룩하거늘
너희가 어찌하여 거룩한 곳에서 먹
지 아니하였느냐 이는 너희로 회중
의 죄를 담당하여 그들을 위하여
야훼 앞에 속죄하게 하려고 너희에
게 주신 것이니라
18 그 피는 성소에 들여오지 아니하는
것이었으니 그 제물은 너희가 내가
명령한 대로 거룩한 곳에서 먹었어

기록일 : . . .

야 했을 것이니라
19 아론이 모세에게 이르되 오늘 그
들이 그 속죄제와 번제를 야훼께
드렸어도 이런 일이 내게 임하였거
늘 오늘 내가 속죄제물을 먹었더
라면 야훼께서 어찌 좋게 여기셨으
리요
20 모세가 그 말을 듣고 좋게 여겼더라

# 11

야훼께서 모세와 아론에게 말씀
하여 이르시되
2 이스라엘 자손에게 말하여 이르라
육지의 모든 짐승 중 너희가 먹을
만한 생물은 이러하니
3 모든 짐승 중 굽이 갈라져 쪽발이
되고 새김질하는 것은 너희가 먹되
4 새김질하는 것이나 굽이 갈라진 짐
승 중에도 너희가 먹지 못할 것은
이러하니 낙타는 새김질은 하되 굽
이 갈라지지 아니하였으므로 너희
에게 부정하고
5 사반도 새김질은 하되 굽이 갈라지
지 아니하였으므로 너희에게 부정
하고
6 토끼도 새김질은 하되 굽이 갈라지
지 아니하였으므로 너희에게 부정
하고
7 돼지는 굽이 갈라져 쪽발이로되 새
김질을 못하므로 너희에게 부정하니
8 너희는 이러한 고기를 먹지 말고 그
주검도 만지지 말라 이것들은 너희
에게 부정하니라
9 물에 있는 모든 것 중에서 너희가
먹을 만한 것은 이것이니 강과 바다
와 다른 물에 있는 모든 것 중에서
지느러미와 비늘 있는 것은 너희가
먹되
10 물에서 움직이는 모든 것과 물에서
사는 모든 것 곧 강과 바다에 있는
것으로서 지느러미와 비늘 없는 모
든 것은 너희에게 가증한 것이라
11 이들은 너희에게 가증한 것이니 너
희는 그 고기를 먹지 말고 그 주검
을 가증히 여기라
12 수중 생물에 지느러미와 비늘 없는
것은 너희가 혐오할 것이니라
13 새 중에 너희가 가증히 여길 것은 이
것이라 이것들이 가증한즉 먹지 말
지니 곧 독수리와 솔개와 물수리와
14 말똥가리와 말똥가리 종류와
15 까마귀 종류와
16 타조와 타흐마스와 갈매기와 새매
종류와
17 올빼미와 가마우지와 부엉이와
18 흰 올빼미와 사다새와 너새와
19 황새와 백로 종류와 오디새와 박쥐
니라
20 날개가 있고 네 발로 기어 다니는
곤충은 너희가 혐오할 것이로되
21 다만 날개가 있고 네 발로 기어 다
니는 모든 곤충 중에 그 발에 뛰는

기록일 : . . .

다리가 있어서 땅에서 뛰는 것은
너희가 먹을지니
22 곧 그 중에 메뚜기 종류와 베짱이
종류와 귀뚜라미 종류와 팥중이 종
류는 너희가 먹으려니와
23 오직 날개가 있고 기어다니는 곤충
은 다 너희가 혐오할 것이니라
24 이런 것은 너희를 부정하게 하나니
누구든지 이것들의 주검을 만지면
저녁까지 부정할 것이며
25 그 주검을 옮기는 모든 자는 그 옷
을 빨지니 저녁까지 부정하리라
26 굽이 갈라진 모든 짐승 중에 쪽발
이 아닌 것이나 새김질 아니하는 것
의 주검은 다 네게 부정하니 만지
는 자는 부정할 것이요
27 네 발로 다니는 모든 짐승 중 발바
닥으로 다니는 것은 다 네게 부정
하니 그 주검을 만지는 자는 저녁
까지 부정할 것이며
28 그 주검을 옮기는 자는 그 옷을 빨
지니 저녁까지 부정하리라 그것들
이 네게 부정하니라
29 땅에 기는 길짐승 중에 네게 부정
한 것은 이러하니 곧 두더지와 쥐
와 큰 도마뱀 종류와
30 도마뱀붙이와 육지 악어와 도마뱀
과 사막 도마뱀과 카멜레온이라
31 모든 기는 것 중 이것들은 네게 부
정하니 그 주검을 만지는 모든 자
는 저녁까지 부정할 것이며
32 이런 것 중 어떤 것의 주검이 나무
그릇에든지 의복에든지 가죽에든지
자루에든지 무엇에 쓰는 그릇에든
지 떨어지면 부정하여지리니 물에
담그라 저녁까지 부정하다가 정할
것이며
33 그것 중 어떤 것이 어느 질그릇에
떨어지면 그 속에 있는 것이 다 부
정하여지나니 너는 그 그릇을 깨뜨
리라
34 먹을 만한 축축한 식물이 거기 담겼
으면 부정하여질 것이요 그같은 그
릇에 담긴 마실 것도 부정할 것이며
35 이런 것의 주검이 물건 위에 떨어지
면 그것이 모두 부정하여지리니 화
덕이든지 화로이든지 깨뜨려버리라
이것이 부정하여져서 너희에게 부
정한 것이 되리라
36 샘물이나 물이 고인 웅덩이는 부정
하여지지 아니하되 그 주검에 닿는
것은 모두 부정하여질 것이요
37 이것들의 주검이 심을 종자에 떨어
지면 그것이 정하거니와
38 만일 종자에 물이 묻었을 때에 그
것이 그 위에 떨어지면 너희에게
부정하리라
39 너희가 먹을 만한 짐승이 죽은 때
에 그 주검을 만지는 자는 저녁까
지 부정할 것이며

기록일 : . . .

40 그것을 먹는 자는 그 옷을 빨 것이
요 저녁까지 부정할 것이며 그 주검
을 옮기는 자도 그의 옷을 빨 것이
요 저녁까지 부정하리라
41 땅에 기어 다니는 모든 길짐승은
가증한즉 먹지 못할지니
42 곧 땅에 기어다니는 모든 기는 것
중에 배로 밀어 다니는 것이나 네
발로 걷는 것이나 여러 발을 가진
것이라 너희가 먹지 말지니 이것들
은 가증함이니라
43 너희는 기는 바 기어다니는 것 때
문에 자기를 가증하게 되게 하지
말며 또한 그것 때문에 스스로 더
럽혀 부정하게 되게 하지 말라
44 나는 야훼 너희의 하나님이라 내가
거룩하니 너희도 몸을 구별하여 거
룩하게 하고 땅에 기는 길짐승으로
말미암아 스스로 더럽히지 말라
45 나는 너희의 하나님이 되려고 너희
를 애굽 땅에서 인도하여 낸 야훼
라 내가 거룩하니 너희도 거룩할지
어다
46 이는 짐승과 새와 물에서 움직이는
모든 생물과 땅에 기는 모든 길짐
승에 대한 규례니
47 부정하고 정한 것과 먹을 생물과
먹지 못할 생물을 분별한 것이니라

12 야훼께서 모세에게 말씀하여 이
르시되
2 이스라엘 자손에게 말하여 이르라
여인이 임신하여 남자를 낳으면 그
는 이레 동안 부정하리니 곧 월경
할 때와 같이 부정할 것이며
3 여덟째 날에는 그 아이의 포피를
벨 것이요
4 그 여인은 아직도 삼십삼 일을 지내
야 산혈이 깨끗하리니 정결하게 되
는 기한이 차기 전에는 성물을 만지
지도 말며 성소에 들어가지도 말 것
이며
5 여자를 낳으면 그는 두 이레 동안
부정하리니 월경할 때와 같을 것
이며 산혈이 깨끗하게 됨은 육십육
일을 지내야 하리라
6 아들이나 딸이나 정결하게 되는 기
한이 차면 그 여인은 번제를 위하여
일 년 된 어린 양을 가져가고 속죄
제를 위하여 집비둘기 새끼나 산비
둘기를 회막 문 제사장에게로 가져
갈 것이요
7 제사장은 그것을 야훼 앞에 드려
서 그 여인을 위하여 속죄할지니 그
리하면 산혈이 깨끗하리라 이는 아
들이나 딸을 생산한 여인에게 대한
규례니라
8 그 여인이 어린 양을 바치기에 힘이
미치지 못하면 산비둘기 두 마리나
집비둘기 새끼 두 마리를 가져다가
하나는 번제물로, 하나는 속죄제물

기록일 : . . .

로 삼을 것이요 제사장은 그를 위
하여 속죄할지니 그가 정결하리라

# 13

야훼께서 모세와 아론에게 말씀
하여 이르시되
2 만일 사람이 그의 피부에 무엇이
돋거나 뾰루지가 나거나 색점이 생
겨서 그의 피부에 나병 같은 것이
생기거든 그를 곧 제사장 아론에게
나 그의 아들 중 한 제사장에게로
데리고 갈 것이요
3 제사장은 그 피부의 병을 진찰할지
니 환부의 털이 희어졌고 환부가 피
부보다 우묵하여졌으면 이는 나병
의 환부라 제사장이 그를 진찰하여
그를 부정하다 할 것이요
4 피부에 색점이 희나 우묵하지 아니
하고 그 털이 희지 아니하면 제사
장은 그 환자를 이레 동안 가두어
둘 것이며
5 이레 만에 제사장이 그를 진찰할지
니 그가 보기에 그 환부가 변하지
아니하고 병색이 피부에 퍼지지 아
니하였으면 제사장이 그를 또 이레
동안을 가두어둘 것이며
6 이레 만에 제사장이 또 진찰할지
니 그 환부가 엷어졌고 병색이 피부
에 퍼지지 아니하였으면 피부병이
라 제사장이 그를 정하다 할 것이
요 그의 옷을 빨 것이라 그리하면
정하리라
7 그러나 그가 정결한지를 제사장에
게 보인 후에 병이 피부에 퍼지면
제사장에게 다시 보일 것이요
8 제사장은 진찰할지니 그 병이 피부
에 퍼졌으면 그를 부정하다 할지니
라 이는 나병임이니라
9 사람에게 나병이 들었거든 그를 제
사장에게로 데려갈 것이요
10 제사장은 진찰할지니 피부에 흰 점
이 돋고 털이 희어지고 거기 생살이
생겼으면
11 이는 그의 피부의 오랜 나병이라
제사장이 부정하다 할 것이요 그가
이미 부정하였은즉 가두어두지는
않을 것이며
12 제사장이 보기에 나병이 그 피부에
크게 발생하였으되 그 환자의 머리
부터 발끝까지 퍼졌으면
13 그가 진찰할 것이요 나병이 과연 그
의 전신에 퍼졌으면 그 환자를 정하
다 할지니 다 희어진 자인즉 정하거
니와
14 아무 때든지 그에게 생살이 보이면
그는 부정한즉
15 제사장이 생살을 진찰하고 그를 부
정하다 할지니 그 생살은 부정한
것인즉 이는 나병이며
16 그 생살이 변하여 다시 희어지면 제
사장에게로 갈 것이요
17 제사장은 그를 진찰하여서 그 환부

가 희어졌으면 환자를 정하다 할지
니 그는 정하니라
18 피부에 종기가 생겼다가 나았고
19 그 종처에 흰 점이 돋거나 희고 불
그스름한 색점이 생겼으면 제사장
에게 보일 것이요
20 그는 진찰하여 피부보다 얕고 그
털이 희면 그를 부정하다 할지니 이
는 종기로 된 나병의 환부임이니라
21 그러나 제사장이 진찰하여 거기 흰
털이 없고 피부보다 얕지 아니하고
빛이 엷으면 제사장은 그를 이레
동안 가두어둘 것이며
22 그 병이 크게 피부에 퍼졌으면 제
사장은 그를 부정하다 할지니 이는
환부임이니라
23 그러나 그 색점이 여전하고 퍼지지
아니하였으면 이는 종기 흔적이니
제사장은 그를 정하다 할지니라
24 피부가 불에 데었는데 그 덴 곳에
불그스름하고 희거나 순전히 흰 색
점이 생기면
25 제사장은 진찰할지니 그 색점의 털
이 희고 그 자리가 피부보다 우묵
하면 이는 화상에서 생긴 나병인즉
제사장이 그를 부정하다 할 것은
나병의 환부가 됨이니라
26 그러나 제사장이 보기에 그 색점에
흰 털이 없으며 그 자리가 피부보다
얕지 아니하고 빛이 엷으면 그는 그
를 이레 동안 가두어둘 것이며
27 이레 만에 제사장이 그를 진찰할지
니 만일 병이 크게 피부에 퍼졌으면
그가 그를 부정하다 할 것은 나병
의 환부임이니라
28 만일 색점이 여전하여 피부에 퍼지
지 아니하고 빛이 엷으면 화상으로
부은 것이니 제사장이 그를 정하다
할 것은 이는 화상의 흔적임이니라
29 남자나 여자의 머리에나 수염에 환
부가 있으면
30 제사장은 진찰할지니 환부가 피부
보다 우묵하고 그 자리에 누르스
름하고 가는 털이 있으면 그가 그
를 부정하다 할 것은 이는 옴이니
라 머리에나 수염에 발생한 나병임
이니라
31 만일 제사장이 보기에 그 옴의 환
부가 피부보다 우묵하지 아니하고
그 자리에 검은 털이 없으면 제사장
은 그 옴 환자를 이레 동안 가두어
둘 것이며
32 이레 만에 제사장은 그 환부를 진
찰할지니 그 옴이 퍼지지 아니하고
그 자리에 누르스름한 털이 없고
피부보다 우묵하지 아니하면
33 그는 모발을 밀되 환부는 밀지 말
것이요 제사장은 옴 환자를 또 이
레 동안 가두어둘 것이며
34 이레 만에 제사장은 그 옴을 또 진

기록일 : . . .

찰할지니 그 옴이 피부에 퍼지지 아
니하고 피부보다 우묵하지 아니하
면 그는 그를 정하다 할 것이요 그
는 자기의 옷을 빨아서 정하게 되
려니와
35 깨끗한 후에라도 옴이 크게 피부에
퍼지면
36 제사장은 그를 진찰할지니 과연 옴
이 피부에 퍼졌으면 누른 털을 찾을
것 없이 그는 부정하니라
37 그러나 제사장이 보기에 옴이 여전
하고 그 자리에 검은 털이 났으면
그 옴은 나았고 그 사람은 정하니
제사장은 그를 정하다 할지니라
38 남자나 여자의 피부에 색점 곧 흰
색점이 있으면
39 제사장은 진찰할지니 그 피부의 색
점이 부유스름하면 이는 피부에 발
생한 어루러기라 그는 정하니라
40 누구든지 그 머리털이 빠지면 그는
대머리니 정하고
41 앞머리가 빠져도 그는 이마 대머리
니 정하니라
42 그러나 대머리나 이마 대머리에 희
고 불그스름한 색점이 있으면 이는
나병이 대머리에나 이마 대머리에
발생함이라
43 제사장은 그를 진찰할지니 그 대머
리에나 이마 대머리에 돋은 색점이
희고 불그스름하여 피부에 발생한
나병과 같으면
44 이는 나병 환자라 부정하니 제사장
이 그를 확실히 부정하다고 할 것은
그 환부가 그 머리에 있음이니라
45 나병 환자는 옷을 찢고 머리를 풀
며 윗입술을 가리고 외치기를 부정
하다 부정하다 할 것이요
46 병 있는 날 동안은 늘 부정할 것이
라 그가 부정한즉 혼자 살되 진영
밖에서 살지니라
47 만일 의복에 나병 색점이 발생하여
털옷에나 베옷에나
48 베나 털의 날에나 씨에나 혹 가죽
에나 가죽으로 만든 모든 것에 있
으되
49 그 의복에나 가죽에나 그 날에나
씨에나 가죽으로 만든 모든 것에 병
색이 푸르거나 붉으면 이는 나병의
색점이라 제사장에게 보일 것이요
50 제사장은 그 색점을 진찰하고 그것
을 이레 동안 간직하였다가
51 이레 만에 그 색점을 살필지니 그
색점이 그 의복의 날에나 씨에나
가죽에나 가죽으로 만든 것에 퍼졌
으면 이는 악성 나병이라 그것이 부
정하므로
52 그는 그 색점 있는 의복이나 털이
나 베의 날이나 씨나 모든 가죽으
로 만든 것을 불사를지니 이는 악
성 나병인즉 그것을 불사를지니라

기록일 : . . .

53 그러나 제사장이 보기에 그 색점이
그 의복의 날에나 씨에나 모든 가
죽으로 만든 것에 퍼지지 아니하였
으면
54 제사장은 명령하여 그 색점 있는 것
을 빨게 하고 또 이레 동안 간직하
였다가
55 그 빤 곳을 볼지니 그 색점의 빛
이 변하지 아니하고 그 색점이 퍼지
지 아니하였으면 부정하니 너는 그
것을 불사르라 이는 거죽에 있든지
속에 있든지 악성 나병이니라
56 빤 후에 제사장이 보기에 그 색점
이 엷으면 그 의복에서나 가죽에서
나 그 날에서나 씨에서나 그 색점
을 찢어 버릴 것이요
57 그 의복의 날에나 씨에나 가죽으로
만든 모든 것에 색점이 여전히 보이
면 재발하는 것이니 너는 그 색점
있는 것을 불사를지니라
58 네가 빤 의복의 날에나 씨에나 가
죽으로 만든 모든 것에 그 색점이
벗겨졌으면 그것을 다시 빨아야 정
하리라
59 이는 털옷에나 베옷에나 그 날에나
씨에나 가죽으로 만든 모든 것에
발생한 나병 색점의 정하고 부정한
것을 진단하는 규례니라

# 14

야훼께서 모세에게 말씀하여 이
르시되
2 나병 환자가 정결하게 되는 날의
규례는 이러하니 곧 그 사람을 제
사장에게로 데려갈 것이요
3 제사장은 진영에서 나가 진찰할지
니 그 환자에게 있던 나병 환부가
나았으면
4 제사장은 그 정결함을 받을 자를
위하여 명령하여 살아 있는 정결한
새 두 마리와 백향목과 홍색 실과
우슬초를 가져오게 하고
5 제사장은 또 명령하여 그 새 하나
는 흐르는 물 위 질그릇 안에서 잡
게 하고
6 다른 새는 산 채로 가져다가 백향
목과 홍색 실과 우슬초와 함께 가
져다가 흐르는 물 위에서 잡은 새
의 피를 찍어
7 나병에서 정결함을 받을 자에게 일
곱 번 뿌려 정하다 하고 그 살아 있
는 새는 들에 놓을지며
8 정결함을 받는 자는 그의 옷을 빨
고 모든 털을 밀고 물로 몸을 씻을
것이라 그리하면 정하리니 그 후에
진영에 들어올 것이나 자기 장막 밖
에 이레를 머물 것이요
9 일곱째 날에 그는 모든 털을 밀되
머리털과 수염과 눈썹을 다 밀고
그의 옷을 빨고 몸을 물에 씻을 것
이라 그리하면 정하리라
10 여덟째 날에 그는 흠 없는 어린 숫

양 두 마리와 일 년 된 흠 없는 어
린 암양 한 마리와 또 고운 가루 십
분의 삼 에바에 기름 섞은 소제물
과 기름 한 록을 취할 것이요
11 정결하게 하는 제사장은 정결함을
받을 자와 그 물건들을 회막 문 야
훼 앞에 두고
12 어린 숫양 한 마리를 가져다가 기
름 한 록과 아울러 속건제로 드리
되 야훼 앞에 흔들어 요제를 삼고
13 그 어린 숫양은 거룩한 장소 곧 속
죄제와 번제물 잡는 곳에서 잡을
것이며 속건제물은 속죄제물과 마
찬가지로 제사장에게 돌릴지니 이
는 지극히 거룩한 것이니라
14 제사장은 그 속건제물의 피를 취하
여 정결함을 받을 자의 오른쪽 귓
부리와 오른쪽 엄지 손가락과 오른
쪽 엄지 발가락에 바를 것이요
15 제사장은 또 그 한 록의 기름을 취
하여 자기 왼쪽 손바닥에 따르고
16 오른쪽 손가락으로 왼쪽 손의 기름
을 찍어 그 손가락으로 그것을 야
훼 앞에 일곱 번 뿌릴 것이요
17 손에 남은 기름은 제사장이 정결함
을 받을 자의 오른쪽 귓부리와 오
른쪽 엄지 손가락과 오른쪽 엄지
발가락 곧 속건제물의 피 위에 바
를 것이며
18 아직도 그 손에 남은 기름은 제사
장이 그 정결함을 받는 자의 머리
에 바르고 제사장은 야훼 앞에서
그를 위하여 속죄하고
19 또 제사장은 속죄제를 드려 그 부
정함으로 말미암아 정결함을 받을
자를 위하여 속죄하고 그 후에 번
제물을 잡을 것이요
20 제사장은 그 번제와 소제를 제단에
드려 그를 위하여 속죄할 것이라
그리하면 그가 정결하리라
21 만일 그가 가난하여 그의 힘이 미치
지 못하면 그는 흔들어 자기를 속
죄할 속건제를 위하여 어린 숫양
한 마리와 소제를 위하여 고운 가
루 십분의 일 에바에 기름 섞은 것
과 기름 한 록을 취하고
22 그의 힘이 미치는 대로 산비둘기 둘
이나 집비둘기 새끼 둘을 가져다가
하나는 속죄제물로, 하나는 번제물
로 삼아
23 여덟째 날에 그 결례를 위하여 그
것들을 회막 문 야훼 앞 제사장에
게로 가져갈 것이요
24 제사장은 속건제의 어린 양과 기름
한 록을 가져다가 야훼 앞에 흔들
어 요제를 삼고
25 속건제의 어린 양을 잡아서 제사장
은 그 속건제물의 피를 가져다가
정결함을 받을 자의 오른쪽 귓부리
와 오른쪽 엄지 손가락과 오른쪽

엄지 발가락에 바를 것이요
26 제사장은 그 기름을 자기 왼쪽 손
바닥에 따르고
27 오른쪽 손가락으로 왼쪽 손의 기름
을 조금 찍어 야훼 앞에 일곱 번 뿌
릴 것이요
28 그 손의 기름은 제사장이 정결함을
받을 자의 오른쪽 귓부리와 오른쪽
엄지 손가락과 오른쪽 엄지 발가락
곧 속건제물의 피를 바른 곳에 바
를 것이며
29 또 그 손에 남은 기름은 제사장이
그 정결함을 받는 자의 머리에 발
라 야훼 앞에서 그를 위하여 속죄
할 것이며
30 그는 힘이 미치는 대로 산비둘기 한
마리나 집비둘기 새끼 한 마리를
드리되
31 곧 그의 힘이 미치는 대로 한 마리
는 속죄제로, 한 마리는 소제와 함
께 번제로 드릴 것이요 제사장은
정결함을 받을 자를 위하여 야훼
앞에 속죄할지니
32 나병 환자로서 그 정결예식에 그의
힘이 미치지 못한 자의 규례가 그러
하니라
33 야훼께서 모세와 아론에게 말씀하
여 이르시되
34 내가 네게 기업으로 주는 가나안
땅에 너희가 이를 때에 너희 기업
의 땅에서 어떤 집에 나병 색점을
발생하게 하거든
35 그 집 주인은 제사장에게 가서 말
하여 알리기를 무슨 색점이 집에 생
겼다 할 것이요
36 제사장은 그 색점을 살펴보러 가기
전에 그 집안에 있는 모든 것이 부
정을 면하게 하기 위하여 그 집을
비우도록 명령한 후에 들어가서 그
집을 볼지니
37 그 색점을 볼 때에 그 집 벽에 푸르
거나 붉은 무늬의 색점이 있어 벽보
다 우묵하면
38 제사장은 그 집 문으로 나와 그 집
을 이레 동안 폐쇄하였다가
39 이레 만에 또 가서 살펴볼 것이요
그 색점이 벽에 퍼졌으면
40 그는 명령하여 색점 있는 돌을 빼내
어 성 밖 부정한 곳에 버리게 하고
41 또 집 안 사방을 긁게 하고 그 긁은
흙을 성 밖 부정한 곳에 쏟아버리
게 할 것이요
42 그들은 다른 돌로 그 돌을 대신하
며 다른 흙으로 집에 바를지니라
43 돌을 빼내며 집을 긁고 고쳐 바른
후에 색점이 집에 재발하면
44 제사장은 또 가서 살펴볼 것이요
그 색점이 만일 집에 퍼졌으면 악성
나병인즉 이는 부정하니
45 그는 그 집을 헐고 돌과 그 재목과

기록일 : . . .

그 집의 모든 흙을 성 밖 부정한 곳
으로 내어 갈 것이며
46 그 집을 폐쇄한 날 동안에 들어가
는 자는 저녁까지 부정할 것이요
47 그 집에서 자는 자는 그의 옷을 빨
것이요 그 집에서 먹는 자도 그의
옷을 빨 것이니라
48 그 집을 고쳐 바른 후에 제사장이
들어가 살펴보아서 색점이 집에 퍼
지지 아니하였으면 이는 색점이 나
은 것이니 제사장은 그 집을 정하
다 하고
49 그는 그 집을 정결하게 하기 위하
여 새 두 마리와 백향목과 홍색 실
과 우슬초를 가져다가
50 그 새 하나를 흐르는 물 위 질그릇
안에서 잡고
51 백향목과 우슬초와 홍색 실과 살아
있는 새를 가져다가 잡은 새의 피
와 흐르는 물을 찍어 그 집에 일곱
번 뿌릴 것이요
52 그는 새의 피와 흐르는 물과 살아
있는 새와 백향목과 우슬초와 홍색
실로 집을 정결하게 하고
53 그 살아 있는 새는 성 밖 들에 놓아
주고 그 집을 위하여 속죄할 것이
라 그러면 정결하리라
54 이는 각종 나병 환부에 대한 규례
니 곧 옴과
55 의복과 가옥의 나병과
56 돋는 것과 뾰루지와 색점이
57 어느 때는 부정하고 어느 때는 정
함을 가르치는 것이니 나병의 규례
가 이러하니라

# 15

야훼께서 모세와 아론에게 말씀
하여 이르시되
2 이스라엘 자손에게 말하여 이르라
누구든지 그의 몸에 유출병이 있으
면 그 유출병으로 말미암아 부정한
자라
3 그의 유출병으로 말미암아 부정함
이 이러하니 곧 그의 몸에서 흘러
나오든지 그의 몸에서 흘러 나오는
것이 막혔든지 부정한즉
4 유출병 있는 자가 눕는 침상은 다
부정하고 그가 앉았던 자리도 다
부정하니
5 그의 침상에 접촉하는 자는 그의
옷을 빨고 물로 몸을 씻을 것이며
저녁까지 부정하리라
6 유출병이 있는 자가 앉았던 자리에
앉는 자는 그의 옷을 빨고 물로 씻
을 것이요 저녁까지 부정하리라
7 유출병이 있는 자의 몸에 접촉하는
자는 그의 옷을 빨고 물로 몸을 씻
을 것이며 저녁까지 부정하리라
8 유출병이 있는 자가 정한 자에게
침을 뱉으면 정한 자는 그의 옷을
빨고 물로 몸을 씻을 것이며 저녁
까지 부정하리라

기록일 : . . .

9 유출병이 있는 자가 탔던 안장은
다 부정하며
10 그의 몸 아래에 닿았던 것에 접촉
한 자는 다 저녁까지 부정하며 그
런 것을 옮기는 자는 그의 옷을 빨
고 물로 몸을 씻을 것이며 저녁까
지 부정하리라
11 유출병이 있는 자가 물로 그의 손
을 씻지 아니하고 아무든지 만지면
그 자는 그의 옷을 빨고 물로 몸을
씻을 것이며 저녁까지 부정하리라
12 유출병이 있는 자가 만진 질그릇은
깨뜨리고 나무 그릇은 다 물로 씻
을지니라
13 유출병이 있는 자는 그의 유출이
깨끗해지거든 그가 정결하게 되기
위하여 이레를 센 후에 옷을 빨고
흐르는 물에 그의 몸을 씻을 것이
라 그러면 그가 정하리니
14 여덟째 날에 산비둘기 두 마리나
집비둘기 새끼 두 마리를 자기를
위하여 가져다가 회막 문 야훼 앞
으로 가서 제사장에게 줄 것이요
15 제사장은 그 한 마리는 속죄제로,
다른 한 마리는 번제로 드려 그의
유출병으로 말미암아 야훼 앞에서
속죄할지니라
16 설정한 자는 전신을 물로 씻을 것
이며 저녁까지 부정하리라
17 정수가 묻은 모든 옷과 가죽은 물
에 빨 것이며 저녁까지 부정하리라
18 남녀가 동침하여 설정하였거든 둘
다 물로 몸을 씻을 것이며 저녁까
지 부정하리라
19 어떤 여인이 유출을 하되 그의 몸
에 그의 유출이 피이면 이레 동안
불결하니 그를 만지는 자마다 저녁
까지 부정할 것이요
20 그가 불결할 동안에는 그가 누웠던
자리도 다 부정하며 그가 앉았던
자리도 다 부정한즉
21 그의 침상을 만지는 자는 다 그의
옷을 빨고 물로 몸을 씻을 것이요
저녁까지 부정할 것이며
22 그가 앉은 자리를 만지는 자도 다
그들의 옷을 빨고 물로 몸을 씻을
것이요 저녁까지 부정할 것이며
23 그의 침상 위에나 그가 앉은 자리
위에 있는 것을 만지는 모든 자도
저녁까지 부정할 것이며
24 누구든지 이 여인과 동침하여 그의
불결함에 전염되면 이레 동안 부정
할 것이라 그가 눕는 침상은 다 부
정하니라
25 만일 여인의 피의 유출이 그의 불결
기가 아닌데도 여러 날이 간다든지
그 유출이 그의 불결기를 지나도
계속되면 그 부정을 유출하는 모든
날 동안은 그 불결한 때와 같이 부
정한즉

26 그의 유출이 있는 모든 날 동안에
그가 눕는 침상은 그에게 불결한
때의 침상과 같고 그가 앉는 모든
자리도 부정함이 불결한 때의 부정
과 같으니
27 그것들을 만지는 자는 다 부정한즉
그의 옷을 빨고 물로 몸을 씻을 것
이며 저녁까지 부정할 것이요
28 그의 유출이 그치면 이레를 센 후
에야 정하리니
29 그는 여덟째 날에 산비둘기 두 마
리나 집비둘기 새끼 두 마리를 자
기를 위하여 가져다가 회막 문 앞
제사장에게로 가져갈 것이요
30 제사장은 그 한 마리는 속죄제로,
다른 한 마리는 번제로 드려 유출
로 부정한 여인을 위하여 야훼 앞
에서 속죄할지니라
31 너희는 이와 같이 이스라엘 자손이
그들의 부정에서 떠나게 하여 그들
가운데에 있는 내 성막을 그들이
더럽히고 그들이 부정한 중에서 죽
지 않도록 할지니라
32 이 규례는 유출병이 있는 자와 설정
함으로 부정하게 된 자와
33 불결기의 앓는 여인과 유출병이 있
는 남녀와 그리고 불결한 여인과
동침한 자에 대한 것이니라

16 아론의 두 아들이 야훼 앞에 나아
가다가 죽은 후에 야훼께서 모세에
게 말씀하시니라
2 야훼께서 모세에게 이르시되 네 형
아론에게 이르라 성소의 휘장 안
법궤 위 속죄소 앞에 아무 때나 들
어오지 말라 그리하여 죽지 않도록
하라 이는 내가 구름 가운데에서
속죄소 위에 나타남이니라
3 아론이 성소에 들어오려면 수송아
지를 속죄제물로 삼고 숫양을 번제
물로 삼고
4 거룩한 세마포 속옷을 입으며 세마
포 속바지를 몸에 입고 세마포 띠
를 띠며 세마포 관을 쓸지니 이것
들은 거룩한 옷이라 물로 그의 몸
을 씻고 입을 것이며
5 이스라엘 자손의 회중에게서 속죄
제물로 삼기 위하여 숫염소 두 마
리와 번제물로 삼기 위하여 숫양
한 마리를 가져갈지니라
6 아론은 자기를 위한 속죄제의 수송
아지를 드리되 자기와 집안을 위하
여 속죄하고
7 또 그 두 염소를 가지고 회막 문 야
훼 앞에 두고
8 두 염소를 위하여 제비 뽑되 한 제
비는 야훼를 위하고 한 제비는 아
사셀을 위하여 할지며
9 아론은 야훼를 위하여 제비 뽑은
염소를 속죄제로 드리고
10 아사셀을 위하여 제비 뽑은 염소는

기록일 : . . .

산 채로 야훼 앞에 두었다가 그것
으로 속죄하고 아사셀을 위하여 광
야로 보낼지니라
11 아론은 자기를 위한 속죄제의 수송
아지를 드리되 자기와 집안을 위하
여 속죄하고 자기를 위한 그 속죄
제 수송아지를 잡고
12 향로를 가져다가 야훼 앞 제단 위
에서 피운 불을 그것에 채우고 또
곱게 간 향기로운 향을 두 손에 채
워 가지고 휘장 안에 들어가서
13 야훼 앞에서 분향하여 향연으로 증
거궤 위 속죄소를 가리게 할지니
그리하면 그가 죽지 아니할 것이며
14 그는 또 수송아지의 피를 가져다가
손가락으로 속죄소 동쪽에 뿌리고
또 손가락으로 그 피를 속죄소 앞
에 일곱 번 뿌릴 것이며
15 또 백성을 위한 속죄제 염소를 잡
아 그 피를 가지고 휘장 안에 들어
가서 그 수송아지 피로 행함 같이
그 피로 행하여 속죄소 위와 속죄
소 앞에 뿌릴지니
16 곧 이스라엘 자손의 부정과 그들이
범한 모든 죄로 말미암아 지성소를
위하여 속죄하고 또 그들의 부정한
중에 있는 회막을 위하여 그같이
할 것이요
17 그가 지성소에 속죄하러 들어가서
자기와 그의 집안과 이스라엘 온
회중을 위하여 속죄하고 나오기까
지는 누구든지 회막에 있지 못할
것이며
18 그는 야훼 앞 제단으로 나와서 그
것을 위하여 속죄할지니 곧 그 수
송아지의 피와 염소의 피를 가져다
가 제단 귀퉁이 뿔들에 바르고
19 또 손가락으로 그 피를 그 위에 일
곱 번 뿌려 이스라엘 자손의 부정
에서 제단을 성결하게 할 것이요
20 그 지성소와 회막과 제단을 위하여
속죄하기를 마친 후에 살아 있는
염소를 드리되
21 아론은 그의 두 손으로 살아 있는
염소의 머리에 안수하여 이스라엘
자손의 모든 불의와 그 범한 모든
죄를 아뢰고 그 죄를 염소의 머리
에 두어 미리 정한 사람에게 맡겨
광야로 보낼지니
22 염소가 그들의 모든 불의를 지고
접근하기 어려운 땅에 이르거든 그
는 그 염소를 광야에 놓을지니라
23 아론은 회막에 들어가서 지성소에
들어갈 때에 입었던 세마포 옷을
벗어 거기 두고
24 거룩한 곳에서 물로 그의 몸을 씻
고 자기 옷을 입고 나와서 자기의
번제와 백성의 번제를 드려 자기와
백성을 위하여 속죄하고
25 속죄제물의 기름을 제단에서 불사

를 것이요
26 염소를 아사셀에게 보낸 자는 그의
옷을 빨고 물로 그의 몸을 씻은 후
에 진영에 들어갈 것이며
27 속죄제 수송아지와 속죄제 염소의
피를 성소로 들여다가 속죄하였은
즉 그 가죽과 고기와 똥을 밖으로
내다가 불사를 것이요
28 불사른 자는 그의 옷을 빨고 물로
그의 몸을 씻은 후에 진영에 들어
갈지니라
29 너희는 영원히 이 규례를 지킬지니
라 일곱째 달 곧 그 달 십일에 너희
는 스스로 괴롭게 하고 아무 일도
하지 말되 본토인이든지 너희 중에
거류하는 거류민이든지 그리하라
30 이 날에 너희를 위하여 속죄하여
너희를 정결하게 하리니 너희의 모
든 죄에서 너희가 야훼 앞에 정결
하리라
31 이는 너희에게 안식일 중의 안식일
인즉 너희는 스스로 괴롭게 할지니
영원히 지킬 규례라
32 기름 부음을 받고 위임되어 자기의
아버지를 대신하여 제사장의 직분
을 행하는 제사장은 속죄하되 세마
포 옷 곧 거룩한 옷을 입고
33 지성소를 속죄하며 회막과 제단을
속죄하고 또 제사장들과 백성의 회
중을 위하여 속죄할지니
34 이는 너희가 영원히 지킬 규례라 이
스라엘 자손의 모든 죄를 위하여
일 년에 한 번 속죄할 것이니라 아
론이 야훼께서 모세에게 명령하신
대로 행하니라

17 야훼께서 모세에게 말씀하여 이
르시되
2 아론과 그의 아들들과 이스라엘의
모든 자손에게 말하여 그들에게 이
르기를 야훼의 명령이 이러하시다
하라
3 이스라엘 집의 모든 사람이 소나
어린 양이나 염소를 진영 안에서 잡
든지 진영 밖에서 잡든지
4 먼저 회막 문으로 끌고 가서 야훼
의 성막 앞에서 야훼께 예물로 드
리지 아니하는 자는 피 흘린 자로
여길 것이라 그가 피를 흘렸은즉 자
기 백성 중에서 끊어지리라
5 그런즉 이스라엘 자손이 들에서 잡
던 그들의 제물을 회막 문 야훼께
로 끌고 가서 제사장에게 주어 화
목제로 야훼께 드려야 할 것이요
6 제사장은 그 피를 회막 문 야훼의
제단에 뿌리고 그 기름을 불살라
야훼께 향기로운 냄새가 되게 할
것이라
7 그들은 전에 음란하게 섬기던 숫염
소에게 다시 제사하지 말 것이니라
이는 그들이 대대로 지킬 영원한

기록일 : . . .

규례니라
8 너는 또 그들에게 이르라 이스라엘
집 사람이나 혹은 그들 중에 거류하
는 거류민이 번제나 제물을 드리되
9 회막 문으로 가져다가 야훼께 드리
지 아니하면 그는 백성 중에서 끊어
지리라
10 이스라엘 집 사람이나 그들 중에
거류하는 거류민 중에 무슨 피든지
먹는 자가 있으면 내가 그 피를 먹
는 그 사람에게는 내 얼굴을 대하
여 그를 백성 중에서 끊으리니
11 육체의 생명은 피에 있음이라 내가
이 피를 너희에게 주어 제단에 뿌
려 너희의 생명을 위하여 속죄하게
하였나니 생명이 피에 있으므로 피
가 죄를 속하느니라
12 그러므로 내가 이스라엘 자손에게
말하기를 너희 중에 아무도 피를
먹지 말며 너희 중에 거류하는 거류
민이라도 피를 먹지 말라 하였나니
13 모든 이스라엘 자손이나 그들 중에
거류하는 거류민이 먹을 만한 짐승
이나 새를 사냥하여 잡거든 그것의
피를 흘리고 흙으로 덮을지니라
14 모든 생물은 그 피가 생명과 일체
라 그러므로 내가 이스라엘 자손
에게 이르기를 너희는 어떤 육체의
피든지 먹지 말라 하였나니 모든 육
체의 생명은 그것의 피인즉 그 피
를 먹는 모든 자는 끊어지리라
15 또 스스로 죽은 것이나 들짐승에게
찢겨 죽은 것을 먹은 모든 자는 본
토인이거나 거류민이거나 그의 옷
을 빨고 물로 몸을 씻을 것이며 저
녁까지 부정하고 그 후에는 정하려
니와
16 그가 빨지 아니하거나 그의 몸을
물로 씻지 아니하면 그가 죄를 담
당하리라

18 야훼께서 모세에게 말씀하여 이
르시되
2 너는 이스라엘 자손에게 말하여
이르라 나는 야훼 너희의 하나님이
니라
3 너희는 너희가 거주하던 애굽 땅의
풍속을 따르지 말며 내가 너희를
인도할 가나안 땅의 풍속과 규례도
행하지 말고
4 너희는 내 법도를 따르며 내 규례
를 지켜 그대로 행하라 나는 너희
의 하나님 야훼이니라
5 너희는 내 규례와 법도를 지키라
사람이 이를 행하면 그로 말미암아
살리라 나는 야훼이니라
6 각 사람은 자기의 살붙이를 가까이
하여 그의 하체를 범하지 말라 나
는 야훼이니라
7 네 어머니의 하체는 곧 네 아버지
의 하체이니 너는 범하지 말라 그

기록일 : . . .

는 네 어머니인즉 너는 그의 하체
를 범하지 말지니라
8 너는 네 아버지의 아내의 하체를
범하지 말라 이는 네 아버지의 하
체니라
9 너는 네 자매 곧 네 아버지의 딸이
나 네 어머니의 딸이나 집에서나
다른 곳에서 출생하였음을 막론하
고 그들의 하체를 범하지 말지니라
10 네 손녀나 네 외손녀의 하체를 범
하지 말라 이는 네 하체니라
11 네 아버지의 아내가 네 아버지에게
낳은 딸은 네 누이니 너는 그의 하
체를 범하지 말지니라
12 너는 네 고모의 하체를 범하지 말
라 그는 네 아버지의 살붙이니라
13 너는 네 이모의 하체를 범하지 말
라 그는 네 어머니의 살붙이니라
14 너는 네 아버지 형제의 아내를 가
까이 하여 그의 하체를 범하지 말
라 그는 네 숙모니라
15 너는 네 며느리의 하체를 범하지
말라 그는 네 아들의 아내이니 그
의 하체를 범하지 말지니라
16 너는 네 형제의 아내의 하체를 범하
지 말라 이는 네 형제의 하체니라
17 너는 여인과 그 여인의 딸의 하체
를 아울러 범하지 말며 또 그 여인
의 손녀나 외손녀를 아울러 데려다
가 그의 하체를 범하지 말라 그들은

그의 살붙이이니 이는 악행이니라
18 너는 아내가 생존할 동안에 그의
자매를 데려다가 그의 하체를 범하
여 그로 질투하게 하지 말지니라
19 너는 여인이 월경으로 불결한 동안
에 그에게 가까이 하여 그의 하체
를 범하지 말지니라
20 너는 네 이웃의 아내와 동침하여
설정하므로 그 여자와 함께 자기를
더럽히지 말지니라
21 너는 결단코 자녀를 몰렉에게 주어
불로 통과하게 함으로 네 하나님의
이름을 욕되게 하지 말라 나는 여
호와이니라
22 너는 여자와 동침함 같이 남자와 동
침하지 말라 이는 가증한 일이니라
23 너는 짐승과 교합하여 자기를 더럽
히지 말며 여자는 짐승 앞에 서서
그것과 교접하지 말라 이는 문란한
일이니라
24 너희는 이 모든 일로 스스로 더럽히
지 말라 내가 너희 앞에서 쫓아내
는 족속들이 이 모든 일로 말미암
아 더러워졌고
25 그 땅도 더러워졌으므로 내가 그
악으로 말미암아 벌하고 그 땅도
스스로 그 주민을 토하여 내느니라
26 그러므로 너희 곧 너희의 동족이나
혹은 너희 중에 거류하는 거류민이
나 내 규례와 내 법도를 지키고 이

기록일 : . . .

런 가증한 일의 하나라도 행하지
말라
27 너희 전에 있던 그 땅 주민이 이 모
든 가증한 일을 행하였고 그 땅도
더러워졌느니라
28 너희도 더럽히면 그 땅이 너희가 있
기 전 주민을 토함 같이 너희를 토
할까 하노라
29 이 가증한 모든 일을 행하는 자는
그 백성 중에서 끊어지리라
30 그러므로 너희는 내 명령을 지키고
너희가 들어가기 전에 행하던 가증
한 풍속을 하나라도 따름으로 스스
로 더럽히지 말라 나는 너희의 하
나님 야훼이니라

19 야훼께서 모세에게 말씀하여 이
르시되
2 너는 이스라엘 자손의 온 회중에게
말하여 이르라 너희는 거룩하라 이
는 나 야훼 너희 하나님이 거룩함
이니라
3 너희 각 사람은 부모를 경외하고
나의 안식일을 지키라 나는 너희의
하나님 야훼이니라
4 너희는 헛된 것들에게로 향하지 말
며 너희를 위하여 신상들을 부어
만들지 말라 나는 너희의 하나님
야훼이니라
5 너희는 화목제물을 야훼께 드릴 때
에 기쁘게 받으시도록 드리고
6 그 제물은 드리는 날과 이튿날에 먹
고 셋째 날까지 남았거든 불사르라
7 셋째 날에 조금이라도 먹으면 가증
한 것이 되어 기쁘게 받으심이 되지
못하고
8 그것을 먹는 자는 야훼의 성물을
더럽힘으로 말미암아 죄를 담당하
리니 그가 그의 백성 중에서 끊어지
리라
9 너희가 너희의 땅에서 곡식을 거둘
때에 너는 밭 모퉁이까지 다 거두지
말고 네 떨어진 이삭도 줍지 말며
10 네 포도원의 열매를 다 따지 말며
네 포도원에 떨어진 열매도 줍지
말고 가난한 사람과 거류민을 위
하여 버려두라 나는 너희의 하나님
야훼이니라
11 너희는 도둑질하지 말며 속이지 말
며 서로 거짓말하지 말며
12 너희는 내 이름으로 거짓 맹세함으
로 네 하나님의 이름을 욕되게 하
지 말라 나는 야훼이니라
13 너는 네 이웃을 억압하지 말며 착
취하지 말며 품꾼의 삯을 아침까지
밤새도록 네게 두지 말며
14 너는 귀먹은 자를 저주하지 말며 맹
인 앞에 장애물을 놓지 말고 네 하
나님을 경외하라 나는 야훼이니라
15 너희는 재판할 때에 불의를 행하
지 말며 가난한 자의 편을 들지 말

기록일 : . . .

며 세력 있는 자라고 두둔하지 말
고 공의로 사람을 재판할지며
16 너는 네 백성 중에 돌아다니며 사
람을 비방하지 말며 네 이웃의 피
를 흘려 이익을 도모하지 말라 나
는 야훼이니라
17 너는 네 형제를 마음으로 미워하지
말며 네 이웃을 반드시 견책하라
그러면 네가 그에 대하여 죄를 담
당하지 아니하리라
18 원수를 갚지 말며 동포를 원망하지
말며 네 이웃 사랑하기를 네 자신
과 같이 사랑하라 나는 야훼이니라
19 너희는 내 규례를 지킬지어다 네
가축을 다른 종류와 교미시키지 말
며 네 밭에 두 종자를 섞어 뿌리지
말며 두 재료로 직조한 옷을 입지
말지며
20 만일 어떤 사람이 다른 사람과 정
혼한 여종 곧 아직 속량되거나 해
방되지 못한 여인과 동침하여 설정
하면 그것은 책망을 받을 일이니라
그러나 그들은 죽임을 당하지는 아
니하리니 그 여인이 해방되지 못하
였기 때문이니라
21 그 남자는 그 속건제물 곧 속건제
숫양을 회막 문 야훼께로 끌고 올
것이요
22 제사장은 그가 범한 죄를 위하여
그 속건제의 숫양으로 야훼 앞에
속죄할 것이요 그리하면 그가 범한
죄를 사함 받으리라
23 너희가 그 땅에 들어가 각종 과목
을 심거든 그 열매는 아직 할례 받
지 못한 것으로 여기되 곧 삼 년 동
안 너희는 그것을 할례 받지 못한
것으로 여겨 먹지 말 것이요
24 넷째 해에는 그 모든 과실이 거룩
하니 야훼께 드려 찬송할 것이며
25 다섯째 해에는 그 열매를 먹을지니
그리하면 너희에게 그 소산이 풍성
하리라 나는 너희의 하나님 야훼이
니라
26 너희는 무엇이든지 피째 먹지 말며
점을 치지 말며 술법을 행하지 말며
27 머리 가를 둥글게 깎지 말며 수염
끝을 손상하지 말며
28 죽은 자 때문에 너희의 살에 문신
을 하지 말며 무늬를 놓지 말라 나
는 야훼이니라
29 네 딸을 더럽혀 창녀가 되게 하지
말라 음행이 전국에 퍼져 죄악이
가득할까 하노라
30 내 안식일을 지키고 내 성소를 귀히
여기라 나는 야훼이니라
31 너희는 신접한 자와 박수를 믿지
말며 그들을 추종하여 스스로 더럽
히지 말라 나는 너희 하나님 야훼
이니라
32 너는 센 머리 앞에서 일어서고 노

기록일 : . . .

인의 얼굴을 공경하며 네 하나님을
경외하라 나는 야훼이니라
33 거류민이 너희의 땅에 거류하여 함
께 있거든 너희는 그를 학대하지
말고
34 너희와 함께 있는 거류민을 너희
중에서 낳은 자 같이 여기며 자기
같이 사랑하라 너희도 애굽 땅에서
거류민이 되었었느니라 나는 너희
의 하나님 야훼이니라
35 너희는 재판할 때나 길이나 무게나
양을 잴 때 불의를 행하지 말고
36 공평한 저울과 공평한 추와 공평한
에바와 공평한 힌을 사용하라 나는
너희를 인도하여 애굽 땅에서 나오
게 한 너희의 하나님 야훼이니라
37 너희는 내 모든 규례와 내 모든 법
도를 지켜 행하라 나는 야훼이니라

## 20

야훼께서 모세에게 말씀하여 이
르시되
2 너는 이스라엘 자손에게 또 이르라
그가 이스라엘 자손이든지 이스라
엘에 거류하는 거류민이든지 그의
자식을 몰렉에게 주면 반드시 죽이
되 그 지방 사람이 돌로 칠 것이요
3 나도 그 사람에게 진노하여 그를
그의 백성 중에서 끊으리니 이는
그가 그의 자식을 몰렉에게 주어서
내 성소를 더럽히고 내 성호를 욕
되게 하였음이라
4 그가 그의 자식을 몰렉에게 주는
것을 그 지방 사람이 못 본 체하고
그를 죽이지 아니하면
5 내가 그 사람과 그의 권속에게 진
노하여 그와 그를 본받아 몰렉을
음란하게 섬기는 모든 사람을 그들
의 백성 중에서 끊으리라
6 접신한 자와 박수무당을 음란하게
따르는 자에게는 내가 진노하여 그
를 그의 백성 중에서 끊으리니
7 너희는 스스로 깨끗하게 하여 거룩
할지어다 나는 너희의 하나님 야훼
이니라
8 너희는 내 규례를 지켜 행하라 나는
너희를 거룩하게 하는 야훼이니라
9 만일 누구든지 자기의 아버지나 어
머니를 저주하는 자는 반드시 죽일
지니 그가 자기의 아버지나 어머니
를 저주하였은즉 그의 피가 자기에
게로 돌아가리라
10 누구든지 남의 아내와 간음하는 자
곧 그의 이웃의 아내와 간음하는
자는 그 간부와 음부를 반드시 죽
일지니라
11 누구든지 그의 아버지의 아내와 동
침하는 자는 그의 아버지의 하체를
범하였은즉 둘 다 반드시 죽일지니
그들의 피가 자기들에게로 돌아가
리라
12 누구든지 그의 며느리와 동침하거

든 둘 다 반드시 죽일지니 그들이
가증한 일을 행하였음이라 그들의
피가 자기들에게로 돌아가리라
13 누구든지 여인과 동침하듯 남자와
동침하면 둘 다 가증한 일을 행함
인즉 반드시 죽일지니 자기의 피가
자기에게로 돌아가리라
14 누구든지 아내와 자기의 장모를 함
께 데리고 살면 악행인즉 그와 그
들을 함께 불사를지니 이는 너희
중에 악행이 없게 하려 함이니라
15 남자가 짐승과 교합하면 반드시 죽
이고 너희는 그 짐승도 죽일 것이며
16 여자가 짐승에게 가까이 하여 교
합하면 너는 여자와 짐승을 죽이되
그들을 반드시 죽일지니 그들의 피
가 자기들에게로 돌아가리라
17 누구든지 그의 자매 곧 그의 아버
지의 딸이나 그의 어머니의 딸을
데려다가 그 여자의 하체를 보고
여자는 그 남자의 하체를 보면 부
끄러운 일이라 그들의 민족 앞에서
그들이 끊어질지니 그가 자기의 자
매의 하체를 범하였은즉 그가 그의
죄를 담당하리라
18 누구든지 월경 중의 여인과 동침하
여 그의 하체를 범하면 남자는 그
여인의 근원을 드러냈고 여인은 자
기의 피 근원을 드러내었음인즉 둘
다 백성 중에서 끊어지리라

19 네 이모나 고모의 하체를 범하지
말지니 이는 살붙이의 하체인즉 그
들이 그들의 죄를 담당하리라
20 누구든지 그의 숙모와 동침하면 그
의 숙부의 하체를 범함이니 그들은
그들의 죄를 담당하여 자식이 없이
죽으리라
21 누구든지 그의 형제의 아내를 데리
고 살면 더러운 일이라 그가 그의
형제의 하체를 범함이니 그들에게
자식이 없으리라
22 너희는 나의 모든 규례와 법도를
지켜 행하라 그리하여야 내가 너희
를 인도하여 거주하게 하는 땅이
너희를 토하지 아니하리라
23 너희는 내가 너희 앞에서 쫓아내는
족속의 풍속을 따르지 말라 그들이
이 모든 일을 행하므로 내가 그들
을 가증히 여기노라
24 내가 전에 너희에게 이르기를 너희
가 그들의 땅을 기업으로 받을 것
이라 내가 그 땅 곧 젖과 꿀이 흐르
는 땅을 너희에게 주어 유업을 삼
게 하리라 하였노라 나는 너희를
만민 중에서 구별한 너희의 하나님
야훼이니라
25 너희는 짐승이 정하고 부정함과 새
가 정하고 부정함을 구별하고 내가
너희를 위하여 부정한 것으로 구별
한 짐승이나 새나 땅에 기는 것들

기록일 : . . .

로 너희의 몸을 더럽히지 말라
26 너희는 나에게 거룩할지어다 이는
나 야훼가 거룩하고 내가 또 너희
를 나의 소유로 삼으려고 너희를
만민 중에서 구별하였음이니라
27 남자나 여자가 접신하거나 박수무
당이 되거든 반드시 죽일지니 곧 돌
로 그를 치라 그들의 피가 자기들
에게로 돌아가리라

# 21

야훼께서 모세에게 이르시되 아
론의 자손 제사장들에게 말하여 이
르라 그의 백성 중에서 죽은 자를
만짐으로 말미암아 스스로를 더럽
히지 말려니와
2 그의 살붙이인 그의 어머니나 그의
아버지나 그의 아들이나 그의 딸이
나 그의 형제나
3 출가하지 아니한 처녀인 그의 자매
로 말미암아서는 몸을 더럽힐 수 있
느니라
4 제사장은 그의 백성의 어른인즉 자
신을 더럽혀 속되게 하지 말지니라
5 제사장들은 머리털을 깎아 대머리
같게 하지 말며 자기의 수염 양쪽
을 깎지 말며 살을 베지 말고
6 그들의 하나님께 대하여 거룩하고
그들의 하나님의 이름을 욕되게 하
지 말 것이며 그들은 야훼의 화제
곧 그들의 하나님의 음식을 드리는
자인즉 거룩할 것이라
7 그들은 부정한 창녀나 이혼 당한
여인을 취하지 말지니 이는 그가 야
훼 하나님께 거룩함이니라
8 너는 그를 거룩히 여기라 그는 네
하나님의 음식을 드림이니라 너는
그를 거룩히 여기라 너희를 거룩하
게 하는 나 야훼는 거룩함이니라
9 어떤 제사장의 딸이든지 행음하여
자신을 속되게 하면 그의 아버지를
속되게 함이니 그를 불사를지니라
10 자기의 형제 중 관유로 부음을 받
고 위임되어 그 예복을 입은 대제
사장은 그의 머리를 풀지 말며 그
의 옷을 찢지 말며
11 어떤 시체에든지 가까이 하지 말지
니 그의 부모로 말미암아서도 더러
워지게 하지 말며
12 그 성소에서 나오지 말며 그의 하나
님의 성소를 속되게 하지 말라 이는
하나님께서 성별하신 관유가 그 위
에 있음이니라 나는 야훼이니라
13 그는 처녀를 데려다가 아내를 삼을
지니
14 과부나 이혼 당한 여자나 창녀 짓
을 하는 더러운 여인을 취하지 말
고 자기 백성 중에서 처녀를 취하여
아내를 삼아
15 그의 자손이 그의 백성 중에서 속
되게 하지 말지니 나는 그를 거룩
하게 하는 야훼임이니라

기록일 : . . .

16 야훼께서 모세에게 말씀하여 이르
시되
17 아론에게 말하여 이르라 누구든지
너의 자손 중 대대로 육체에 흠이
있는 자는 그 하나님의 음식을 드
리려고 가까이 오지 못할 것이니라
18 누구든지 흠이 있는 자는 가까이
하지 못할지니 곧 맹인이나 다리 저
는 자나 코가 불완전한 자나 지체
가 더한 자나
19 발 부러진 자나 손 부러진 자나
20 등 굽은 자나 키 못 자란 자나 눈에
백막이 있는 자나 습진이나 버짐이
있는 자나 고환 상한 자나
21 제사장 아론의 자손 중에 흠이 있
는 자는 나와 야훼께 화제를 드리
지 못할지니 그는 흠이 있은즉 나
와서 그의 하나님께 음식을 드리지
못하느니라
22 그는 그의 하나님의 음식이 지성물
이든지 성물이든지 먹을 것이나
23 휘장 안에 들어가지 못할 것이요
제단에 가까이 하지 못할지니 이는
그가 흠이 있음이니라 이와 같이 그
가 내 성소를 더럽히지 못할 것은
나는 그들을 거룩하게 하는 야훼임
이니라
24 이와 같이 모세가 아론과 그의 아
들들과 온 이스라엘 자손에게 말하
였더라

## 22

야훼께서 모세에게 말씀하여 이
르시되
2 아론과 그의 아들들에게 말하여 그
들로 이스라엘 자손이 내게 드리는
그 성물에 대하여 스스로 구별하여
내 성호를 욕되게 함이 없게 하라
나는 야훼이니라
3 그들에게 이르라 누구든지 네 자손
중에 대대로 그의 몸이 부정하면서
도 이스라엘 자손이 구별하여 야훼
께 드리는 성물에 가까이 하는 자
는 내 앞에서 끊어지리라 나는 야
훼이니라
4 아론의 자손 중 나병 환자나 유출
병자는 그가 정결하기 전에는 그 성
물을 먹지 말 것이요 시체의 부정에
접촉된 자나 설정한 자나
5 무릇 사람을 부정하게 하는 벌레에
접촉된 모든 사람과 무슨 부정이든
지 사람을 더럽힐 만한 것에게 접촉
된 자
6 곧 이런 것에 접촉된 자는 저녁까지
부정하니 그의 몸을 물로 씻지 아
니하면 그 성물을 먹지 못할지며
7 해 질 때에야 정하리니 그 후에야
그 성물을 먹을 것이니라 이는 자기
의 음식이 됨이니라
8 시체나 찢겨 죽은 짐승을 먹음으로
자기를 더럽히지 말라 나는 야훼이
니라

기록일 : . . .

9 그들은 내 명령을 지킬 것이니라 그
것을 속되게 하면 그로 말미암아
죄를 짓고 그 가운데에서 죽을까
하노라 나는 그들을 거룩하게 하는
야훼이니라
10 일반인은 성물을 먹지 못할 것이며
제사장의 객이나 품꾼도 다 성물을
먹지 못할 것이니라
11 그러나 제사장이 그의 돈으로 어떤
사람을 샀으면 그는 그것을 먹을
것이며 그의 집에서 출생한 자도
그렇게 하여 그들이 제사장의 음식
을 먹을 것이며
12 제사장의 딸이 일반인에게 출가하
였으면 거제의 성물을 먹지 못하되
13 만일 그가 과부가 되든지 이혼을
당하든지 자식이 없이 그의 친정에
돌아와서 젊었을 때와 같으면 그는
그의 아버지 몫의 음식을 먹을 것이
나 일반인은 먹지 못할 것이니라
14 만일 누가 부지중에 성물을 먹으면
그 성물에 그것의 오분의 일을 더
하여 제사장에게 줄지니라
15 이스라엘 자손이 야훼께 드리는 성
물을 그들은 속되게 하지 말지니
16 그들이 성물을 먹으면 그 죄로 인
하여 형벌을 받게 할 것이니라 나
는 그 음식을 거룩하게 하는 야훼
이니라
17 야훼께서 모세에게 말씀하여 이르
시되
18 아론과 그의 아들들과 이스라엘 온
족속에게 말하여 이르라 이스라엘
자손이나 그 중에 거류하는 자가
서원제물이나 자원제물로 번제와
더불어 야훼께 예물로 드리려거든
19 기쁘게 받으심이 되도록 소나 양이
나 염소의 흠 없는 수컷으로 드릴
지니
20 흠 있는 것은 무엇이나 너희가 드리
지 말 것은 그것이 기쁘게 받으심이
되지 못할 것임이니라
21 만일 누구든지 서원한 것을 갚으려
하든지 자의로 예물을 드리려 하여
소나 양으로 화목제물을 야훼께 드
리는 자는 기쁘게 받으심이 되도록
아무 흠이 없는 온전한 것으로 할
지니
22 너희는 눈 먼 것이나 상한 것이나
지체에 베임을 당한 것이나 종기 있
는 것이나 습진 있는 것이나 비루먹
은 것을 야훼께 드리지 말며 이런
것들은 제단 위에 화제물로 야훼께
드리지 말라
23 소나 양의 지체가 더하거나 덜하거
나 한 것은 너희가 자원제물로는
쓰려니와 서원제물로 드리면 기쁘
게 받으심이 되지 못하리라
24 너희는 고환이 상하였거나 치었거
나 터졌거나 베임을 당한 것은 야

훼께 드리지 말며 너희의 땅에서는
이런 일을 행하지도 말지며
25 너희는 외국인에게서도 이런 것을
받아 너희의 하나님의 음식으로 드
리지 말라 이는 결점이 있고 흠이
있는 것인즉 너희를 위하여 기쁘게
받으심이 되지 못할 것임이니라
26 야훼께서 모세에게 말씀하여 이르
시되
27 수소나 양이나 염소가 나거든 이레
동안 그것의 어미와 같이 있게 하
라 여덟째 날 이후로는 야훼께 화
제로 예물을 드리면 기쁘게 받으심
이 되리라
28 암소나 암양을 막론하고 어미와 새
끼를 같은 날에 잡지 말지니라
29 너희가 야훼께 감사제물을 드리려
거든 너희가 기쁘게 받으심이 되도
록 드릴지며
30 그 제물은 그 날에 먹고 이튿날까
지 두지 말라 나는 야훼이니라
31 너희는 내 계명을 지키며 행하라
나는 야훼이니라
32 너희는 내 성호를 속되게 하지 말
라 나는 이스라엘 자손 중에서 거
룩하게 함을 받을 것이니라 나는
너희를 거룩하게 하는 야훼요
33 너희의 하나님이 되려고 너희를 애
굽 땅에서 인도하여 낸 자니 나는
야훼이니라

## 23

야훼께서 모세에게 말씀하여 이
르시되
2 이스라엘 자손에게 말하여 이르라
이것이 나의 절기들이니 너희가 성
회로 공포할 야훼의 절기들이니라
3 엿새 동안은 일할 것이요 일곱째
날은 쉴 안식일이니 성회의 날이라
너희는 아무 일도 하지 말라 이는
너희가 거주하는 각처에서 지킬 야
훼의 안식일이니라
4 이것이 너희가 그 정한 때에 성회
로 공포할 야훼의 절기들이니라
5 첫째 달 열나흗날 저녁은 야훼의
유월절이요
6 이 달 열닷샛날은 야훼의 무교절이
니 이레 동안 너희는 무교병을 먹
을 것이요
7 그 첫 날에는 너희가 성회로 모이
고 아무 노동도 하지 말지며
8 너희는 이레 동안 야훼께 화제를
드릴 것이요 일곱째 날에도 성회로
모이고 아무 노동도 하지 말지니라
9 야훼께서 모세에게 말씀하여 이르
시되
10 이스라엘 자손에게 말하여 이르라
너희는 내가 너희에게 주는 땅에
들어가서 너희의 곡물을 거둘 때에
너희의 곡물의 첫 이삭 한 단을 제
사장에게로 가져갈 것이요
11 제사장은 너희를 위하여 그 단을 야

훼 앞에 기쁘게 받으심이 되도록 흔
들되 안식일 이튿날에 흔들 것이며
12 너희가 그 단을 흔드는 날에 일 년
되고 흠 없는 숫양을 야훼께 번제
로 드리고
13 그 소제로는 기름 섞은 고운 가루
십분의 이 에바를 야훼께 드려 화
제로 삼아 향기로운 냄새가 되게
하고 전제로는 포도주 사분의 일
힌을 쓸 것이며
14 너희는 너희 하나님께 예물을 가져
오는 그 날까지 떡이든지 볶은 곡
식이든지 생 이삭이든지 먹지 말지
니 이는 너희가 거주하는 각처에서
대대로 지킬 영원한 규례니라
15 안식일 이튿날 곧 너희가 요제로
곡식단을 가져온 날부터 세어서 일
곱 안식일의 수효를 채우고
16 일곱 안식일 이튿날까지 합하여 오
십 일을 계수하여 새 소제를 야훼
께 드리되
17 너희의 처소에서 십분의 이 에바로
만든 떡 두 개를 가져다가 흔들지
니 이는 고운 가루에 누룩을 넣어
서 구운 것이요 이는 첫 요제로 야
훼께 드리는 것이며
18 너희는 또 이 떡과 함께 일 년 된
흠 없는 어린 양 일곱 마리와 어린
수소 한 마리와 숫양 두 마리를 드
리되 이것들을 그 소제와 그 전제
제물과 함께 야훼께 드려서 번제로
삼을지니 이는 화제라 야훼께 향기
로운 냄새며
19 또 숫염소 하나로 속죄제를 드리며
일 년 된 어린 숫양 두 마리를 화목
제물로 드릴 것이요
20 제사장은 그 첫 이삭의 떡과 함께
그 두 마리 어린 양을 야훼 앞에 흔
들어서 요제를 삼을 것이요 이것들
은 야훼께 드리는 성물이니 제사장
에게 돌릴 것이며
21 이 날에 너희는 너희 중에 성회를
공포하고 어떤 노동도 하지 말지니
이는 너희가 그 거주하는 각처에서
대대로 지킬 영원한 규례니라
22 너희 땅의 곡물을 벨 때에 밭 모퉁
이까지 다 베지 말며 떨어진 것을
줍지 말고 그것을 가난한 자와 거
류민을 위하여 남겨두라 나는 너희
의 하나님 야훼이니라
23 야훼께서 모세에게 말씀하여 이르
시되
24 이스라엘 자손에게 말하여 이르라
일곱째 달 곧 그 달 첫 날은 너희에
게 쉬는 날이 될지니 이는 나팔을
불어 기념할 날이요 성회라
25 어떤 노동도 하지 말고 야훼께 화
제를 드릴지니라
26 야훼께서 모세에게 말씀하여 이르
시되

기록일 : . . .

27 일곱째 달 열흘날은 속죄일이니 너
희는 성회를 열고 스스로 괴롭게
하며 야훼께 화제를 드리고
28 이 날에는 어떤 일도 하지 말 것은
너희를 위하여 너희 하나님 야훼
앞에 속죄할 속죄일이 됨이니라
29 이 날에 스스로 괴롭게 하지 아니
하는 자는 그 백성 중에서 끊어질
것이라
30 이 날에 누구든지 어떤 일이라도
하는 자는 내가 그의 백성 중에서
멸절시키리니
31 너희는 아무 일도 하지 말라 이는
너희가 거주하는 각처에서 대대로
지킬 영원한 규례니라
32 이는 너희가 쉴 안식일이라 너희는
스스로 괴롭게 하고 이 달 아흐렛
날 저녁 곧 그 저녁부터 이튿날 저
녁까지 안식을 지킬지니라
33 야훼께서 모세에게 말씀하여 이르
시되
34 이스라엘 자손에게 말하여 이르라
일곱째 달 열닷샛날은 초막절이니
야훼를 위하여 이레 동안 지킬 것
이라
35 첫 날에는 성회로 모일지니 너희는
아무 노동도 하지 말지며
36 이레 동안에 너희는 야훼께 화제를
드릴 것이요 여덟째 날에도 너희는
성회로 모여서 야훼께 화제를 드릴
지니 이는 거룩한 대회라 너희는 어
떤 노동도 하지 말지니라
37 이것들은 야훼의 절기라 너희는 공
포하여 성회를 열고 야훼께 화제를
드릴지니 번제와 소제와 희생제물
과 전제를 각각 그 날에 드릴지니
38 이는 야훼의 안식일 외에, 너희의
헌물 외에, 너희의 모든 서원제물
외에 또 너희의 모든 자원제물 외
에 너희가 야훼께 드리는 것이니라
39 너희가 토지 소산 거두기를 마치거
든 일곱째 달 열닷샛날부터 이레
동안 야훼의 절기를 지키되 첫 날
에도 안식하고 여덟째 날에도 안식
할 것이요
40 첫 날에는 너희가 아름다운 나무
실과와 종려나무 가지와 무성한 나
무 가지와 시내 버들을 취하여 너
희의 하나님 야훼 앞에서 이레 동
안 즐거워할 것이라
41 너희는 매년 이레 동안 야훼께 이
절기를 지킬지니 너희 대대의 영원
한 규례라 너희는 일곱째 달에 이
를 지킬지니라
42 너희는 이레 동안 초막에 거주하되
이스라엘에서 난 자는 다 초막에
거주할지니
43 이는 내가 이스라엘 자손을 애굽
땅에서 인도하여 내던 때에 초막
에 거주하게 한 줄을 너희 대대로

기록일 : . . .

알게 함이니라 나는 너희의 하나님
야훼이니라
44 모세는 이와 같이 야훼의 절기를
이스라엘 자손에게 공포하였더라

# 24

야훼께서 모세에게 말씀하여 이
르시되
2 이스라엘 자손에게 명령하여 불을
켜기 위하여 감람을 찧어낸 순결한
기름을 네게로 가져오게 하여 계속
해서 등잔불을 켜 둘지며
3 아론은 회막안 증거궤 휘장 밖에서
저녁부터 아침까지 야훼 앞에 항상
등잔불을 정리할지니 이는 너희 대
대로 지킬 영원한 규례라
4 그는 야훼 앞에서 순결한 등잔대
위의 등잔들을 항상 정리할지니라
5 너는 고운 가루를 가져다가 떡 열
두 개를 굽되 각 덩이를 십분의 이
에바로 하여
6 야훼 앞 순결한 상 위에 두 줄로 한
줄에 여섯씩 진설하고
7 너는 또 정결한 유향을 그 각 줄 위
에 두어 기념물로 야훼께 화제를
삼을 것이며
8 안식일마다 이 떡을 야훼 앞에 항
상 진설할지니 이는 이스라엘 자손
을 위한 것이요 영원한 언약이니라
9 이 떡은 아론과 그의 자손에게 돌
리고 그들은 그것을 거룩한 곳에서
먹을지니 이는 야훼의 화제 중 그
에게 돌리는 것으로서 지극히 거룩
함이니라 이는 영원한 규례니라
10 이스라엘 자손 중에 그의 어머니
가 이스라엘 여인이요 그의 아버지
는 애굽 사람인 어떤 사람이 나가
서 한 이스라엘 사람과 진영 중에
서 싸우다가
11 그 이스라엘 여인의 아들이 야훼
의 이름을 모독하며 저주하므로 무
리가 끌고 모세에게로 가니라 그의
어머니의 이름은 슬로밋이요 단 지
파 디브리의 딸이었더라
12 그들이 그를 가두고 야훼의 명령을
기다리더니
13 야훼께서 모세에게 말씀하여 이르
시되
14 그 저주한 사람을 진영 밖으로 끌
어내어 그것을 들은 모든 사람이
그들의 손을 그의 머리에 얹게 하
고 온 회중이 돌로 그를 칠지니라
15 너는 이스라엘 자손에게 말하여 이
르라 누구든지 그의 하나님을 저주
하면 죄를 담당할 것이요
16 야훼의 이름을 모독하면 그를 반드
시 죽일지니 온 회중이 돌로 그를
칠 것이니라 거류민이든지 본토인
이든지 야훼의 이름을 모독하면 그
를 죽일지니라
17 사람을 쳐죽인 자는 반드시 죽일
것이요

기록일 : . . .

18 짐승을 쳐죽인 자는 짐승으로 짐승
을 갚을 것이며
19 사람이 만일 그의 이웃에게 상해를
입혔으면 그가 행한 대로 그에게
행할 것이니
20 상처에는 상처로, 눈에는 눈으로,
이에는 이로 갚을지라 남에게 상해
를 입힌 그대로 그에게 그렇게 할
것이며
21 짐승을 죽인 자는 그것을 물어 줄
것이요 사람을 죽인 자는 죽일지니
22 거류민에게든지 본토인에게든지 그
법을 동일하게 할 것은 나는 너희
의 하나님 야훼임이니라
23 모세가 이스라엘 자손에게 말하니
그들이 그 저주한 자를 진영 밖으
로 끌어내어 돌로 쳤더라 이스라엘
자손이 야훼께서 모세에게 명령하
신 대로 행하였더라

## 25

야훼께서 시내 산에서 모세에게
말씀하여 이르시되
2 이스라엘 자손에게 말하여 이르라
너희는 내가 너희에게 주는 땅에
들어간 후에 그 땅으로 야훼 앞에
안식하게 하라
3 너는 육 년 동안 그 밭에 파종하며
육 년 동안 그 포도원을 가꾸어 그
소출을 거둘 것이나
4 일곱째 해에는 그 땅이 쉬어 안식
하게 할지니 야훼께 대한 안식이라
너는 그 밭에 파종하거나 포도원을
가꾸지 말며
5 네가 거둔 후에 자라난 것을 거두
지 말고 가꾸지 아니한 포도나무가
맺은 열매를 거두지 말라 이는 땅
의 안식년임이니라
6 안식년의 소출은 너희가 먹을 것이
니 너와 네 남종과 네 여종과 네 품
꾼과 너와 함께 거류하는 자들과
7 네 가축과 네 땅에 있는 들짐승들
이 다 그 소출로 먹을 것을 삼을지
니라
8 너는 일곱 안식년을 계수할지니 이
는 칠 년이 일곱 번인즉 안식년 일
곱 번 동안 곧 사십구 년이라
9 일곱째 달 열흘날은 속죄일이니 너
는 뿔나팔 소리를 내되 전국에서
뿔나팔을 크게 불지며
10 너희는 오십 년째 해를 거룩하게
하여 그 땅에 있는 모든 주민을 위
하여 자유를 공포하라 이 해는 너
희에게 희년이니 너희는 각각 자기
의 소유지로 돌아가며 각각 자기의
가족에게로 돌아갈지며
11 그 오십 년째 해는 너희의 희년이
니 너희는 파종하지 말며 스스로
난 것을 거두지 말며 가꾸지 아니한
포도를 거두지 말라
12 이는 희년이니 너희에게 거룩함이
니라 너희는 밭의 소출을 먹으리라

기록일 : . . .

13 이 희년에는 너희가 각기 자기의
소유지로 돌아갈지라
14 네 이웃에게 팔든지 네 이웃의 손
에서 사거든 너희 각 사람은 그의
형제를 속이지 말라
15 그 희년 후의 연수를 따라서 너는
이웃에게서 살 것이요 그도 소출을
얻을 연수를 따라서 네게 팔 것인즉
16 연수가 많으면 너는 그것의 값을
많이 매기고 연수가 적으면 너는 그
것의 값을 적게 매길지니 곧 그가
소출의 다소를 따라서 네게 팔 것
이라
17 너희 각 사람은 자기 이웃을 속이
지 말고 네 하나님을 경외하라 나
는 너희의 하나님 야훼이니라
18 너희는 내 규례를 행하며 내 법도
를 지켜 행하라 그리하면 너희가
그 땅에 안전하게 거주할 것이라
19 땅은 그것의 열매를 내리니 너희가
배불리 먹고 거기 안전하게 거주하
리라
20 만일 너희가 말하기를 우리가 만일
일곱째 해에 심지도 못하고 소출을
거두지도 못하면 우리가 무엇을 먹
으리요 하겠으나
21 내가 명령하여 여섯째 해에 내 복
을 너희에게 주어 그 소출이 삼 년
동안 쓰기에 족하게 하리라
22 너희가 여덟째 해에는 파종하려니
와 묵은 소출을 먹을 것이며 아홉
째 해에 그 땅에 소출이 들어오기
까지 너희는 묵은 것을 먹으리라
23 토지를 영구히 팔지 말 것은 토지는
다 내 것임이니라 너희는 거류민이
요 동거하는 자로서 나와 함께 있
느니라
24 너희 기업의 온 땅에서 그 토지 무
르기를 허락할지니
25 만일 네 형제가 가난하여 그의 기
업 중에서 얼마를 팔았으면 그에게
가까운 기업 무를 자가 와서 그의
형제가 판 것을 무를 것이요
26 만일 그것을 무를 사람이 없고 자
기가 부유하게 되어 무를 힘이 있
으면
27 그 판 해를 계수하여 그 남은 값을
산 자에게 주고 자기의 소유지로
돌릴 것이니라
28 그러나 자기가 무를 힘이 없으면 그
판 것이 희년에 이르기까지 산 자
의 손에 있다가 희년에 이르러 돌
아올지니 그것이 곧 그의 기업으로
돌아갈 것이니라
29 성벽 있는 성 내의 가옥을 팔았으면
판 지 만 일 년 안에는 무를 수 있
나니 곧 그 기한 안에 무르려니와
30 일 년 안에 무르지 못하면 그 성 안
의 가옥은 산 자의 소유로 확정되
어 대대로 영구히 그에게 속하고

기록일 : . . .

희년에라도 돌려보내지 아니할 것
이니라
31 그러나 성벽이 둘리지 아니한 촌락
의 가옥은 나라의 전토와 같이 물
러 주기도 할 것이요 희년에 돌려보
내기도 할 것이니라
32 레위 족속의 성읍 곧 그들의 소유
의 성읍의 가옥은 레위 사람이 언
제든지 무를 수 있으나
33 만일 레위 사람이 무르지 아니하면
그의 소유 성읍의 판 가옥은 희년에
돌려 보낼지니 이는 레위 사람의 성
읍의 가옥은 이스라엘 자손 중에서
받은 그들의 기업이 됨이니라
34 그러나 그들의 성읍 주위에 있는
들판은 그들의 영원한 소유지이니
팔지 못할지니라
35 네 형제가 가난하게 되어 빈 손으
로 네 곁에 있거든 너는 그를 도와
거류민이나 동거인처럼 너와 함께
생활하게 하되
36 너는 그에게 이자를 받지 말고 네
하나님을 경외하여 네 형제로 너와
함께 생활하게 할 것인즉
37 너는 그에게 이자를 위하여 돈을
꾸어 주지 말고 이익을 위하여 네
양식을 꾸어 주지 말라
38 나는 너희의 하나님이 되며 또 가
나안 땅을 너희에게 주려고 애굽
땅에서 너희를 인도하여 낸 너희의
하나님 야훼이니라
39 너와 함께 있는 네 형제가 가난하
게 되어 네게 몸이 팔리거든 너는
그를 종으로 부리지 말고
40 품꾼이나 동거인과 같이 함께 있게
하여 희년까지 너를 섬기게 하라
41 그 때에는 그와 그의 자녀가 함께
네게서 떠나 그의 가족과 그의 조
상의 기업으로 돌아가게 하라
42 그들은 내가 애굽 땅에서 인도하여
낸 내 종들이니 종으로 팔지 말 것
이라
43 너는 그를 엄하게 부리지 말고 네
하나님을 경외하라
44 네 종은 남녀를 막론하고 네 사방
이방인 중에서 취할지니 남녀 종은
이런 자 중에서 사올 것이며
45 또 너희 중에 거류하는 동거인들의
자녀 중에서도 너희가 사올 수 있
고 또 그들이 너희와 함께 있어서
너희 땅에서 가정을 이룬 자들 중
에서도 그리 할 수 있은즉 그들이
너희의 소유가 될지니라
46 너희는 그들을 너희 후손에게 기업
으로 주어 소유가 되게 할 것이라
이방인 중에서는 너희가 영원한 종
을 삼으려니와 너희 동족 이스라엘
자손은 너희가 피차 엄하게 부리지
말지니라
47 만일 너와 함께 있는 거류민이나

기록일 : . . .

동거인은 부유하게 되고 그와 함께
있는 네 형제는 가난하게 되므로
그가 너와 함께 있는 거류민이나
동거인 또는 거류민의 가족의 후손
에게 팔리면
48 그가 팔린 후에 그에게는 속량 받
을 권리가 있나니 그의 형제 중 하
나가 그를 속량하거나
49 또는 그의 삼촌이나 그의 삼촌의
아들이 그를 속량하거나 그의 가족
중 그의 살붙이 중에서 그를 속량
할 것이요 그가 부유하게 되면 스
스로 속량하되
50 자기 몸이 팔린 해로부터 희년까지
를 그 산 자와 계산하여 그 연수를
따라서 그 몸의 값을 정할 때에 그
사람을 섬긴 날을 그 사람에게 고
용된 날로 여길 것이라
51 만일 남은 해가 많으면 그 연수대
로 팔린 값에서 속량하는 값을 그
사람에게 도로 주고
52 만일 희년까지 남은 해가 적으면
그 사람과 계산하여 그 연수대로
속량하는 그 값을 그에게 도로 줄
지며
53 주인은 그를 매년의 삯꾼과 같이
여기고 네 목전에서 엄하게 부리지
말지니라
54 그가 이같이 속량되지 못하면 희년
에 이르러는 그와 그의 자녀가 자
유하리니
55 이스라엘 자손은 나의 종들이 됨이
라 그들은 내가 애굽 땅에서 인도
하여 낸 내 종이요 나는 너희의 하
나님 야훼이니라

26 너희는 자기를 위하여 우상을 만
들지 말지니 조각한 것이나 주상을
세우지 말며 너희 땅에 조각한 석
상을 세우고 그에게 경배하지 말라
나는 너희의 하나님 야훼임이니라
2 너희는 내 안식일을 지키며 내 성소
를 경외하라 나는 야훼이니라
3 너희가 내 규례와 계명을 준행하면
4 내가 너희에게 철따라 비를 주리니
땅은 그 산물을 내고 밭의 나무는
열매를 맺으리라
5 너희의 타작은 포도 딸 때까지 미
치며 너희의 포도 따는 것은 파종
할 때까지 미치리니 너희가 음식을
배불리 먹고 너희의 땅에 안전하게
거주하리라
6 내가 그 땅에 평화를 줄 것인즉 너
희가 누울 때 너희를 두렵게 할 자
가 없을 것이며 내가 사나운 짐승
을 그 땅에서 제할 것이요 칼이 너
희의 땅에 두루 행하지 아니할 것
이며
7 너희의 원수들을 쫓으리니 그들이
너희 앞에서 칼에 엎드러질 것이라
8 또 너희 다섯이 백을 쫓고 너희 백

기록일 : . . .

이 만을 쫓으리니 너희 대적들이 너
희 앞에서 칼에 엎드러질 것이며
9 내가 너희를 돌보아 너희를 번성하
게 하고 너희를 창대하게 할 것이
며 내가 너희와 함께 한 내 언약을
이행하리라
10 너희는 오래 두었던 묵은 곡식을
먹다가 새 곡식으로 말미암아 묵은
곡식을 치우게 될 것이며
11 내가 내 성막을 너희 중에 세우리
니 내 마음이 너희를 싫어하지 아니
할 것이며
12 나는 너희 중에 행하여 너희의 하
나님이 되고 너희는 내 백성이 될
것이니라
13 나는 너희를 애굽 땅에서 인도해
내어 그들에게 종된 것을 면하게
한 너희의 하나님 야훼이니라 내가
너희의 멍에의 빗장을 부수고 너희
를 바로 서서 걷게 하였느니라
14 그러나 너희가 내게 청종하지 아니
하여 이 모든 명령을 준행하지 아니
하며
15 내 규례를 멸시하며 마음에 내 법도
를 싫어하여 내 모든 계명을 준행하
지 아니하며 내 언약을 배반할진대
16 내가 이같이 너희에게 행하리니 곧
내가 너희에게 놀라운 재앙을 내려
폐병과 열병으로 눈이 어둡고 생명
이 쇠약하게 할 것이요 너희가 파
종한 것은 헛되리니 너희의 대적이
그것을 먹을 것임이며
17 내가 너희를 치리니 너희가 너희의
대적에게 패할 것이요 너희를 미워
하는 자가 너희를 다스릴 것이며 너
희는 쫓는 자가 없어도 도망하리라
18 또 만일 너희가 그렇게까지 되어도
내게 청종하지 아니하면 너희의 죄
로 말미암아 내가 너희를 일곱 배
나 더 징벌하리라
19 내가 너희의 세력으로 말미암은 교
만을 꺾고 너희의 하늘을 철과 같게
하며 너희 땅을 놋과 같게 하리니
20 너희의 수고가 헛될지라 땅은 그
산물을 내지 아니하고 땅의 나무는
그 열매를 맺지 아니하리라
21 너희가 나를 거슬러 내게 청종하지
아니할진대 내가 너희의 죄대로 너
희에게 일곱 배나 더 재앙을 내릴
것이라
22 내가 들짐승을 너희 중에 보내리니
그것들이 너희의 자녀를 움키고 너
희 가축을 멸하며 너희의 수효를 줄
이리니 너희의 길들이 황폐하리라
23 이런 일을 당하여도 너희가 내게
로 돌아오지 아니하고 내게 대항
할진대
24 나 곧 나도 너희에게 대항하여 너
희 죄로 말미암아 너희를 칠 배나
더 치리라

기록일 : . . .

25 내가 칼을 너희에게로 가져다가 언
약을 어긴 원수를 갚을 것이며 너
희가 성읍에 모일지라도 너희 중에
염병을 보내고 너희를 대적의 손에
넘길 것이며
26 내가 너희가 의뢰하는 양식을 끊을
때에 열 여인이 한 화덕에서 너희
떡을 구워 저울에 달아 주리니 너
희가 먹어도 배부르지 아니하리라
27 너희가 이같이 될지라도 내게 청종
하지 아니하고 내게 대항할진대
28 내가 진노로 너희에게 대항하되 너
희의 죄로 말미암아 칠 배나 더 징
벌하리니
29 너희가 아들의 살을 먹을 것이요
딸의 살을 먹을 것이며
30 내가 너희의 산당들을 헐며 너희의
분향단들을 부수고 너희의 시체들
을 부숴진 우상들 위에 던지고 내
마음이 너희를 싫어할 것이며
31 내가 너희의 성읍을 황폐하게 하고
너희의 성소들을 황량하게 할 것이
요 너희의 향기로운 냄새를 내가
흠향하지 아니하고
32 그 땅을 황무하게 하리니 거기 거
주하는 너희의 원수들이 그것으로
말미암아 놀랄 것이며
33 내가 너희를 여러 민족 중에 흩을
것이요 내가 칼을 빼어 너희를 따
르게 하리니 너희의 땅이 황무하며
너희의 성읍이 황폐하리라
34 너희가 원수의 땅에 살 동안에 너
희의 본토가 황무할 것이므로 땅이
안식을 누릴 것이라 그 때에 땅이
안식을 누리리니
35 너희가 그 땅에 거주하는 동안 너
희가 안식할 때에 땅은 쉬지 못하
였으나 그 땅이 황무할 동안에는
쉬게 되리라
36 너희 남은 자에게는 그 원수들의
땅에서 내가 그들의 마음을 약하게
하리니 그들은 바람에 불린 잎사귀
소리에도 놀라 도망하기를 칼을 피
하여 도망하듯 할 것이요 쫓는 자
가 없어도 엎드러질 것이라
37 그들은 쫓는 자가 없어도 칼 앞에
있음 같이 서로 짓밟혀 넘어지리니
너희가 원수들을 맞설 힘이 없을 것
이요
38 너희가 여러 민족 중에서 망하리니
너희의 원수들의 땅이 너희를 삼킬
것이라
39 너희 남은 자가 너희의 원수들의
땅에서 자기의 죄로 말미암아 쇠잔
하며 그 조상의 죄로 말미암아 그
조상 같이 쇠잔하리라
40 그들이 나를 거스른 잘못으로 자기
의 죄악과 그들의 조상의 죄악을 자
복하고 또 그들이 내게 대항하므로
41 나도 그들에게 대항하여 내가 그들

기록일 : . . .

을 그들의 원수들의 땅으로 끌어
갔음을 깨닫고 그 할례 받지 아니
한 그들의 마음이 낮아져서 그들의
죄악의 형벌을 기쁘게 받으면
42 내가 야곱과 맺은 내 언약과 이삭
과 맺은 내 언약을 기억하며 아브
라함과 맺은 내 언약을 기억하고
그 땅을 기억하리라
43 그들이 내 법도를 싫어하며 내 규례
를 멸시하였으므로 그 땅을 떠나서
사람이 없을 때에 그 땅은 황폐하
여 안식을 누릴 것이요 그들은 자기
죄악의 형벌을 기쁘게 받으리라
44 그런즉 그들이 그들의 원수들의 땅
에 있을 때에 내가 그들을 내버리
지 아니하며 미워하지 아니하며 아
주 멸하지 아니하고 그들과 맺은
내 언약을 폐하지 아니하리니 나는
야훼 그들의 하나님이 됨이니라
45 내가 그들의 하나님이 되기 위하여
민족들이 보는 앞에서 애굽 땅으
로부터 그들을 인도하여 낸 그들의
조상과의 언약을 그들을 위하여 기
억하리라 나는 야훼이니라
46 이것은 야훼께서 시내 산에서 자기
와 이스라엘 자손 사이에 모세를
통하여 세우신 규례와 법도와 율법
이니라

# 27

야훼께서 모세에게 말씀하여 이
르시되
2 이스라엘 자손에게 말하여 이르라
만일 어떤 사람이 사람의 값을 야
훼께 드리기로 분명히 서원하였으
면 너는 그 값을 정할지니
3 네가 정한 값은 스무 살로부터 예
순 살까지는 남자면 성소의 세겔로
은 오십 세겔로 하고
4 여자면 그 값을 삼십 세겔로 하며
5 다섯 살로부터 스무 살까지는 남자
면 그 값을 이십 세겔로 하고 여자
면 열 세겔로 하며
6 일 개월로부터 다섯 살까지는 남자
면 그 값을 은 다섯 세겔로 하고 여
자면 그 값을 은 삼 세겔로 하며
7 예순 살 이상은 남자면 그 값을 십
오 세겔로 하고 여자는 열 세겔로
하라
8 그러나 서원자가 가난하여 네가 정
한 값을 감당하지 못하겠으면 그를
제사장 앞으로 데리고 갈 것이요
제사장은 그 값을 정하되 그 서원
자의 형편대로 값을 정할지니라
9 사람이 서원하는 예물로 야훼께 드
리는 것이 가축이면 야훼께 드릴
때는 다 거룩하니
10 그것을 변경하여 우열간 바꾸지 못
할 것이요 혹 가축으로 가축을 바
꾸면 둘 다 거룩할 것이며
11 부정하여 야훼께 예물로 드리지 못
할 가축이면 그 가축을 제사장 앞

으로 끌어갈 것이요
12 제사장은 우열간에 값을 정할지니
그 값이 제사장의 정한 대로 될 것
이며
13 만일 그가 그것을 무르려면 네가
정한 값에 그 오분의 일을 더할지
니라
14 만일 어떤 사람이 자기 집을 성별하
여 야훼께 드리려하면 제사장이 그
우열간에 값을 정할지니 그 값은
제사장이 정한 대로 될 것이며
15 만일 그 사람이 자기 집을 무르려면
네가 값을 정한 돈에 그 오분의 일
을 더할지니 그리하면 자기 소유가
되리라
16 만일 어떤 사람이 자기 기업된 밭
얼마를 성별하여 야훼께 드리려 하
면 마지기 수대로 네가 값을 정하
되 보리 한 호멜지기에는 은 오십
세겔로 계산할지며
17 만일 그가 그 밭을 희년부터 성별
하여 드렸으면 그 값을 네가 정한
대로 할 것이요
18 만일 그 밭을 희년 후에 성별하여
드렸으면 제사장이 다음 희년까지
남은 연수를 따라 그 값을 계산하
고 정한 값에서 그 값에 상당하게
감할 것이며
19 만일 밭을 성별하여 드린 자가 그것
을 무르려면 네가 값을 정한 돈에
그 오분의 일을 더할지니 그리하면
그것이 자기 소유가 될 것이요
20 만일 그가 그 밭을 무르지 아니하
려거나 타인에게 팔았으면 다시는
무르지 못하고
21 희년이 되어서 그 밭이 돌아오게
될 때에는 야훼께 바친 성물이 되
어 영영히 드린 땅과 같이 제사장
의 기업이 될 것이며
22 만일 사람에게 샀고 자기 기업이 아
닌 밭을 야훼께 성별하여 드렸으면
23 너는 값을 정하고 제사장은 그를
위하여 희년까지 계산하고 그는 네
가 값을 정한 돈을 그 날에 야훼께
드려 성물로 삼을지며
24 그가 판 밭은 희년에 그 판 사람 곧
그 땅의 원주인에게로 되돌아갈지
니라
25 또 네가 정한 모든 값은 성소의 세
겔로 하되 이십 게라를 한 세겔로
할지니라
26 오직 가축 중의 처음 난 것은 야훼
께 드릴 첫 것이라 소나 양은 야훼
의 것이니 누구든지 그것으로는 성
별하여 드리지 못할 것이며
27 만일 부정한 짐승이면 네가 정한 값
에 그 오분의 일을 더하여 무를 것
이요 만일 무르지 아니하려면 네가
정한 값대로 팔지니라
28 어떤 사람이 자기 소유 중에서 오

기록일 : . . .

직 야훼께 온전히 바친 모든 것은
사람이든지 가축이든지 기업의 밭
이든지 팔지도 못하고 무르지도 못
하나니 바친 것은 다 야훼께 지극
히 거룩함이며
29 온전히 바쳐진 그 사람은 다시 무
르지 못하나니 반드시 죽일지니라
30 그리고 그 땅의 십분의 일 곧 그 땅
의 곡식이나 나무의 열매는 그 십
분의 일은 야훼의 것이니 야훼의
성물이라
31 또 만일 어떤 사람이 그의 십일조
를 무르려면 그것에 오분의 일을
더할 것이요
32 모든 소나 양의 십일조는 목자의 지
팡이 아래로 통과하는 것의 열 번째
의 것마다 야훼의 성물이 되리라
33 그 우열을 가리거나 바꾸거나 하지
말라 바꾸면 둘 다 거룩하리니 무
르지 못하리라
34 이것은 야훼께서 시내 산에서 이스
라엘 자손을 위하여 모세에게 명령
하신 계명이니라

기록일 : . . .

NUMBERS

# 민수기

**저 자** 모세

**주 제** 이스라엘 백성들의 광야 생활과 그들을 인도하시는 하나님

**기록목적** 출애굽 1세대가 약속의 땅 가나안에 들어가지 못한 이유는 하나님을 온전히 믿지 못하는 데서 오는 원망과 불신이었다. 본서는 이스라엘 백성들의 불순종에 대한 하나님의 심판과 자비를 보여 줌으로써 하나님께 대한 믿음과 순종으로 약속의 땅에 들어가야 함을 강조하고 있다.

**기록배경** 본서는 출애굽 1세대가 시내 산에서 출발 준비를 한 20일간의 기간과 광야에서 방랑한 약 38년간의 기간과 요단 동쪽 땅을 점령한 수개월간의 역사를 서술하고 있다. 출애굽 1세대는 하나님의 명령에 따라 1차 인구 조사를 실시하고 대열을 정비한 후 시내 산을 떠나 바란 광야에 이르렀다. 이곳에서 그들은 정탐꾼들을 가나안 땅으로 보냈다가 부정적인 보고를 듣자 하나님을 거역하였다. 그 결과 그들은 가나안 땅을 눈앞에 두고 발길을 돌려 약 38년 동안 광야에서 방황하다가 죽게 되었다. 하나님을 반역한 출애굽 1세대가 모두 죽은 후, 출애굽 2세대는 요단 동편 모압 평야에서 2차 인구 조사를 실시하고 요단 동편 땅을 점령하고 가나안 땅을 정복하기 위한 준비를 하였다.

**특 징**

- 이스라엘이 시내 산 출발 후 38년 동안 광야에서 방황하게 된 이유를 제시하고 있다.
- 하나님께 대항하는 이스라엘의 반역과 불평의 악순환이 묘사되어 있다.
- 본서 전체를 관통하는 한 가지 관점은, 하나님께서는 그의 백성이 요동치 않는 믿음을 가지고 그의 약속을 믿으며 그를 의뢰하고 나아갈 때 복과 생명을 주신다는 사실이다.
- 성도에게는 신앙 훈련이 필요함을 가르쳐 준다.

나의 기도

# 민수기

**1** 이스라엘 자손이 애굽 땅에서 나
온 후 둘째 해 둘째 달 첫째 날에
야훼께서 시내 광야 회막에서 모세
에게 말씀하여 이르시되
2 너희는 이스라엘 자손의 모든 회중
각 남자의 수를 그들의 종족과 조
상의 가문에 따라 그 명수대로 계
수할지니
3 이스라엘 중 이십 세 이상으로 싸
움에 나갈 만한 모든 자를 너와 아
론은 그 진영별로 계수하되
4 각 지파의 각 조상의 가문의 우두
머리 한 사람씩을 너희와 함께 하
게 하라
5 너희와 함께 설 사람들의 이름은
이러하니 르우벤 지파에서는 스데
울의 아들 엘리술이요
6 시므온 지파에서는 수리삿대의 아
들 슬루미엘이요
7 유다 지파에서는 암미나답의 아들
나손이요
8 잇사갈 지파에서는 수알의 아들 느
다넬이요
9 스불론 지파에서는 헬론의 아들 엘
리압이요
10 요셉의 자손들 중 에브라임 지파에
서는 암미훗의 아들 엘리사마요 므
낫세 지파에서는 브다술의 아들 가
말리엘이요
11 베냐민 지파에서는 기드오니의 아
들 아비단이요
12 단 지파에서는 암미삿대의 아들 아
히에셀이요
13 아셀 지파에서는 오그란의 아들 바
기엘이요
14 갓 지파에서는 드우엘의 아들 엘리
아삽이요
15 납달리 지파에서는 에난의 아들 아
히라이니라 하시니
16 그들은 회중에서 부름을 받은 자요
그 조상 지파의 지휘관으로서 이스
라엘 종족들의 우두머리라
17 모세와 아론이 지명된 이 사람들을
데리고
18 둘째 달 첫째 날에 온 회중을 모으
니 그들이 각 종족과 조상의 가문
에 따라 이십 세 이상인 남자의 이
름을 자기 계통별로 신고하매
19 야훼께서 모세에게 명령하신 대로
그가 시내 광야에서 그들을 계수하
였더라
20 이스라엘의 장자 르우벤의 아들들
에게서 난 자를 그들의 종족과 조
상의 가문에 따라 이십 세 이상으
로 싸움에 나갈 만한 각 남자를 그
명수대로 다 계수하니

기록일 : . . .

21 르우벤 지파에서 계수된 자는 사만
육천오백 명이었더라
22 시므온의 아들들에게서 난 자를 그
들의 종족과 조상의 가문에 따라
이십 세 이상으로 싸움에 나갈 만
한 각 남자를 그 명수대로 다 계수
하니
23 시므온 지파에서 계수된 자는 오만
구천삼백 명이었더라
24 갓의 아들들에게서 난 자를 그들의
종족과 조상의 가문에 따라 이십
세 이상으로 싸움에 나갈 만한 자
를 그 명수대로 다 계수하니
25 갓 지파에서 계수된 자는 사만 오
천육백오십 명이었더라
26 유다의 아들들에게서 난 자를 그들
의 종족과 조상의 가문에 따라 이
십 세 이상으로 싸움에 나갈 만한
자를 그 명수대로 다 계수하니
27 유다 지파에서 계수된 자는 칠만
사천육백 명이었더라
28 잇사갈의 아들들에게서 난 자를 그
들의 종족과 조상의 가문에 따라
이십 세 이상으로 싸움에 나갈 만
한 자를 그 명수대로 다 계수하니
29 잇사갈 지파에서 계수된 자는 오만
사천사백 명이었더라
30 스불론의 아들들에게서 난 자를 그
들의 종족과 조상의 가문에 따라
이십 세 이상으로 싸움에 나갈 만
한 자를 그 명수대로 다 계수하니
31 스불론 지파에서 계수된 자는 오만
칠천사백 명이었더라
32 요셉의 아들 에브라임의 아들들에
게서 난 자를 그들의 종족과 조상
의 가문에 따라 이십 세 이상으로
싸움에 나갈 만한 자를 그 명수대
로 다 계수하니
33 에브라임 지파에서 계수된 자는 사
만 오백 명이었더라
34 므낫세의 아들들에게서 난 자를 그
들의 종족과 조상의 가문에 따라
이십 세 이상으로 싸움에 나갈 만
한 자를 그 명수대로 다 계수하니
35 므낫세 지파에서 계수된 자는 삼만
이천이백 명이었더라
36 베냐민의 아들들에게서 난 자를 그
들의 종족과 조상의 가문에 따라
이십 세 이상으로 싸움에 나갈 만
한 자를 그 명수대로 다 계수하니
37 베냐민 지파에서 계수된 자는 삼만
오천사백 명이었더라
38 단의 아들들에게서 난 자를 그들의
종족과 조상의 가문에 따라 이십
세 이상으로 싸움에 나갈 만한 자
를 그 명수대로 다 계수하니
39 단 지파에서 계수된 자는 육만 이
천칠백 명이었더라
40 아셀의 아들들에게서 난 자를 그들
의 종족과 조상의 가문에 따라 이

기록일 : . . .

십 세 이상으로 싸움에 나갈 만한
자를 그 명수대로 다 계수하니
41 아셀 지파에서 계수된 자는 사만
천오백 명이었더라
42 납달리의 아들들에게서 난 자를 그
들의 종족과 조상의 가문에 따라
이십 세 이상으로 싸움에 나갈 만
한 자를 그 명수대로 다 계수하니
43 납달리 지파에서 계수된 자는 오만
삼천사백 명이었더라
44 이 계수함을 받은 자는 모세와 아
론과 각기 이스라엘 조상의 가문
을 대표한 열두 지휘관이 계수하였
더라
45 이같이 이스라엘 자손이 그 조상의
가문을 따라 이십 세 이상으로 싸
움에 나갈 만한 이스라엘 자손이
다 계수되었으니
46 계수된 자의 총계는 육십만 삼천오
백오십 명이었더라
47 그러나 레위인은 그들의 조상의
지파대로 그 계수에 들지 아니하였
으니
48 이는 야훼께서 모세에게 말씀하여
이르시되
49 너는 레위 지파만은 계수하지 말며
그들을 이스라엘 자손 계수 중에
넣지 말고
50 그들에게 증거의 성막과 그 모든
기구와 그 모든 부속품을 관리하게
하라 그들은 그 성막과 그 모든 기
구를 운반하며 거기서 봉사하며 성
막 주위에 진을 칠지며
51 성막을 운반할 때에는 레위인이 그
것을 걷고 성막을 세울 때에는 레
위인이 그것을 세울 것이요 외인이
가까이 오면 죽일지며
52 이스라엘 자손은 막사를 치되 그
진영별로 각각 그 진영과 군기 곁에
칠 것이나
53 레위인은 증거의 성막 사방에 진을
쳐서 이스라엘 자손의 회중에게 진
노가 임하지 않게 할 것이라 레위
인은 증거의 성막에 대한 책임을
지킬지니라 하셨음이라
54 이스라엘 자손이 그대로 행하되 야
훼께서 모세에게 명령하신 대로 행
하였더라

# 2

야훼께서 모세와 아론에게 말씀
하여 이르시되
2 이스라엘 자손은 각각 자기의 진영
의 군기와 자기의 조상의 가문의
기호 곁에 진을 치되 회막을 향하
여 사방으로 치라
3 동방 해 돋는 쪽에 진 칠 자는 그
진영별로 유다의 진영의 군기에 속
한 자라 유다 자손의 지휘관은 암
미나답의 아들 나손이요
4 그의 군대로 계수된 자가 칠만 사
천육백 명이며

기록일 : . . .

5 그 곁에 진 칠 자는 잇사갈 지파라
잇사갈 자손의 지휘관은 수알의 아
들 느다넬이요
6 그의 군대로 계수된 자가 오만 사
천사백 명이라
7 그리고 스불론 지파라 스불론 자
손의 지휘관은 헬론의 아들 엘리
압이요
8 그의 군대로 계수된 자가 오만 칠
천사백 명이니
9 유다 진영에 속한 군대로 계수된 군
인의 총계는 십팔만 육천사백 명이
라 그들은 제일대로 행진할지니라
10 남쪽에는 르우벤 군대 진영의 군기
가 있을 것이라 르우벤 자손의 지
휘관은 스데울의 아들 엘리술이요
11 그의 군대로 계수된 자가 사만 육
천오백 명이며
12 그 곁에 진 칠 자는 시므온 지파라
시므온 자손의 지휘관은 수리삿대
의 아들 슬루미엘이요
13 그의 군대로 계수된 자가 오만 구
천삼백 명이며
14 또 갓 지파라 갓 자손의 지휘관은
르우엘의 아들 엘리아삽이요
15 그의 군대로 계수된 자가 사만 오
천육백오십 명이니
16 르우벤 진영에 속하여 계수된 군인
의 총계는 십오만 천사백오십 명이
라 그들은 제이대로 행진할지니라

17 그 다음에 회막이 레위인의 진영과
함께 모든 진영의 중앙에 있어 행
진하되 그들의 진 친 순서대로 각
사람은 자기의 위치에서 자기들의
기를 따라 앞으로 행진할지니라
18 서쪽에는 에브라임의 군대의 진영
의 군기가 있을 것이라 에브라임
자손의 지휘관은 암미훗의 아들 엘
리사마요
19 그의 군대로 계수된 자가 사만 오
백 명이며
20 그 곁에는 므낫세 지파가 있을 것
이라 므낫세 자손의 지휘관은 브다
술의 아들 가말리엘이요
21 그의 군대로 계수된 자가 삼만 이
천이백 명이며
22 또 베냐민 지파라 베냐민 자손의
지휘관은 기드오니의 아들 아비단
이요
23 그의 군대로 계수된 자가 삼만 오
천사백 명이니
24 에브라임 진영에 속하여 계수된 군
인의 총계는 십만 팔천백 명이라
그들은 제삼대로 행진할지니라
25 북쪽에는 단 군대 진영의 군기가
있을 것이라 단 자손의 지휘관은
암미삿대의 아들 아히에셀이요
26 그의 군대로 계수된 자가 육만 이
천칠백 명이며
27 그 곁에 진 칠 자는 아셀 지파라 아

기록일 : . . .

셀 자손의 지휘관은 오그란의 아들
바기엘이요
28 그의 군대로 계수된 자가 사만 천
오백 명이며
29 또 납달리 지파라 납달리 자손의
지휘관은 에난의 아들 아히라요
30 그의 군대로 계수된 자가 오만 삼
천사백 명이니
31 단의 진영에 속하여 계수함을 받은
군인의 총계는 십오만 칠천육백 명
이라 그들은 기를 따라 후대로 행
진할지니라 하시니라
32 이상은 이스라엘 자손이 그들의 조
상의 가문을 따라 계수된 자니 모
든 진영의 군인 곧 계수된 자의 총
계는 육십만 삼천오백오십 명이며
33 레위인은 이스라엘 자손과 함께 계
수되지 아니하였으니 야훼께서 모
세에게 명령하심과 같았느니라
34 이스라엘 자손이 야훼께서 모세에
게 명령하신 대로 다 준행하여 각
기 종족과 조상의 가문에 따르며
자기들의 기를 따라 진 치기도 하
며 행진하기도 하였더라

# 3

야훼께서 시내 산에서 모세와 말
씀하실 때에 아론과 모세가 낳은
자는 이러하니라
2 아론의 아들들의 이름은 이러하니
장자는 나답이요 다음은 아비후와
엘르아살과 이다말이니
3 이는 아론의 아들들의 이름이며 그
들은 기름 부음을 받고 거룩하게
구별되어 제사장 직분을 위임 받은
제사장들이라
4 나답과 아비후는 시내 광야에서 야
훼 앞에 다른 불을 드리다가 야훼
앞에서 죽어 자식이 없었으며 엘르
아살과 이다말이 그의 아버지 아론
앞에서 제사장의 직분을 행하였더라
5 야훼께서 또 모세에게 말씀하여 이
르시되
6 레위 지파는 나아가 제사장 아론
앞에 서서 그에게 시종하게 하라
7 그들이 회막 앞에서 아론의 직무와
온 회중의 직무를 위하여 회막에서
시무하되
8 곧 회막의 모든 기구를 맡아 지키
며 이스라엘 자손의 직무를 위하여
성막에서 시무할지니
9 너는 레위인을 아론과 그의 아들들
에게 맡기라 그들은 이스라엘 자손
중에서 아론에게 온전히 맡겨진 자
들이니라
10 너는 아론과 그의 아들들을 세워
제사장 직무를 행하게 하라 외인이
가까이 하면 죽임을 당할 것이니라
11 야훼께서 모세에게 말씀하여 이르
시되
12 보라 내가 이스라엘 자손 중에서 레
위인을 택하여 이스라엘 자손 중에

기록일 :   .   .   .

태를 열어 태어난 모든 자를 대신하
게 하였은즉 레위인은 내 것이라
13 처음 태어난 자는 다 내 것임은 내
가 애굽 땅에서 그 처음 태어난 자
를 다 죽이던 날에 이스라엘의 처
음 태어난 자는 사람이나 짐승을
다 거룩하게 구별하였음이니 그들
은 내 것이 될 것임이니라 나는 야
훼이니라
14 야훼께서 시내 광야에서 모세에게
말씀하여 이르시되
15 레위 자손을 그들의 조상의 가문과
종족을 따라 계수하되 일 개월 이
상된 남자를 다 계수하라
16 모세가 야훼의 말씀을 따라 그 명
령하신 대로 계수하니라
17 레위의 아들들의 이름은 이러하니
게르손과 고핫과 므라리요
18 게르손의 아들들의 이름은 그들의
종족대로 이러하니 립니와 시므이요
19 고핫의 아들들은 그들의 종족대로
이러하니 아므람과 이스할과 헤브
론과 웃시엘이요
20 므라리의 아들들은 그들의 종족대
로 말리와 무시이니 이는 그의 종
족대로 된 레위인의 조상의 가문들
이니라
21 게르손에게서는 립니 종족과 시므
이 종족이 났으니 이들이 곧 게르
손의 조상의 가문들이라
22 계수된 자 곧 일 개월 이상 된 남자
의 수효 합계는 칠천오백 명이며
23 게르손 종족들은 성막 뒤 곧 서쪽
에 진을 칠 것이요
24 라엘의 아들 엘리아삽은 게르손 사
람의 조상의 가문의 지휘관이 될
것이며
25 게르손 자손이 회막에서 맡을 일은
성막과 장막과 그 덮개와 회막 휘
장 문과
26 뜰의 휘장과 및 성막과 제단 사방
에 있는 뜰의 휘장 문과 그 모든 것
에 쓰는 줄들이니라
27 고핫에게서는 아므람 종족과 이스
할 종족과 헤브론 종족과 웃시엘
종족이 났으니 이들은 곧 고핫 종
족들이라
28 계수된 자로서 출생 후 일 개월 이
상 된 남자는 모두 팔천육백 명인
데 성소를 맡을 것이며
29 고핫 자손의 종족들은 성막 남쪽에
진을 칠 것이요
30 웃시엘의 아들 엘리사반은 고핫 사
람의 종족과 조상의 가문의 지휘관
이 될 것이며
31 그들이 맡을 것은 증거궤와 상과
등잔대와 제단들과 성소에서 봉사
하는 데 쓰는 기구들과 휘장과 그
것에 쓰는 모든 것이며
32 제사장 아론의 아들 엘르아살은 레

기록일 : . . .

위인의 지휘관들의 어른이 되고 또
성소를 맡을 자를 통할할 것이니라
33 므라리에게서는 말리 종족과 무시
종족이 났으니 이들은 곧 므라리
종족들이라
34 그 계수된 자 곧 일 개월 이상 된
남자는 모두 육천이백 명이며
35 아비하일의 아들 수리엘은 므라리
종족과 조상의 가문의 지휘관이 될
것이요 이 종족은 성막 북쪽에 진
을 칠 것이며
36 므라리 자손이 맡을 것은 성막의
널판과 그 띠와 그 기둥과 그 받침
과 그 모든 기구와 그것에 쓰는 모
든 것이며
37 뜰 사방 기둥과 그 받침과 그 말뚝
과 그 줄들이니라
38 성막 앞 동쪽 곧 회막 앞 해 돋는
쪽에는 모세와 아론과 아론의 아
들들이 진을 치고 이스라엘 자손의
직무를 위하여 성소의 직무를 수행
할 것이며 외인이 가까이 하면 죽일
지니라
39 모세와 아론이 야훼의 명령을 따라
레위인을 각 종족대로 계수한즉 일
개월 이상 된 남자는 모두 이만 이
천 명이었더라
40 야훼께서 또 모세에게 이르시되 이
스라엘 자손의 처음 태어난 남자를
일 개월 이상으로 다 계수하여 그

명수를 기록하라
41 나는 야훼라 이스라엘 자손 중 모
든 처음 태어난 자 대신에 레위인
을 내게 돌리고 또 이스라엘 자손
의 가축 중 모든 처음 태어난 것 대
신에 레위인의 가축을 내게 돌리라
42 모세가 야훼께서 자기에게 명령하
신 대로 이스라엘 자손 중 모든 처
음 태어난 자를 계수하니
43 일 개월 이상으로 계수된 처음 태
어난 남자의 총계는 이만 이천이백
칠십삼 명이었더라
44 야훼께서 모세에게 말씀하여 이르
시되
45 이스라엘 자손 중 모든 처음 태어
난 자 대신에 레위인을 취하고 또
그들의 가축 대신에 레위인의 가축
을 취하라 레위인은 내 것이라 나
는 야훼니라
46 이스라엘 자손의 처음 태어난 자가
레위인보다 이백칠십삼 명이 더 많
은즉 속전으로
47 한 사람에 다섯 세겔씩 받되 성소
의 세겔로 받으라 한 세겔은 이십
게라니라
48 그 더한 자의 속전을 아론과 그의
아들들에게 줄 것이니라
49 모세가 레위인으로 대속한 이외의
사람에게서 속전을 받았으니
50 곧 이스라엘 자손의 처음 태어난

기록일 : . . .

자에게서 받은 돈이 성소의 세겔로
천삼백육십오 세겔이라
51 모세가 이 속전을 야훼의 말씀대로
아론과 그의 아들들에게 주었으니
야훼께서 모세에게 명령하심과 같
았느니라

## 4

또 야훼께서 모세와 아론에게 말
씀하여 이르시되
2 레위 자손 중에서 고핫 자손을 그
들의 종족과 조상의 가문에 따라
집계할지니
3 곧 삼십 세 이상으로 오십 세까지
회막의 일을 하기 위하여 그 역사에
참가할 만한 모든 자를 계수하라
4 고핫 자손이 회막 안의 지성물에
대하여 할 일은 이러하니라
5 진영이 전진할 때에 아론과 그의
아들들이 들어가서 칸 막는 휘장을
걷어 증거궤를 덮고
6 그 위를 해달의 가죽으로 덮고 그
위에 순청색 보자기를 덮은 후에
그 채를 꿰고
7 진설병의 상에 청색 보자기를 펴고
대접들과 숟가락들과 주발들과 붓
는 잔들을 그 위에 두고 또 항상 진
설하는 떡을 그 위에 두고
8 홍색 보자기를 그 위에 펴고 그것
을 해달의 가죽 덮개로 덮은 후에
그 채를 꿰고
9 청색 보자기를 취하여 등잔대와 등
잔들과 불 집게들과 불똥 그릇들과
그 쓰는 바 모든 기름 그릇을 덮고
10 등잔대와 그 모든 기구를 해달의
가죽 덮개 안에 넣어 메는 틀 위에
두고
11 금제단 위에 청색 보자기를 펴고
해달의 가죽 덮개로 덮고 그 채를
꿰고
12 성소에서 봉사하는 데에 쓰는 모든
기구를 취하여 청색 보자기에 싸서
해달의 가죽 덮개로 덮어 메는 틀
위에 두고
13 제단의 재를 버리고 그 제단 위에
자색 보자기를 펴고
14 봉사하는 데에 쓰는 모든 기구 곧
불 옮기는 그릇들과 고기 갈고리들
과 부삽들과 대야들과 제단의 모든
기구를 두고 해달의 가죽 덮개를
그 위에 덮고 그 채를 꿸 것이며
15 진영을 떠날 때에 아론과 그의 아
들들이 성소와 성소의 모든 기구
덮는 일을 마치거든 고핫 자손들
이 와서 멜 것이니라 그러나 성물은
만지지 말라 그들이 죽으리라 회막
물건 중에서 이것들은 고핫 자손이
멜 것이며
16 제사장 아론의 아들 엘르아살이 맡
을 것은 등유와 태우는 향과 항상
드리는 소제물과 관유이며 또 장막
전체와 그 중에 있는 모든 것과 성

기록일 : . . .

소와 그 모든 기구니라
17 야훼께서 또 모세와 아론에게 말씀
하여 이르시되
18 너희는 고핫 족속의 지파를 레위인
중에서 끊어지게 하지 말지니
19 그들이 지성물에 접근할 때에 그들
의 생명을 보존하고 죽지 않게 하
기 위하여 이같이 하라 아론과 그
의 아들들이 들어가서 각 사람에게
그가 할 일과 그가 멜 것을 지휘하
게 할지니라
20 그들은 잠시라도 들어가서 성소를
보지 말라 그들이 죽으리라
21 야훼께서 또 모세에게 말씀하여 이
르시되
22 게르손 자손도 그 조상의 가문과
종족에 따라 계수하되
23 삼십 세 이상으로 오십 세까지 회
막에서 복무하고 봉사할 모든 자를
계수하라
24 게르손 종족의 할 일과 멜 것은 이
러하니
25 곧 그들이 성막의 휘장들과 회막과
그 덮개와 그 위의 해달의 가죽 덮
개와 회막 휘장 문을 메며
26 뜰의 휘장과 성막과 제단 사방에
있는 뜰의 휘장 문과 그 줄들과 그
것에 사용하는 모든 기구를 메며
이 모든 것을 이렇게 맡아 처리할
것이라
27 게르손 자손은 그들의 모든 일 곧
멜 것과 처리할 것을 아론과 그의
아들들의 명령대로 할 것이니 너희
는 그들이 멜 짐을 그들에게 맡길
것이니라
28 게르손 자손의 종족들이 회막에서
할 일은 이러하며 그들의 직무는
제사장 아론의 아들 이다말이 감독
할지니라
29 너는 므라리 자손도 그 조상의 가
문과 종족에 따라 계수하되
30 삼십 세부터 오십 세까지 회막에서
복무하고 봉사할 모든 자를 계수
하라
31 그들이 직무를 따라 회막에서 할
모든 일 곧 그 멜 것은 이러하니 곧
장막의 널판들과 그 띠들과 그 기
둥들과 그 받침들과
32 뜰 둘레의 기둥들과 그 받침들과
그 말뚝들과 그 줄들과 그 모든 기
구들과 그것에 쓰는 모든 것이라
너희는 그들이 맡아 멜 모든 기구
의 품목을 지정하라
33 이는 제사장 아론의 아들 이다말의
수하에 있을 므라리 자손의 종족들
이 그 모든 직무대로 회막에서 행
할 일이니라
34 모세와 아론과 회중의 지도자들이
고핫 자손들을 그 종족과 조상의
가문에 따라 계수하니

기록일 : . . .

35 삼십 세부터 오십 세까지 회막에서
복무하고 봉사할 모든 자
36 곧 그 종족대로 계수된 자가 이천
칠백오십 명이니
37 이는 모세와 아론이 야훼께서 모세
에게 명령하신 대로 회막에서 종사
하는 고핫인의 모든 종족 중 계수
된 자이니라
38 게르손 자손 중 그 종족과 조상의
가문을 따라 계수된 자는
39 삼십 세부터 오십 세까지 회막 봉사
에 참여하여 일할 만한 모든 자라
40 그 종족과 조상의 가문을 따라 계
수된 자는 이천육백삼십 명이니
41 이는 모세와 아론이 야훼의 명령대
로 회막에서 종사하는 게르손 자손
의 모든 종족 중 계수된 자니라
42 므라리 자손의 종족 중 그 종족과
조상의 가문을 따라 계수된 자는
43 삼십 세부터 오십 세까지 회막에서
복무하고 봉사할 모든 자라
44 그 종족을 따라 계수된 자는 삼천
이백 명이니
45 이는 모세와 아론이 야훼께서 모세
에게 명령하신 대로 므라리 자손들
의 종족 중 계수된 자니라
46 모세와 아론과 이스라엘 지휘관들
이 레위인을 그 종족과 조상의 가
문에 따라 다 계수하니
47 삼십 세부터 오십 세까지 회막 봉
사와 메는 일에 참여하여 일할 만
한 모든 자
48 곧 그 계수된 자는 팔천오백팔십
명이라
49 그들이 할 일과 짐을 메는 일을 따
라 모세에게 계수되었으되 야훼께
서 모세에게 명령하신 대로 그들이
계수되었더라

5 야훼께서 모세에게 말씀하여 이
르시되
2 이스라엘 자손에게 명령하여 모든
나병 환자와 유출증이 있는 자와
주검으로 부정하게 된 자를 다 진
영 밖으로 내보내되
3 남녀를 막론하고 다 진영 밖으로
내보내어 그들이 진영을 더럽히게
하지 말라 내가 그 진영 가운데에
거하느니라 하시매
4 이스라엘 자손이 그같이 행하여 그
들을 진영 밖으로 내보냈으니 곧
야훼께서 모세에게 이르신 대로 이
스라엘 자손이 행하였더라
5 야훼께서 모세에게 말씀하여 이르
시되
6 이스라엘 자손에게 이르라 남자나
여자나 사람들이 범하는 죄를 범하
여 야훼께 거역함으로 죄를 지으면
7 그 지은 죄를 자복하고 그 죄 값을
온전히 갚되 오분의 일을 더하여
그가 죄를 지었던 그 사람에게 돌

려줄 것이요
8 만일 죄 값을 받을 만한 친척이 없
으면 그 죄 값을 야훼께 드려 제사
장에게로 돌릴 것이니 이는 그를
위하여 속죄할 속죄의 숫양과 함께
돌릴 것이니라
9 이스라엘 자손이 거제로 제사장에
게 가져오는 모든 성물은 그의 것
이 될 것이라
10 각 사람이 구별한 물건은 그의 것
이 되나니 누구든지 제사장에게 주
는 것은 그의 것이 되느니라
11 야훼께서 모세에게 말씀하여 이르
시되
12 이스라엘 자손에게 말하여 그들에
게 이르라 만일 어떤 사람의 아내
가 탈선하여 남편에게 신의를 저버
렸고
13 한 남자가 그 여자와 동침하였으나
그의 남편의 눈에 숨겨 드러나지
아니하였고 그 여자의 더러워진 일
에 증인도 없고 그가 잡히지도 아
니하였어도
14 그 남편이 의심이 생겨 그 아내를
의심하였는데 그의 아내가 더럽혀
졌거나 또는 그 남편이 의심이 생겨
그 아내를 의심하였으나 그 아내가
더럽혀지지 아니하였든지
15 그의 아내를 데리고 제사장에게로
가서 그를 위하여 보리 가루 십분
의 일 에바를 헌물로 드리되 그것
에 기름도 붓지 말고 유향도 두지
말라 이는 의심의 소제요 죄악을
기억나게 하는 기억의 소제라
16 제사장은 그 여인을 가까이 오게
하여 야훼 앞에 세우고
17 토기에 거룩한 물을 담고 성막 바
닥의 티끌을 취하여 물에 넣고
18 여인을 야훼 앞에 세우고 그의 머
리를 풀게 하고 기억나게 하는 소
제물 곧 의심의 소제물을 그의 두
손에 두고 제사장은 저주가 되게
할 쓴 물을 자기 손에 들고
19 여인에게 맹세하게 하여 그에게 이
르기를 네가 네 남편을 두고 탈선
하여 다른 남자와 동침하여 더럽힌
일이 없으면 저주가 되게 하는 이
쓴 물의 해독을 면하리라
20 그러나 네가 네 남편을 두고 탈선
하여 몸을 더럽혀서 네 남편 아닌
사람과 동침하였으면
21 (제사장이 그 여인에게 저주의 맹
세를 하게 하고 그 여인에게 말할
지니라) 야훼께서 네 넓적다리가
마르고 네 배가 부어서 네가 네 백
성 중에 저줏거리, 맹셋거리가 되게
하실지라
22 이 저주가 되게 하는 이 물이 네 창
자에 들어가서 네 배를 붓게 하고
네 넓적다리를 마르게 하리라 할

기록일 : . . .

것이요 여인은 아멘 아멘 할지니라
23 제사장이 저주의 말을 두루마리에
써서 그 글자를 그 쓴 물에 빨아
넣고
24 여인에게 그 저주가 되게 하는 쓴
물을 마시게 할지니 그 저주가 되
게 하는 물이 그의 속에 들어 가서
쓰리라
25 제사장이 먼저 그 여인의 손에서 의
심의 소제물을 취하여 그 소제물을
야훼 앞에 흔들고 제단으로 가지고
가서
26 제사장은 그 소제물 중에서 한 움
큼을 취하여 그 여자에게 기억나게
하는 소제물로 제단 위에 불사르고
그 후에 여인에게 그 물을 마시게
할지라
27 그 물을 마시게 한 후에 만일 여인
이 몸을 더럽혀서 그 남편에게 범죄
하였으면 그 저주가 되게 하는 물
이 그의 속에 들어가서 쓰게 되어
그의 배가 부으며 그의 넓적다리가
마르리니 그 여인이 그 백성 중에서
저줏거리가 될 것이니라
28 그러나 여인이 더럽힌 일이 없고 정
결하면 해를 받지 않고 임신하리라
29 이는 의심의 법이니 아내가 그의
남편을 두고 탈선하여 더럽힌 때나
30 또는 그 남편이 의심이 생겨서 자기
의 아내를 의심할 때에 여인을 야
훼 앞에 두고 제사장이 이 법대로
행할 것이라
31 남편은 무죄할 것이요 여인은 죄가
있으면 당하리라

6 야훼께서 모세에게 말씀하여 이
르시되
2 이스라엘 자손에게 전하여 그들에
게 이르라 남자나 여자가 특별한
서원 곧 나실인의 서원을 하고 자
기 몸을 구별하여 야훼께 드리려고
하면
3 포도주와 독주를 멀리하며 포도주
로 된 초나 독주로 된 초를 마시지
말며 포도즙도 마시지 말며 생포도
나 건포도도 먹지 말지니
4 자기 몸을 구별하는 모든 날 동안
에는 포도나무 소산은 씨나 껍질이
라도 먹지 말지며
5 그 서원을 하고 구별하는 모든 날
동안은 삭도를 절대로 그의 머리에
대지 말 것이라 자기 몸을 구별하여
야훼께 드리는 날이 차기까지 그는
거룩한즉 그의 머리털을 길게 자라
게 할 것이며
6 자기의 몸을 구별하여 야훼께 드리
는 모든 날 동안은 시체를 가까이
하지 말 것이요
7 그의 부모 형제 자매가 죽은 때에
라도 그로 말미암아 몸을 더럽히지
말 것이니 이는 자기의 몸을 구별하

여 하나님께 드리는 표가 그의 머
리에 있음이라
8 자기의 몸을 구별하는 모든 날 동
안 그는 야훼께 거룩한 자니라
9 누가 갑자기 그 곁에서 죽어서 스
스로 구별한 자의 머리를 더럽히면
그의 몸을 정결하게 하는 날에 머
리를 밀 것이니 곧 일곱째 날에 밀
것이며
10 여덟째 날에 산비둘기 두 마리나
집비둘기 새끼 두 마리를 가지고
회막 문에 와서 제사장에게 줄 것
이요
11 제사장은 그 하나를 속죄제물로,
하나를 번제물로 드려서 그의 시체
로 말미암아 얻은 죄를 속하고 또
그는 그 날에 그의 머리를 성결하
게 할 것이며
12 자기 몸을 구별하여 야훼께 드릴
날을 새로 정하고 일 년 된 숫양을
가져다가 속건제물로 드릴지니라
자기의 몸을 구별한 때에 그의 몸
을 더럽혔은즉 지나간 기간은 무효
니라
13 나실인의 법은 이러하니라 자기의
몸을 구별한 날이 차면 그 사람을
회막 문으로 데리고 갈 것이요
14 그는 야훼께 헌물을 드리되 번제물
로 일 년 된 흠 없는 숫양 한 마리
와 속죄제물로 일 년 된 흠 없는 어
린 암양 한 마리와 화목제물로 흠
없는 숫양 한 마리와
15 무교병 한 광주리와 고운 가루에
기름 섞은 과자들과 기름 바른 무
교전병들과 그 소제물과 전제물을
드릴 것이요
16 제사장은 그것들을 야훼 앞에 가져
다가 속죄제와 번제를 드리고
17 화목제물로 숫양에 무교병 한 광주
리를 아울러 야훼께 드리고 그 소
제와 전제를 드릴 것이요
18 자기의 몸을 구별한 나실인은 회막
문에서 자기의 머리털을 밀고 그것
을 화목제물 밑에 있는 불에 둘지며
19 자기의 몸을 구별한 나실인이 그의
머리 털을 민 후에 제사장이 삶은
숫양의 어깨와 광주리 가운데 무교
병 하나와 무교전병 하나를 취하여
나실인의 두 손에 두고
20 야훼 앞에 요제로 흔들 것이며 그
것과 흔든 가슴과 받들어올린 넓적
다리는 성물이라 다 제사장에게 돌
릴 것이니라 그 후에는 나실인이 포
도주를 마실 수 있느니라
21 이는 곧 서원한 나실인이 자기의 몸
을 구별한 일로 말미암아 야훼께
헌물을 드림과 행할 법이며 이외에
도 힘이 미치는 대로 하려니와 그가
서원한 대로 자기의 몸을 구별하는
법을 따라 할 것이니라

22 야훼께서 모세에게 말씀하여 이르
시되
23 아론과 그의 아들들에게 말하여 이
르기를 너희는 이스라엘 자손을 위
하여 이렇게 축복하여 이르되
24 야훼는 네게 복을 주시고 너를 지
키시기를 원하며
25 야훼는 그의 얼굴을 네게 비추사
은혜 베푸시기를 원하며
26 야훼는 그 얼굴을 네게로 향하여
드사 평강 주시기를 원하노라 할지
니라 하라
27 그들은 이같이 내 이름으로 이스라
엘 자손에게 축복할지니 내가 그들
에게 복을 주리라

7

모세가 장막 세우기를 끝내고 그
것에 기름을 발라 거룩히 구별하고
또 그 모든 기구와 제단과 그 모든
기물에 기름을 발라 거룩히 구별한
날에
2 이스라엘 지휘관들 곧 그들의 조
상의 가문의 우두머리들이요 그 지
파의 지휘관으로서 그 계수함을
받은 자의 감독된 자들이 헌물을
드렸으니
3 그들이 야훼께 드린 헌물은 덮개
있는 수레 여섯 대와 소 열두 마리
이니 지휘관 두 사람에 수레가 하
나씩이요 지휘관 한 사람에 소가
한 마리씩이라 그것들을 장막 앞에
드린지라
4 야훼께서 모세에게 말씀하여 이르
시되
5 그것을 그들에게서 받아 레위인에
게 주어 각기 직임대로 회막 봉사
에 쓰게 할지니라
6 모세가 수레와 소를 받아 레위인에
게 주었으니
7 곧 게르손 자손들에게는 그들의 직
임대로 수레 둘과 소 네 마리를 주
었고
8 므라리 자손들에게는 그들의 직임
대로 수레 넷과 소 여덟 마리를 주
고 제사장 아론의 아들 이다말에게
감독하게 하였으나
9 고핫 자손에게는 주지 아니하였으
니 그들의 성소의 직임은 그 어깨
로 메는 일을 하는 까닭이었더라
10 제단에 기름을 바르던 날에 지휘관
들이 제단의 봉헌을 위하여 헌물을
가져다가 그 헌물을 제단 앞에 드
리니라
11 야훼께서 모세에게 이르시기를 지
휘관들은 하루 한 사람씩 제단의
봉헌물을 드릴지니라 하셨더라
12 첫째 날에 헌물을 드린 자는 유다
지파 암미나답의 아들 나손이라
13 그의 헌물은 성소의 세겔로 백삼십
세겔 무게의 은반 하나와 칠십 세
겔 무게의 은 바리 하나라 이 두 그

릇에는 소제물로 기름 섞은 고운
가루를 채웠고
14 또 열 세겔 무게의 금 그릇 하나라
그것에는 향을 채웠고
15 또 번제물로 수송아지 한 마리와
숫양 한 마리와 일 년 된 어린 숫양
한 마리이며
16 속죄제물로 숫염소 한 마리이며
17 화목제물로 소 두 마리와 숫양 다
섯 마리와 숫염소 다섯 마리와 일
년 된 어린 숫양 다섯 마리라 이는
암미나답의 아들 나손의 헌물이었
더라
18 둘째 날에는 잇사갈의 지휘관 수알
의 아들 느다넬이 헌물을 드렸으니
19 그가 드린 헌물도 성소의 세겔로
백삼십 세겔 무게의 은반 하나와
칠십 세겔 무게의 은 바리 하나라
이 두 그릇에는 소제물로 기름 섞
은 고운 가루를 채웠고
20 또 열 세겔 무게의 금 그릇 하나라
그것에는 향을 채웠고
21 또 번제물로 수송아지 한 마리와
숫양 한 마리와 일 년 된 어린 숫양
한 마리이며
22 속죄제물로 숫염소 한 마리이며
23 화목제물로 소 두 마리와 숫양 다
섯 마리와 숫염소 다섯 마리와 일년
된 어린 숫양 다섯 마리라 이는 수
알의 아들 느다넬의 헌물이었더라

24 셋째 날에는 스불론 자손의 지휘관
헬론의 아들 엘리압이 헌물을 드렸
으니
25 그의 헌물도 성소의 세겔로 백삼십
세겔 무게의 은반 하나와 칠십 세
겔 무게의 은 바리 하나라 이 두 그
릇에는 소제물로 기름 섞은 고운
가루를 채웠고
26 또 열 세겔 무게의 금 그릇 하나라
이것에는 향을 채웠고
27 또 번제물로 수송아지 한 마리와
숫양 한 마리와 일 년 된 어린 숫양
한 마리이며
28 속죄제물로 숫염소 한 마리이며
29 화목제물로 소 두 마리와 숫양 다섯
마리와 숫염소 다섯 마리와 일 년
된 어린 숫양 다섯 마리라 이는 헬
론의 아들 엘리압의 헌물이었더라
30 넷째 날에는 르우벤 자손의 지휘관
스데울의 아들 엘리술이 헌물을 드
렸으니
31 그의 헌물도 성소의 세겔로 백삼십
세겔 무게의 은 쟁반 하나와 칠십
세겔 무게의 은 바리 하나라 이 두
그릇에는 소제물로 기름 섞은 고운
가루를 채웠고
32 또 열 세겔 무게의 금 그릇 하나라
이것에는 향을 채웠고
33 또 번제물로 수송아지 한 마리와
숫양 한 마리와 일 년 된 어린 숫양

기록일 : . . .

한 마리이며
34 속죄제물로 숫염소 한 마리이며
35 화목제물로 소 두 마리와 숫양 다
섯 마리와 숫염소 다섯 마리와 일
년 된 어린 숫양 다섯 마리라 이는
스데울의 아들 엘리술의 헌물이었
더라
36 다섯째 날에는 시므온 자손의 지휘
관 수리삿대의 아들 슬루미엘이 헌
물을 드렸으니
37 그 헌물도 성소의 세겔로 백삼십
세겔 무게의 은 쟁반 하나와 칠십
세겔 무게의 은 바리 하나라 이 두
그릇에는 소제물로 기름 섞은 고운
가루를 채웠고
38 또 열 세겔 무게의 금 그릇 하나라
이것에는 향을 채웠고
39 또 번제물로 수송아지 한 마리와
숫양 한 마리와 일 년 된 어린 숫양
한 마리이며
40 속죄제물로 숫염소 한 마리이며
41 화목제물로 소 두 마리와 숫양 다
섯 마리와 숫염소 다섯 마리와 일
년 된 어린 숫양 다섯 마리라 이는
수리삿대의 아들 슬루미엘의 헌물
이었더라
42 여섯째 날에는 갓 자손의 지휘관
드우엘의 아들 엘리아삽이 헌물을
드렸으니
43 그의 헌물도 성소의 세겔로 백삼십
세겔 무게의 은 쟁반 하나와 칠십
세겔 무게의 은 바리 하나라 이 두
그릇에는 소제물로 기름 섞은 고운
가루를 채웠고
44 또 열 세겔 무게의 금 그릇 하나라
이것에는 향을 채웠고
45 또 번제물로 수송아지 한 마리와
숫양 한 마리와 일 년 된 어린 숫양
한 마리이며
46 속죄제물로 숫염소 한 마리이며
47 화목제물로 소 두 마리와 숫양 다
섯 마리와 숫염소 다섯 마리와 일
년 된 어린 숫양 다섯 마리라 이는
드우엘의 아들 엘리아삽의 헌물이
었더라
48 일곱째 날에는 에브라임 자손의 지
휘관 암미훗의 아들 엘리사마가 헌
물을 드렸으니
49 그의 헌물도 성소의 세겔로 백삼십
세겔 무게의 은 쟁반 하나와 칠십
세겔 무게의 은 바리 하나라 이 두
그릇에는 소제물로 기름 섞은 고운
가루를 채웠고
50 또 열 세겔 무게의 금 그릇 하나라
이것에는 향을 채웠고
51 또 번제물로 수송아지 한 마리와
숫양 한 마리와 일 년 된 어린 숫양
한 마리이며
52 속죄제물로 숫염소 한 마리이며
53 화목제물로 소 두 마리와 숫양 다

기록일 : . . .

섯 마리와 숫염소 다섯 마리와 일
년 된 어린 숫양 다섯 마리라 이는
암미훗의 아들 엘리사마의 헌물이
었더라
54 여덟째 날에는 므낫세 자손의 지휘
관 브다술의 아들 가말리엘이 헌물
을 드렸으니
55 그 헌물도 성소의 세겔로 백삼십
세겔 무게의 은 쟁반 하나와 칠십
세겔 무게의 은 바리 하나라 이 두
그릇에는 소제물로 기름 섞은 고운
가루를 채웠고
56 또 열 세겔 무게의 금 그릇 하나라
이것에는 향을 채웠고
57 또 번제물로 수송아지 한 마리와
숫양 한 마리와 일 년 된 어린 숫양
한 마리이며
58 속죄제물로 숫염소 한 마리이며
59 화목제물로 소 두 마리와 숫양 다
섯 마리와 숫염소 다섯 마리와 일
년 된 어린 숫양 다섯 마리라 이는
브다술의 아들 가말리엘의 헌물이
었더라
60 아홉째 날에는 베냐민 자손의 지휘
관 기드오니의 아들 아비단이 헌물
을 드렸으니
61 그의 헌물도 성소의 세겔로 백삼십
세겔 무게의 은 쟁반 하나와 칠십
세겔 무게의 은 바리 하나라 이 두
그릇에는 소제물로 기름 섞은 고운
가루를 채웠고
62 또 열 세겔 무게의 금 그릇 하나라
이것에는 향을 채웠고
63 또 번제물로 수송아지 한 마리와
숫양 한 마리와 일 년 된 어린 숫양
한 마리이며
64 속죄제물로 숫염소 한 마리이며
65 화목제물로 소 두 마리와 숫양 다
섯 마리와 숫염소 다섯 마리와 일
년 된 어린 숫양 다섯 마리라 이는
기드오니의 아들 아비단의 헌물이
었더라
66 열째 날에는 단 자손의 지휘관 암
미삿대의 아들 아히에셀이 헌물을
드렸으니
67 그의 헌물도 성소의 세겔로 백삼십
세겔 무게의 은 쟁반 하나와 칠십
세겔 무게의 은 바리 하나라 이 두
그릇에는 소제물로 기름 섞은 고운
가루를 채웠고
68 또 열 세겔 무게의 금 그릇 하나라
이것에는 향을 채웠고
69 또 번제물로 수송아지 한 마리와
숫양 한 마리와 일 년 된 어린 숫양
한 마리이며
70 속죄제물로 숫염소 한 마리이며
71 화목제물로 소 두 마리와 숫양 다
섯 마리와 숫염소 다섯 마리와 일
년 된 어린 숫양 다섯 마리라 이는
암미삿대의 아들 아히에셀의 헌물

이었더라
72 열한째 날에는 아셀 자손의 지휘관
오그란의 아들 바기엘이 헌물을 드
렸으니
73 그의 헌물도 성소의 세겔로 백삼십
세겔 무게의 은 쟁반 하나와 칠십
세겔 무게의 은 바리 하나라 이 두
그릇에는 소제물로 기름 섞은 고운
가루를 채웠고
74 또 열 세겔 무게의 금 그릇 하나라
이것에는 향을 채웠고
75 또 번제물로 수송아지 한 마리와
숫양 한 마리와 일 년 된 어린 숫양
한 마리이며
76 속죄제물로 숫염소 한 마리이며
77 화목제물로 소 두 마리와 숫양 다
섯 마리와 숫염소 다섯 마리와 일
년 된 어린 숫양 다섯 마리라 이는
오그란의 아들 바기엘의 헌물이었
더라
78 열두째 날에는 납달리 자손의 지휘
관 에난의 아들 아히라가 헌물을
드렸으니
79 그의 헌물도 성소의 세겔로 백삼십
세겔 무게의 은 쟁반 하나와 칠십
세겔 무게의 은 바리 하나라 이 두
그릇에는 소제물로 기름 섞은 고운
가루를 채웠고
80 또 열 세겔 무게의 금 그릇 하나라
이것에는 향을 채웠고
81 또 번제물로 수송아지 한 마리와
숫양 한 마리와 일 년 된 어린 숫양
한 마리이며
82 속죄제물로 숫염소 한 마리이며
83 화목제물로 소 두 마리와 숫양 다섯
마리와 숫염소 다섯 마리와 일 년
된 어린 숫양 다섯 마리라 이는 에
난의 아들 아히라의 헌물이었더라
84 이는 곧 제단에 기름 바르던 날에
이스라엘 지휘관들이 드린 바 제단
의 봉헌물이라 은 쟁반이 열둘이요
은 바리가 열둘이요 금 그릇이 열
둘이니
85 은 쟁반은 각각 백삼십 세겔 무게
요 은 바리는 각각 칠십 세겔 무게
라 성소의 세겔로 모든 기구의 은
이 모두 이천사백 세겔이요
86 또 향을 채운 금 그릇이 열둘이니
성소의 세겔로 각각 열 세겔 무게
라 그 그릇의 금이 모두 백이십 세
겔이요
87 또 번제물로 수송아지가 열두 마리
요 숫양이 열두 마리요 일 년 된 어
린 숫양이 열두 마리요 그 소제물
이며 속죄제물로 숫염소가 열두 마
리이며
88 화목제물로 수소가 스물네 마리요
숫양이 육십 마리요 숫염소가 육십
마리요 일 년 된 어린 숫양이 육십
마리라 이는 제단에 기름 바른 후

기록일 : . . .

에 드린 바 제단의 봉헌물이었더라
89 모세가 회막에 들어가서 야훼께 말
하려 할 때에 증거궤 위 속죄소 위
의 두 그룹 사이에서 자기에게 말
씀하시는 목소리를 들었으니 야훼
께서 그에게 말씀하심이었더라

# 8

야훼께서 또 모세에게 말씀하여
이르시되
2 아론에게 말하여 이르라 등불을 켤
때에는 일곱 등잔을 등잔대 앞으로
비추게 할지니라 하시매
3 아론이 그리하여 등불을 등잔대 앞
으로 비추도록 켰으니 야훼께서 모
세에게 명령하심과 같았더라
4 이 등잔대의 제작법은 이러하니 곧
금을 쳐서 만든 것인데 밑판에서 그
꽃까지 쳐서 만든 것이라 모세가
야훼께서 자기에게 보이신 양식을
따라 이 등잔대를 만들었더라
5 야훼께서 모세에게 말씀하여 이르
시되
6 이스라엘 자손 중에서 레위인을 데
려다가 정결하게 하라
7 너는 이같이 하여 그들을 정결하게
하되 곧 속죄의 물을 그들에게 뿌
리고 그들에게 그들의 전신을 삭도
로 밀게 하고 그 의복을 빨게 하여
몸을 정결하게 하고
8 또 그들에게 수송아지 한 마리를
번제물로, 기름 섞은 고운 가루를
그 소제물로 가져오게 하고 그 외
에 너는 또 수송아지 한 마리를 속
죄제물로 가져오고
9 레위인을 회막 앞에 나오게 하고
이스라엘 자손의 온 회중을 모으고
10 레위인을 야훼 앞에 나오게 하고
이스라엘 자손이 그들에게 안수하
게 한 후에
11 아론이 이스라엘 자손을 위하여 레
위인을 흔들어 바치는 제물로 야훼
앞에 드릴지니 이는 그들에게 야훼
께 봉사하게 하기 위함이라
12 레위인으로 수송아지들의 머리에
안수하게 하고 네가 그 하나는 속
죄제물로, 하나는 번제물로 야훼께
드려 레위인을 속죄하고
13 레위인을 아론과 그의 아들들 앞에
세워 야훼께 요제로 드릴지니라
14 너는 이같이 이스라엘 자손 중에서
레위인을 구별하라 그리하면 그들
이 내게 속할 것이라
15 네가 그들을 정결하게 하여 요제로
드린 후에 그들이 회막에 들어가서
봉사할 것이니라
16 그들은 이스라엘 자손 중에서 내게
온전히 드린 바 된 자라 이스라엘
자손 중 모든 초태생 곧 모든 처음
태어난 자 대신 내가 그들을 취하
였나니
17 이스라엘 자손 중에 처음 태어난

기록일 : . . .

것은 사람이든지 짐승이든지 다 내
게 속하였음은 내가 애굽 땅에서
모든 처음 태어난 자를 치던 날에
그들을 내게 구별하였음이라
18 이러므로 내가 이스라엘 자손 중
모든 처음 태어난 자 대신 레위인
을 취하였느니라
19 내가 이스라엘 자손 중에서 레위인
을 취하여 그들을 아론과 그의 아
들들에게 주어 그들로 회막에서 이
스라엘 자손을 대신하여 봉사하게
하며 또 이스라엘 자손을 위하여
속죄하게 하였나니 이는 이스라엘
자손이 성소에 가까이 할 때에 그
들 중에 재앙이 없게 하려 하였음
이니라
20 모세와 아론과 이스라엘 자손의 온
회중이 야훼께서 레위인에 대하여
모세에게 명령하신 것을 다 따라
레위인에게 행하였으되 곧 이스라
엘 자손이 그와 같이 그들에게 행
하였더라
21 레위인이 이에 죄에서 스스로 깨끗
하게 하고 그들의 옷을 빨매 아론
이 그들을 야훼 앞에 요제로 드리
고 그가 또 그들을 위하여 속죄하
여 정결하게 한
22 후에 레위인이 회막에 들어가서 아
론과 그의 아들들 앞에서 봉사하니
라 야훼께서 레위인의 일에 대하여
모세에게 명령하게 하신 것을 따라
그와 같이 그들에게 행하였더라
23 야훼께서 또 모세에게 말씀하여 이
르시되
24 레위인은 이같이 할지니 곧 이십오
세 이상으로는 회막에 들어가서 복
무하고 봉사할 것이요
25 오십 세부터는 그 일을 쉬어 봉사
하지 아니할 것이나
26 그의 형제와 함께 회막에서 돕는
직무를 지킬 것이요 일하지 아니할
것이라 너는 레위인의 직무에 대하
여 이같이 할지니라

9 애굽 땅에서 나온 다음 해 첫째
달에 야훼께서 시내 광야에서 모세
에게 말씀하여 이르시되
2 이스라엘 자손에게 유월절을 그 정
한 기일에 지키게 하라
3 그 정한 기일 곧 이 달 열넷째 날
해 질 때에 너희는 그것을 지키되
그 모든 율례와 그 모든 규례대로
지킬지니라
4 모세가 이스라엘 자손에게 명령하
여 유월절을 지키라 하매
5 그들이 첫째 달 열넷째 날 해 질 때
에 시내 광야에서 유월절을 지켰으
되 이스라엘 자손이 야훼께서 모세
에게 명령하신 것을 다 따라 행하
였더라
6 그 때에 사람의 시체로 말미암아

기록일 : . . .

부정하게 되어서 유월절을 지킬 수
없는 사람들이 있었는데 그들이 그
날에 모세와 아론 앞에 이르러
7 그에게 이르되 우리가 사람의 시
체로 말미암아 부정하게 되었거니
와 우리를 금지하여 이스라엘 자손
과 함께 정한 기일에 야훼께 헌물
을 드리지 못하게 하심은 어찌함이
니이까
8 모세가 그들에게 이르되 기다리라
야훼께서 너희에게 대하여 어떻게
명령하시는지 내가 들으리라
9 야훼께서 모세에게 말씀하여 이르
시되
10 이스라엘 자손에게 말하여 이르라
너희나 너희 후손 중에 시체로 말
미암아 부정하게 되든지 먼 여행
중에 있다 할지라도 다 야훼 앞에
마땅히 유월절을 지키되
11 둘째 달 열넷째 날 해 질 때에 그
것을 지켜서 어린 양에 무교병과 쓴
나물을 아울러 먹을 것이요
12 아침까지 그것을 조금도 남겨두지
말며 그 뼈를 하나도 꺾지 말아서 유
월절 모든 율례대로 지킬 것이니라
13 그러나 사람이 정결하기도 하고 여
행 중에도 있지 아니하면서 유월절
을 지키지 아니하는 자는 그 백성
중에서 끊어지리니 이런 사람은 그
정한 기일에 야훼께 헌물을 드리지
아니하였은즉 그의 죄를 담당할지
며
14 만일 타국인이 너희 중에 거류하여
야훼 앞에 유월절을 지키고자 하면
유월절 율례대로 그 규례를 따라서
행할지니 거류민에게나 본토인에게
나 그 율례는 동일할 것이니라
15 성막을 세운 날에 구름이 성막 곧
증거의 성막을 덮었고 저녁이 되면
성막 위에 불 모양 같은 것이 나타
나서 아침까지 이르렀으되
16 항상 그러하여 낮에는 구름이 그것
을 덮었고 밤이면 불 모양이 있었
는데
17 구름이 성막에서 떠오르는 때에는
이스라엘 자손이 곧 행진하였고 구
름이 머무는 곳에 이스라엘 자손이
진을 쳤으니
18 이스라엘 자손이 야훼의 명령을 따
라 행진하였고 야훼의 명령을 따라
진을 쳤으며 구름이 성막 위에 머
무는 동안에는 그들이 진영에 머물
렀고
19 구름이 성막 위에 머무는 날이 오
랠 때에는 이스라엘 자손이 야훼
의 명령을 지켜 행진하지 아니하였
으며
20 혹시 구름이 성막 위에 머무는 날
이 적을 때에도 그들이 다만 야훼
의 명령을 따라 진영에 머물고 야

기록일 : . . .

훼의 명령을 따라 행진하였으며
21 혹시 구름이 저녁부터 아침까지 있
다가 아침에 그 구름이 떠오를 때
에는 그들이 행진하였고 구름이 밤
낮 있다가 떠오르면 곧 행진하였
으며
22 이틀이든지 한 달이든지 일 년이든
지 구름이 성막 위에 머물러 있을
동안에는 이스라엘 자손이 진영에
머물고 행진하지 아니하다가 떠오
르면 행진하였으니
23 곧 그들이 야훼의 명령을 따라 진
을 치며 야훼의 명령을 따라 행진
하고 또 모세를 통하여 이르신 야
훼의 명령을 따라 야훼의 직임을
지켰더라

10 야훼께서 모세에게 말씀하여 이
르시되
2 은 나팔 둘을 만들되 두들겨 만들
어서 그것으로 회중을 소집하며 진
영을 출발하게 할 것이라
3 나팔 두 개를 불 때에는 온 회중이
회막 문 앞에 모여서 네게로 나아
올 것이요
4 하나만 불 때에는 이스라엘의 천
부장 된 지휘관들이 모여서 네게로
나아올 것이며
5 너희가 그것을 크게 불 때에는 동
쪽 진영들이 행진할 것이며
6 두 번째로 크게 불 때에는 남쪽 진
영들이 행진할 것이라 떠나려 할 때
에는 나팔 소리를 크게 불 것이며
7 또 회중을 모을 때에도 나팔을 불
것이나 소리를 크게 내지 말며
8 그 나팔은 아론의 자손인 제사장들
이 불지니 이는 너희 대대에 영원한
율례니라
9 또 너희 땅에서 너희가 자기를 압
박하는 대적을 치러 나갈 때에는
나팔을 크게 불지니 그리하면 너희
하나님 야훼가 너희를 기억하고 너
희를 너희의 대적에게서 구원하시
리라
10 또 너희의 희락의 날과 너희가 정
한 절기와 초하루에는 번제물을 드
리고 화목제물을 드리며 나팔을 불
라 그로 말미암아 너희의 하나님이
너희를 기억하시리라 나는 너희의
하나님 야훼니라
11 둘째 해 둘째 달 스무날에 구름이
증거의 성막에서 떠오르매
12 이스라엘 자손이 시내 광야에서 출
발하여 자기 길을 가더니 바란 광
야에 구름이 머무니라
13 이와 같이 그들이 야훼께서 모세에
게 명령하신 것을 따라 행진하기를
시작하였는데
14 선두로 유다 자손의 진영의 군기에
속한 자들이 그들의 진영별로 행진
하였으니 유다 군대는 암미나답의

아들 나손이 이끌었고
15 잇사갈 자손 지파의 군대는 수알의
아들 느다넬이 이끌었고
16 스불론 자손 지파의 군대는 헬론의
아들 엘리압이 이끌었더라
17 이에 성막을 걷으매 게르손 자손과
므라리 자손이 성막을 메고 출발하
였으며
18 다음으로 르우벤 진영의 군기에 속
한 자들이 그들의 진영별로 출발하
였으니 르우벤의 군대는 스데울의
아들 엘리술이 이끌었고
19 시므온 자손 지파의 군대는 수리삿
대의 아들 슬루미엘이 이끌었고
20 갓 자손 지파의 군대는 드우엘의
아들 엘리아삽이 이끌었더라
21 고핫인은 성물을 메고 행진하였고
그들이 이르기 전에 성막을 세웠
으며
22 다음으로 에브라임 자손 진영의 군
기에 속한 자들이 그들의 진영별로
행진하였으니 에브라임 군대는 암
미훗의 아들 엘리사마가 이끌었고
23 므낫세 자손 지파의 군대는 브다술
의 아들 가말리엘이 이끌었고
24 베냐민 자손 지파의 군대는 기드오
니의 아들 아비단이 이끌었더라
25 다음으로 단 자손 진영의 군기에
속한 자들이 그들의 진영별로 행진
하였으니 이 군대는 모든 진영의 마
지막 진영이었더라 단 군대는 암미
삿대의 아들 아히에셀이 이끌었고
26 아셀 자손 지파의 군대는 오그란의
아들 바기엘이 이끌었고
27 납달리 자손 지파의 군대는 에난의
아들 아히라가 이끌었더라
28 이스라엘 자손이 행진할 때에 이와
같이 그들의 군대를 따라 나아갔
더라
29 모세가 모세의 장인 미디안 사람
르우엘의 아들 호밥에게 이르되 야
훼께서 주마 하신 곳으로 우리가
행진하나니 우리와 동행하자 그리
하면 선대하리라 야훼께서 이스라
엘에게 복을 내리리라 하셨느니라
30 호밥이 그에게 이르되 나는 가지
아니하고 내 고향 내 친족에게로
가리라
31 모세가 이르되 청하건대 우리를 떠
나지 마소서 당신은 우리가 광야에
서 어떻게 진 칠지를 아나니 우리의
눈이 되리이다
32 우리와 동행하면 야훼께서 우리에
게 복을 내리시는 대로 우리도 당
신에게 행하리이다
33 그들이 야훼의 산에서 떠나 삼 일
길을 갈 때에 야훼의 언약궤가 그
삼 일 길에 앞서 가며 그들의 쉴 곳
을 찾았고
34 그들이 진영을 떠날 때에 낮에는

기록일 : . . .

야훼의 구름이 그 위에 덮였었더라
35 궤가 떠날 때에는 모세가 말하되
야훼여 일어나사 주의 대적들을 흩
으시고 주를 미워하는 자가 주 앞
에서 도망하게 하소서 하였고
36 궤가 쉴 때에는 말하되 야훼여 이
스라엘 종족들에게로 돌아오소서
하였더라

# 11

야훼께서 들으시기에 백성이 악한
말로 원망하매 야훼께서 들으시고
진노하사 야훼의 불을 그들 중에 붙
여서 진영 끝을 사르게 하시매
2 백성이 모세에게 부르짖으므로 모세
가 야훼께 기도하니 불이 꺼졌더라
3 그 곳 이름을 다베라라 불렀으니
이는 야훼의 불이 그들 중에 붙은
까닭이었더라
4 그들 중에 섞여 사는 다른 인종들
이 탐욕을 품으매 이스라엘 자손도
다시 울며 이르되 누가 우리에게
고기를 주어 먹게 하랴
5 우리가 애굽에 있을 때에는 값없이
생선과 오이와 참외와 부추와 파와
마늘들을 먹은 것이 생각나거늘
6 이제는 우리의 기력이 다하여 이 만
나 외에는 보이는 것이 아무 것도
없도다 하니
7 만나는 깟씨와 같고 모양은 진주와
같은 것이라
8 백성이 두루 다니며 그것을 거두어
맷돌에 갈기도 하며 절구에 찧기도
하고 가마에 삶기도 하여 과자를
만들었으니 그 맛이 기름 섞은 과
자 맛 같았더라
9 밤에 이슬이 진영에 내릴 때에 만
나도 함께 내렸더라
10 백성의 온 종족들이 각기 자기 장
막 문에서 우는 것을 모세가 들으
니라 이러므로 야훼의 진노가 심히
크고 모세도 기뻐하지 아니하여
11 모세가 야훼께 여짜오되 어찌하여
주께서 종을 괴롭게 하시나이까 어
찌하여 내게 주의 목전에서 은혜를
입게 아니하시고 이 모든 백성을
내게 맡기사 내가 그 짐을 지게 하
시나이까
12 이 모든 백성을 내가 배었나이까
내가 그들을 낳았나이까 어찌 주께
서 내게 양육하는 아버지가 젖 먹
는 아이를 품듯 그들을 품에 품고
주께서 그들의 열조에게 맹세하신
땅으로 가라 하시나이까
13 이 모든 백성에게 줄 고기를 내가
어디서 얻으리이까 그들이 나를 향
하여 울며 이르되 우리에게 고기를
주어 먹게 하라 하온즉
14 책임이 심히 중하여 나 혼자는 이
모든 백성을 감당할 수 없나이다
15 주께서 내게 이같이 행하실진대 구
하옵나니 내게 은혜를 베푸사 즉시

나를 죽여 내가 고난 당함을 내가
보지 않게 하옵소서
16 야훼께서 모세에게 이르시되 이스
라엘 노인 중에 네가 알기로 백성
의 장로와 지도자가 될 만한 자 칠
십 명을 모아 내게 데리고 와 회막
에 이르러 거기서 너와 함께 서게
하라
17 내가 강림하여 거기서 너와 말하고
네게 임한 영을 그들에게도 임하
게 하리니 그들이 너와 함께 백성
의 짐을 담당하고 너 혼자 담당하
지 아니하리라
18 또 백성에게 이르기를 너희의 몸
을 거룩히 하여 내일 고기 먹기를
기다리라 너희가 울며 이르기를 누
가 우리에게 고기를 주어 먹게 하
랴 애굽에 있을 때가 우리에게 좋
았다 하는 말이 야훼께 들렸으므로
야훼께서 너희에게 고기를 주어 먹
게 하실 것이라
19 하루나 이틀이나 닷새나 열흘이나
스무 날만 먹을 뿐 아니라
20 냄새도 싫어하기까지 한 달 동안
먹게 하시리니 이는 너희가 너희 중
에 계시는 야훼를 멸시하고 그 앞
에서 울며 이르기를 우리가 어찌하
여 애굽에서 나왔던가 함이라 하라
21 모세가 이르되 나와 함께 있는 이
백성의 보행자가 육십만 명이온데
주의 말씀이 한 달 동안 고기를 주
어 먹게 하겠다 하시오니
22 그들을 위하여 양 떼와 소 떼를 잡
은들 족하오며 바다의 모든 고기를
모은들 족하오리이까
23 야훼께서 모세에게 이르시되 야훼
의 손이 짧으냐 네가 이제 내 말이
네게 응하는 여부를 보리라
24 모세가 나가서 야훼의 말씀을 백성
에게 알리고 백성의 장로 칠십 인
을 모아 장막에 둘러 세우매
25 야훼께서 구름 가운데 강림하사 모
세에게 말씀하시고 그에게 임한 영
을 칠십 장로에게도 임하게 하시
니 영이 임하신 때에 그들이 예언을
하다가 다시는 하지 아니하였더라
26 그 기명된 자 중 엘닷이라 하는 자
와 메닷이라 하는 자 두 사람이 진
영에 머물고 장막에 나아가지 아니
하였으나 그들에게도 영이 임하였
으므로 진영에서 예언한지라
27 한 소년이 달려와서 모세에게 전하
여 이르되 엘닷과 메닷이 진중에서
예언하나이다 하매
28 택한 자 중 한 사람 곧 모세를 섬
기는 눈의 아들 여호수아가 말하여
이르되 내 주 모세여 그들을 말리
소서
29 모세가 그에게 이르되 네가 나를
두고 시기하느냐 야훼께서 그의 영

기록일 : . . .

을 그의 모든 백성에게 주사 다 선
지자가 되게 하시기를 원하노라
30 모세와 이스라엘 장로들이 진중으
로 돌아왔더라
31 바람이 야훼에게서 나와 바다에서
부터 메추라기를 몰아 진영 곁 이쪽
저쪽 곧 진영 사방으로 각기 하룻
길 되는 지면 위 두 규빗쯤에 내리
게 한지라
32 백성이 일어나 그 날 종일 종야와
그 이튿날 종일토록 메추라기를 모
으니 적게 모은 자도 열 호멜이라
그들이 자기들을 위하여 진영 사면
에 펴 두었더라
33 고기가 아직 이 사이에 있어 씹히
기 전에 야훼께서 백성에게 대하여
진노하사 심히 큰 재앙으로 치셨으
므로
34 그 곳 이름을 기브롯 핫다아와라
불렀으니 욕심을 낸 백성을 거기 장
사함이었더라
35 백성이 기브롯 핫다아와에서 행진하
여 하세롯에 이르러 거기 거하니라

12 모세가 구스 여자를 취하였더니
그 구스 여자를 취하였으므로 미리
암과 아론이 모세를 비방하니라
2 그들이 이르되 야훼께서 모세와만
말씀하셨느냐 우리와도 말씀하지
아니하셨느냐 하매 야훼께서 이 말
을 들으셨더라
3 이 사람 모세는 온유함이 지면의
모든 사람보다 더하더라
4 야훼께서 갑자기 모세와 아론과 미
리암에게 이르시되 너희 세 사람은
회막으로 나아오라 하시니 그 세
사람이 나아가매
5 야훼께서 구름 기둥 가운데로부터
강림하사 장막 문에 서시고 아론과
미리암을 부르시는지라 그 두 사람
이 나아가매
6 이르시되 내 말을 들으라 너희 중
에 선지자가 있으면 나 야훼가 환
상으로 나를 그에게 알리기도 하고
꿈으로 그와 말하기도 하거니와
7 내 종 모세와는 그렇지 아니하니
그는 내 온 집에 충성함이라
8 그와는 내가 대면하여 명백히 말하
고 은밀한 말로 하지 아니하며 그
는 또 야훼의 형상을 보거늘 너희
가 어찌하여 내 종 모세 비방하기
를 두려워하지 아니하느냐
9 야훼께서 그들을 향하여 진노하시
고 떠나시매
10 구름이 장막 위에서 떠나갔고 미리
암은 나병에 걸려 눈과 같더라 아
론이 미리암을 본즉 나병에 걸렸는
지라
11 아론이 이에 모세에게 이르되 슬프
도다 내 주여 우리가 어리석은 일을
하여 죄를 지었으나 청하건대 그 벌

기록일 : . . .

을 우리에게 돌리지 마소서
12 그가 살이 반이나 썩어 모태로부터
죽어서 나온 자 같이 되지 않게 하
소서
13 모세가 야훼께 부르짖어 이르되 하
나님이여 원하건대 그를 고쳐 주옵
소서
14 야훼께서 모세에게 이르시되 그의
아버지가 그의 얼굴에 침을 뱉었을
지라도 그가 이레 동안 부끄러워하
지 않겠느냐 그런즉 그를 진영 밖
에 이레 동안 가두고 그 후에 들어
오게 할지니라 하시니
15 이에 미리암이 진영 밖에 이레 동
안 갇혀 있었고 백성은 그를 다시
들어오게 하기까지 행진하지 아니
하다가
16 그 후에 백성이 하세롯을 떠나 바
란 광야에 진을 치니라

13 야훼께서 모세에게 말씀하여 이
르시되
2 사람을 보내어 내가 이스라엘 자손
에게 주는 가나안 땅을 정탐하게
하되 그들의 조상의 가문 각 지파
중에서 지휘관 된 자 한 사람씩 보
내라
3 모세가 야훼의 명령을 따라 바란
광야에서 그들을 보냈으니 그들은
다 이스라엘 자손의 수령 된 사람
이라
4 그들의 이름은 이러하니라 르우벤
지파에서는 삭굴의 아들 삼무아요
5 시므온 지파에서는 호리의 아들 사
밧이요
6 유다 지파에서는 여분네의 아들 갈
렙이요
7 잇사갈 지파에서는 요셉의 아들 이
갈이요
8 에브라임 지파에서는 눈의 아들 호
세아요
9 베냐민 지파에서는 라부의 아들 발
디요
10 스불론 지파에서는 소디의 아들 갓
디엘이요
11 요셉 지파 곧 므낫세 지파에서는
수시의 아들 갓디요
12 단 지파에서는 그말리의 아들 암미
엘이요
13 아셀 지파에서는 미가엘의 아들 스
둘이요
14 납달리 지파에서는 웝시의 아들 나
비요
15 갓 지파에서는 마기의 아들 그우엘
이니
16 이는 모세가 땅을 정탐하러 보낸
자들의 이름이라 모세가 눈의 아들
호세아를 여호수아라 불렀더라
17 모세가 가나안 땅을 정탐하러 그들
을 보내며 이르되 너희는 네겝 길
로 행하여 산지로 올라가서

기록일 : . . .

18 그 땅이 어떠한지 정탐하라 곧 그
땅 거민이 강한지 약한지 많은지 적
은지와
19 그들이 사는 땅이 좋은지 나쁜지와
사는 성읍이 진영인지 산성인지와
20 토지가 비옥한지 메마른지 나무가
있는지 없는지를 탐지하라 담대하
라 또 그 땅의 실과를 가져오라 하
니 그 때는 포도가 처음 익을 즈음
이었더라
21 이에 그들이 올라가서 땅을 정탐하
되 신 광야에서부터 하맛 어귀 르
홉에 이르렀고
22 또 네겝으로 올라가서 헤브론에 이
르렀으니 헤브론은 애굽 소안보다
칠 년 전에 세운 곳이라 그 곳에 아
낙 자손 아히만과 세새와 달매가
있었더라
23 또 에스골 골짜기에 이르러 거기서
포도송이가 달린 가지를 베어 둘이
막대기에 꿰어 메고 또 석류와 무
화과를 따니라
24 이스라엘 자손이 거기서 포도를 베
었으므로 그 곳을 에스골 골짜기라
불렀더라
25 사십 일 동안 땅을 정탐하기를 마
치고 돌아와
26 바란 광야 가데스에 이르러 모세와
아론과 이스라엘 자손의 온 회중에
게 나아와 그들에게 보고하고 그
땅의 과일을 보이고
27 모세에게 말하여 이르되 당신이 우
리를 보낸 땅에 간즉 과연 그 땅에
젖과 꿀이 흐르는데 이것은 그 땅
의 과일이니이다
28 그러나 그 땅 거주민은 강하고 성
읍은 견고하고 심히 클 뿐 아니라
거기서 아낙 자손을 보았으며
29 아말렉인은 남방 땅에 거주하고 헷
인과 여부스인과 아모리인은 산지
에 거주하고 가나안인은 해변과 요
단 가에 거주하더이다
30 갈렙이 모세 앞에서 백성을 조용하
게 하고 이르되 우리가 곧 올라가서
그 땅을 취하자 능히 이기리라 하나
31 그와 함께 올라갔던 사람들은 이르
되 우리는 능히 올라가서 그 백성
을 치지 못하리라 그들은 우리보다
강하니라 하고
32 이스라엘 자손 앞에서 그 정탐한
땅을 악평하여 이르되 우리가 두루
다니며 정탐한 땅은 그 거주민을
삼키는 땅이요 거기서 본 모든 백
성은 신장이 장대한 자들이며
33 거기서 네피림 후손인 아낙 자손의
거인들을 보았나니 우리는 스스로
보기에도 메뚜기 같으니 그들이 보
기에도 그와 같았을 것이니라
14 온 회중이 소리를 높여 부르짖으
며 백성이 밤새도록 통곡하였더라

기록일 : . . .

2 이스라엘 자손이 다 모세와 아론을
원망하며 온 회중이 그들에게 이
르되 우리가 애굽 땅에서 죽었거나
이 광야에서 죽었으면 좋았을 것을
3 어찌하여 야훼가 우리를 그 땅으로
인도하여 칼에 쓰러지게 하려 하는
가 우리 처자가 사로잡히리니 애굽
으로 돌아가는 것이 낫지 아니하랴
4 이에 서로 말하되 우리가 한 지휘관
을 세우고 애굽으로 돌아가자 하매
5 모세와 아론이 이스라엘 자손의 온
회중 앞에서 엎드린지라
6 그 땅을 정탐한 자 중 눈의 아들 여
호수아와 여분네의 아들 갈렙이 자
기들의 옷을 찢고
7 이스라엘 자손의 온 회중에게 말하
여 이르되 우리가 두루 다니며 정탐
한 땅은 심히 아름다운 땅이라
8 야훼께서 우리를 기뻐하시면 우리
를 그 땅으로 인도하여 들이시고
그 땅을 우리에게 주시리라 이는
과연 젖과 꿀이 흐르는 땅이니라
9 다만 야훼를 거역하지는 말라 또
그 땅 백성을 두려워하지 말라 그
들은 우리의 먹이라 그들의 보호자
는 그들에게서 떠났고 야훼는 우리
와 함께 하시느니라 그들을 두려워
하지 말라 하나
10 온 회중이 그들을 돌로 치려 하는
데 그 때에 야훼의 영광이 회막에
서 이스라엘 모든 자손에게 나타나
시니라
11 야훼께서 모세에게 이르시되 이 백
성이 어느 때까지 나를 멸시하겠느
냐 내가 그들 중에 많은 이적을 행
하였으나 어느 때까지 나를 믿지
않겠느냐
12 내가 전염병으로 그들을 쳐서 멸하
고 네게 그들보다 크고 강한 나라
를 이루게 하리라
13 모세가 야훼께 여짜오되 애굽인 중
에서 주의 능력으로 이 백성을 인
도하여 내셨거늘 그리하시면 그들
이 듣고
14 이 땅 거주민에게 전하리이다 주
야훼께서 이 백성 중에 계심을 그
들도 들었으니 곧 주 야훼께서 대
면하여 보이시며 주의 구름이 그들
위에 섰으며 주께서 낮에는 구름
기둥 가운데에서, 밤에는 불 기둥
가운데에서 그들 앞에 행하시는 것
이니이다
15 이제 주께서 이 백성을 하나 같이
죽이시면 주의 명성을 들은 여러 나
라가 말하여 이르기를
16 야훼가 이 백성에게 주기로 맹세한
땅에 인도할 능력이 없었으므로 광
야에서 죽였다 하리이다
17 이제 구하옵나니 이미 말씀하신 대
로 주의 큰 권능을 나타내옵소서

기록일 : . . .

이르시기를
18 야훼는 노하기를 더디하시고 인자
가 많아 죄악과 허물을 사하시나
형벌 받을 자는 결단코 사하지 아
니하시고 아버지의 죄악을 자식에
게 갚아 삼사대까지 이르게 하리라
하셨나이다
19 구하옵나니 주의 인자의 광대하심
을 따라 이 백성의 죄악을 사하시
되 애굽에서부터 지금까지 이 백성
을 사하신 것 같이 사하시옵소서
20 야훼께서 이르시되 내가 네 말대로
사하노라
21 그러나 진실로 내가 살아 있는 것
과 야훼의 영광이 온 세계에 충만
할 것을 두고 맹세하노니
22 내 영광과 애굽과 광야에서 행한
내 이적을 보고서도 이같이 열 번이
나 나를 시험하고 내 목소리를 청
종하지 아니한 그 사람들은
23 내가 그들의 조상들에게 맹세한 땅
을 결단코 보지 못할 것이요 또 나
를 멸시하는 사람은 한 사람도 그
것을 보지 못하리라
24 그러나 내 종 갈렙은 그 마음이 그
들과 달라서 나를 온전히 따랐은즉
그가 갔던 땅으로 내가 그를 인도
하여 들이리니 그의 자손이 그 땅
을 차지하리라
25 아말렉인과 가나안인이 골짜기에
거주하나니 너희는 내일 돌이켜 홍
해 길을 따라 광야로 들어갈지니라
26 야훼께서 모세와 아론에게 말씀하
여 이르시되
27 나를 원망하는 이 악한 회중에게
내가 어느 때까지 참으랴 이스라엘
자손이 나를 향하여 원망하는 바
그 원망하는 말을 내가 들었노라
28 그들에게 이르기를 야훼의 말씀에
내 삶을 두고 맹세하노라 너희 말
이 내 귀에 들린 대로 내가 너희에
게 행하리니
29 너희 시체가 이 광야에 엎드러질 것
이라 너희 중에서 이십 세 이상으로
서 계수된 자 곧 나를 원망한 자 전
부가
30 여분네의 아들 갈렙과 눈의 아들
여호수아 외에는 내가 맹세하여 너
희에게 살게 하리라 한 땅에 결단
코 들어가지 못하리라
31 너희가 사로잡히겠다고 말하던 너
희의 유아들은 내가 인도하여 들이
리니 그들은 너희가 싫어하던 땅을
보려니와
32 너희의 시체는 이 광야에 엎드러질
것이요
33 너희의 자녀들은 너희 반역한 죄를
지고 너희의 시체가 광야에서 소멸
되기까지 사십 년을 광야에서 방황
하는 자가 되리라

기록일 : . . .

34 너희는 그 땅을 정탐한 날 수인 사
십 일의 하루를 일 년으로 쳐서 그
사십 년간 너희의 죄악을 담당할
지니 너희는 그제서야 내가 싫어하
면 어떻게 되는지를 알리라 하셨다
하라
35 나 야훼가 말하였거니와 모여 나를
거역하는 이 악한 온 회중에게 내
가 반드시 이같이 행하리니 그들이
이 광야에서 소멸되어 거기서 죽으
리라
36 모세의 보냄을 받고 땅을 정탐하고
돌아와서 그 땅을 악평하여 온 회
중이 모세를 원망하게 한 사람
37 곧 그 땅에 대하여 악평한 자들은
야훼 앞에서 재앙으로 죽었고
38 그 땅을 정탐하러 갔던 사람들 중
에서 오직 눈의 아들 여호수아와
여분네의 아들 갈렙은 생존하니라
39 모세가 이 말로 이스라엘 모든 자손
에게 알리매 백성이 크게 슬퍼하여
40 아침에 일찍이 일어나 산 꼭대기로
올라가며 이르되 보소서 우리가 여
기 있나이다 우리가 야훼께서 허락
하신 곳으로 올라가리니 우리가 범
죄하였음이니이다
41 모세가 이르되 너희가 어찌하여 이
제 야훼의 명령을 범하느냐 이 일이
형통하지 못하리라
42 야훼께서 너희 중에 계시지 아니하
니 올라가지 말라 너희의 대적 앞
에서 패할까 하노라
43 아말렉인과 가나안인이 너희 앞에
있으니 너희가 그 칼에 망하리라
너희가 야훼를 배반하였으니 야훼
께서 너희와 함께 하지 아니하시리
라 하나
44 그들이 그래도 산 꼭대기로 올라갔
고 야훼의 언약궤와 모세는 진영을
떠나지 아니하였더라
45 아말렉인과 산간지대에 거주하는
가나안인이 내려와 그들을 무찌르
고 호르마까지 이르렀더라

15 야훼께서 모세에게 말씀하여 이
르시되
2 이스라엘 자손에게 말하여 그들에
게 이르라 너희는 내가 주어 살게
할 땅에 들어가서
3 야훼께 화제나 번제나 서원을 갚는
제사나 낙헌제나 정한 절기제에 소
나 양을 야훼께 향기롭게 드릴 때에
4 그러한 헌물을 드리는 자는 고운
가루 십분의 일에 기름 사분의 일
힌을 섞어 야훼께 소제로 드릴 것
이며
5 번제나 다른 제사로 드리는 제물이
어린 양이면 전제로 포도주 사분의
일 힌을 준비할 것이요
6 숫양이면 소제로 고운 가루 십분의
이에 기름 삼분의 일 힌을 섞어 준

기록일 : . . .

비하고
7 전제로 포도주 삼분의 일 힌을 드
려 야훼 앞에 향기롭게 할 것이요
8 번제로나 서원을 갚는 제사로나 화
목제로 수송아지를 예비하여 야훼
께 드릴 때에는
9 소제로 고운 가루 십분의 삼 에바
에 기름 반 힌을 섞어 그 수송아지
와 함께 드리고
10 전제로 포도주 반 힌을 드려 야훼
앞에 향기로운 화제를 삼을지니라
11 수송아지나 숫양이나 어린 숫양이
나 어린 염소에는 그 마리 수마다
위와 같이 행하되
12 너희가 준비하는 수효를 따라 각기
수효에 맞게 하라
13 누구든지 본토 소생이 야훼께 향기
로운 화제를 드릴 때에는 이 법대
로 할 것이요
14 너희 중에 거류하는 타국인이나 너
희 중에 대대로 있는 자나 누구든
지 야훼께 향기로운 화제를 드릴
때에는 너희가 하는 대로 그도 그
리할 것이라
15 회중 곧 너희에게나 거류하는 타
국인에게나 같은 율례이니 너희의
대대로 영원한 율례라 너희가 어
떠한 대로 타국인도 야훼 앞에 그
러하리라
16 너희에게나 너희 중에 거류하는 타
국인에게나 같은 법도, 같은 규례
이니라
17 야훼께서 모세에게 말씀하여 이르
시되
18 이스라엘 자손에게 말하여 이르라
너희는 내가 인도하는 땅에 들어가
거든
19 그 땅의 양식을 먹을 때에 야훼께
거제를 드리되
20 너희의 처음 익은 곡식 가루 떡을
거제로 타작 마당의 거제 같이 들
어 드리라
21 너희의 처음 익은 곡식 가루 떡을
대대에 야훼께 거제로 드릴지니라
22 너희가 그릇 범죄하여 야훼가 모세
에게 말씀하신 이 모든 명령을 지키
지 못하되
23 곧 야훼께서 모세를 통하여 너희에
게 명령한 모든 것을 야훼께서 명
령한 날 이후부터 너희 대대에 지키
지 못하여
24 회중이 부지중에 범죄하였거든 온
회중은 수송아지 한 마리를 야훼께
향기로운 화제로 드리고 규례대로
소제와 전제를 드리고 숫염소 한
마리를 속죄제로 드릴 것이라
25 제사장이 이스라엘 자손의 온 회중
을 위하여 속죄하면 그들이 사함을
받으리니 이는 그가 부지중에 범죄
함이며 또 부지중에 범죄함으로 말

기록일 : . . .

미암아 헌물 곧 화제와 속죄제를
야훼께 드렸음이라
26 이스라엘 자손의 온 회중과 그들
중에 거류하는 타국인도 사함을 받
을 것은 온 백성이 부지중에 범죄
하였음이니라
27 만일 한 사람이 부지중에 범죄하면
일 년 된 암염소로 속죄제를 드릴
것이요
28 제사장은 그 부지중에 범죄한 사람
이 부지중에 야훼 앞에 범한 죄를
위하여 속죄하여 그 죄를 속할지니
그리하면 사함을 얻으리라
29 이스라엘 자손 중 본토 소생이든지
그들 중에 거류하는 타국인이든지
누구든 부지중에 범죄한 자에 대한
법이 동일하거니와
30 본토인이든지 타국인이든지 고의로
무엇을 범하면 누구나 야훼를 비방
하는 자니 그의 백성 중에서 끊어
질 것이라
31 그런 사람은 야훼의 말씀을 멸시하
고 그의 명령을 파괴하였은즉 그의
죄악이 자기에게로 돌아가서 온전
히 끊어지리라
32 이스라엘 자손이 광야에 거류할 때
에 안식일에 어떤 사람이 나무하는
것을 발견한지라
33 그 나무하는 자를 발견한 자들이
그를 모세와 아론과 온 회중 앞으
로 끌어왔으나
34 어떻게 처치할는지 지시하심을 받
지 못한 고로 가두었더니
35 야훼께서 모세에게 이르시되 그 사
람을 반드시 죽일지니 온 회중이 진
영 밖에서 돌로 그를 칠지니라
36 온 회중이 곧 그를 진영 밖으로 끌
어내고 돌로 그를 쳐죽여서 야훼께
서 모세에게 명령하신 대로 하니라
37 야훼께서 모세에게 말씀하여 이르
시되
38 이스라엘 자손에게 명령하여 대대
로 그들의 옷단 귀에 술을 만들고
청색 끈을 그 귀의 술에 더하라
39 이 술은 너희가 보고 야훼의 모든
계명을 기억하여 준행하고 너희를
방종하게 하는 자신의 마음과 눈의
욕심을 따라 음행하지 않게 하기
위함이라
40 그리하여 너희가 내 모든 계명을
기억하고 행하면 너희의 하나님 앞
에 거룩하리라
41 나는 야훼 너희 하나님이라 나는
너희의 하나님이 되려고 너희를 애
굽 땅에서 인도해 내었느니라 나는
야훼 너희의 하나님이니라

16 레위의 증손 고핫의 손자 이스할
의 아들 고라와 르우벤 자손 엘리
압의 아들 다단과 아비람과 벨렛의
아들 온이 당을 짓고

기록일 : . . .

2 이스라엘 자손 총회에서 택함을 받
은 자 곧 회중 가운데에서 이름 있
는 지휘관 이백오십 명과 함께 일
어나서 모세를 거스르니라
3 그들이 모여서 모세와 아론을 거슬
러 그들에게 이르되 너희가 분수에
지나도다 회중이 다 각각 거룩하고
야훼께서도 그들 중에 계시거늘 너
희가 어찌하여 야훼의 총회 위에
스스로 높이느냐
4 모세가 듣고 엎드렸다가
5 고라와 그의 모든 무리에게 말하여
이르되 아침에 야훼께서 자기에게
속한 자가 누구인지, 거룩한 자가
누구인지 보이시고 그 사람을 자기
에게 가까이 나아오게 하시되 곧
그가 택하신 자를 자기에게 가까이
나아오게 하시리니
6 이렇게 하라 너 고라와 네 모든 무
리는 향로를 가져다가
7 내일 야훼 앞에서 그 향로에 불을
담고 그 위에 향을 두라 그 때에
야훼께서 택하신 자는 거룩하게 되
리라 레위 자손들아 너희가 너무
분수에 지나치느니라
8 모세가 또 고라에게 이르되 너희
레위 자손들아 들으라
9 이스라엘의 하나님이 이스라엘 회
중에서 너희를 구별하여 자기에게
가까이 하게 하사 야훼의 성막에서
봉사하게 하시며 회중 앞에 서서
그들을 대신하여 섬기게 하심이 너
희에게 작은 일이겠느냐
10 하나님이 너와 네 모든 형제 레위
자손으로 너와 함께 가까이 오게
하셨거늘 너희가 오히려 제사장의
직분을 구하느냐
11 이를 위하여 너와 너의 무리가 다
모여서 야훼를 거스르는도다 아론
이 어떠한 사람이기에 너희가 그를
원망하느냐
12 모세가 엘리압의 아들 다단과 아
비람을 부르러 사람을 보냈더니 그
들이 이르되 우리는 올라가지 않겠
노라
13 네가 우리를 젖과 꿀이 흐르는 땅
에서 이끌어 내어 광야에서 죽이려
함이 어찌 작은 일이기에 오히려 스
스로 우리 위에 왕이 되려 하느냐
14 이뿐 아니라 네가 우리를 젖과 꿀
이 흐르는 땅으로 인도하여 들이지
도 아니하고 밭도 포도원도 우리에
게 기업으로 주지 아니하니 네가 이
사람들의 눈을 빼려느냐 우리는 올
라가지 아니하겠노라
15 모세가 심히 노하여 야훼께 여짜오
되 주는 그들의 헌물을 돌아보지
마옵소서 나는 그들의 나귀 한 마
리도 빼앗지 아니하였고 그들 중의
한 사람도 해하지 아니하였나이다

기록일 : . . .

하고
16 이에 모세가 고라에게 이르되 너와
너의 온 무리는 아론과 함께 내일
야훼 앞으로 나아오되
17 너희는 제각기 향로를 들고 그 위
에 향을 얹고 각 사람이 그 향로를
야훼 앞으로 가져오라 향로는 모두
이백오십 개라 너와 아론도 각각
향로를 가지고 올지니라
18 그들이 제각기 향로를 가져다가 불
을 담고 향을 그 위에 얹고 모세와
아론과 더불어 회막 문에 서니라
19 고라가 온 회중을 회막 문에 모아
놓고 그 두 사람을 대적하려 하매
야훼의 영광이 온 회중에게 나타나
시니라
20 야훼께서 모세와 아론에게 말씀하
여 이르시되
21 너희는 이 회중에게서 떠나라 내가
순식간에 그들을 멸하려 하노라
22 그 두 사람이 엎드려 이르되 하나
님이여 모든 육체의 생명의 하나님
이여 한 사람이 범죄하였거늘 온 회
중에게 진노하시나이까
23 야훼께서 모세에게 말씀하여 이르
시되
24 회중에게 명령하여 이르기를 너희
는 고라와 다단과 아비람의 장막
사방에서 떠나라 하라
25 모세가 일어나 다단과 아비람에게로
가니 이스라엘 장로들이 따랐더라
26 모세가 회중에게 말하여 이르되 이
악인들의 장막에서 떠나고 그들의
물건은 아무 것도 만지지 말라 그
들의 모든 죄중에서 너희도 멸망할
까 두려워하노라 하매
27 무리가 고라와 다단과 아비람의 장
막 사방을 떠나고 다단과 아비람은
그들의 처자와 유아들과 함께 나와
서 자기 장막 문에 선지라
28 모세가 이르되 야훼께서 나를 보내
사 이 모든 일을 행하게 하신 것이
요 나의 임의로 함이 아닌 줄을 이
일로 말미암아 알리라
29 곧 이 사람들의 죽음이 모든 사람
과 같고 그들이 당하는 벌이 모든
사람이 당하는 벌과 같으면 야훼께
서 나를 보내심이 아니거니와
30 만일 야훼께서 새 일을 행하사 땅이
입을 열어 이 사람들과 그들의 모든
소유물을 삼켜 산 채로 스올에 빠지
게 하시면 이 사람들이 과연 야훼를
멸시한 것인 줄을 너희가 알리라
31 그가 이 모든 말을 마치자마자 그
들이 섰던 땅바닥이 갈라지니라
32 땅이 그 입을 열어 그들과 그들의
집과 고라에게 속한 모든 사람과
그들의 재물을 삼키매
33 그들과 그의 모든 재물이 산 채로
스올에 빠지며 땅이 그 위에 덮이

기록일 : . . .

니 그들이 회중 가운데서 망하니라
34 그 주위에 있는 온 이스라엘이 그
들의 부르짖음을 듣고 도망하며 이
르되 땅이 우리도 삼킬까 두렵다
하였고
35 야훼께로부터 불이 나와서 분향하
는 이백오십 명을 불살랐더라
36 야훼께서 모세에게 말씀하여 이르
시되
37 너는 제사장 아론의 아들 엘르아살
에게 명령하여 붙는 불 가운데에서
향로를 가져다가 그 불을 다른 곳
에 쏟으라 그 향로는 거룩함이니라
38 사람들은 범죄하여 그들의 생명을
스스로 해하였거니와 그들이 향로
를 야훼 앞에 드렸으므로 그 향로
가 거룩하게 되었나니 그 향로를
쳐서 제단을 싸는 철판을 만들라
이스라엘 자손에게 표가 되리라 하
신지라
39 제사장 엘르아살이 불탄 자들이 드
렸던 놋 향로를 가져다가 쳐서 제
단을 싸서
40 이스라엘 자손의 기념물이 되게 하
였으니 이는 아론 자손이 아닌 다
른 사람은 야훼 앞에 분향하러 가
까이 오지 못하게 함이며 또 고라
와 그의 무리와 같이 되지 않게 하
기 위함이라 야훼께서 모세를 시켜
그에게 명령하신 대로 하였더라
41 이튿날 이스라엘 자손의 온 회중이
모세와 아론을 원망하여 이르되 너
희가 야훼의 백성을 죽였도다 하고
42 회중이 모여 모세와 아론을 칠 때
에 회막을 바라본즉 구름이 회막을
덮었고 야훼의 영광이 나타났더라
43 모세와 아론이 회막 앞에 이르매
44 야훼께서 모세에게 말씀하여 이르
시되
45 너희는 이 회중에게서 떠나라 내가
순식간에 그들을 멸하려 하노라 하
시매 그 두 사람이 엎드리니라
46 이에 모세가 아론에게 이르되 너는
향로를 가져다가 제단의 불을 그것
에 담고 그 위에 향을 피워 가지고
급히 회중에게로 가서 그들을 위하
여 속죄하라 야훼께서 진노하셨으
므로 염병이 시작되었음이니라
47 아론이 모세의 명령을 따라 향로를
가지고 회중에게로 달려간즉 백성
중에 염병이 시작되었는지라 이에
백성을 위하여 속죄하고
48 죽은 자와 산 자 사이에 섰을 때에
염병이 그치니라
49 고라의 일로 죽은 자 외에 염병에
죽은 자가 만 사천칠백 명이었더라
50 염병이 그치매 아론이 회막 문 모
세에게로 돌아오니라

# 17

야훼께서 모세에게 말씀하여 이
르시되

2 너는 이스라엘 자손에게 말하여 그
들 중에서 각 조상의 가문을 따라
지팡이 하나씩을 취하되 곧 그들
의 조상의 가문대로 그 모든 지휘
관에게서 지팡이 열둘을 취하고 그
사람들의 이름을 각각 그 지팡이에
쓰되
3 레위의 지팡이에는 아론의 이름을
쓰라 이는 그들의 조상의 가문의
각 수령이 지팡이 하나씩 있어야
할 것임이니라
4 그 지팡이를 회막 안에서 내가 너희
와 만나는 곳인 증거궤 앞에 두라
5 내가 택한 자의 지팡이에는 싹이
나리니 이것으로 이스라엘 자손이
너희에게 대하여 원망하는 말을 내
앞에서 그치게 하리라
6 모세가 이스라엘 자손에게 말하매
그들의 지휘관들이 각 지파대로 지
팡이 하나씩을 그에게 주었으니 그
지팡이가 모두 열둘이라 그 중에
아론의 지팡이가 있었더라
7 모세가 그 지팡이들을 증거의 장막
안 야훼 앞에 두었더라
8 이튿날 모세가 증거의 장막에 들어
가 본즉 레위 집을 위하여 낸 아론
의 지팡이에 움이 돋고 순이 나고
꽃이 피어서 살구 열매가 열렸더라
9 모세가 그 지팡이 전부를 야훼 앞
에서 이스라엘 모든 자손에게로 가
져오매 그들이 보고 각각 자기 지
팡이를 집어들었더라
10 야훼께서 또 모세에게 이르시되 아
론의 지팡이는 증거궤 앞으로 도로
가져다가 거기 간직하여 반역한 자
에 대한 표징이 되게 하여 그들로
내게 대한 원망을 그치고 죽지 않
게 할지니라
11 모세가 곧 그 같이 하되 야훼께서
자기에게 명령하신 대로 하였더라
12 이스라엘 자손이 모세에게 말하여
이르되 보소서 우리는 죽게 되었나
이다 망하게 되었나이다 다 망하게
되었나이다
13 가까이 나아가는 자 곧 야훼의 성
막에 가까이 나아가는 자마다 다
죽사오니 우리가 다 망하여야 하리
이까

18 야훼께서 아론에게 이르시되 너
와 네 아들들과 네 조상의 가문은
성소에 대한 죄를 함께 담당할 것
이요 너와 네 아들들은 너희의 제
사장 직분에 대한 죄를 함께 담당
할 것이니라
2 너는 네 형제 레위 지파 곧 네 조상
의 지파를 데려다가 너와 함께 있
게 하여 너와 네 아들들이 증거의
장막 앞에 있을 때 그들이 너를 돕
게 하라
3 레위인은 네 직무와 장막의 모든 직

기록일 : . . .

무를 지키려니와 성소의 기구와 제
단에는 가까이 하지 못하리니 두렵
건대 그들과 너희가 죽을까 하노라
4 레위인은 너와 합동하여 장막의 모
든 일과 회막의 직무를 다할 것이
요 다른 사람은 너희에게 가까이
하지 못할 것이니라
5 이와 같이 너희는 성소의 직무와
제단의 직무를 다하라 그리하면 야
훼의 진노가 다시는 이스라엘 자손
에게 미치지 아니하리라
6 보라 내가 이스라엘 자손 중에서
너희의 형제 레위인을 택하여 내게
돌리고 너희에게 선물로 주어 회막
의 일을 하게 하였나니
7 너와 네 아들들은 제단과 휘장 안
의 모든 일에 대하여 제사장의 직
분을 지켜 섬기라 내가 제사장의
직분을 너희에게 선물로 주었은즉
거기 가까이 하는 외인은 죽임을
당할지니라
8 야훼께서 또 아론에게 이르시되 보
라 내가 내 거제물 곧 이스라엘 자
손이 거룩하게 한 모든 헌물을 네
가 주관하게 하고 네가 기름 부음
을 받았음으로 말미암아 그것을 너
와 네 아들들에게 영구한 몫의 음
식으로 주노라
9 지성물 중에 불사르지 아니한 것은
네 것이라 그들이 내게 드리는 모
든 헌물의 모든 소제와 속죄제와
속건제물은 다 지극히 거룩한즉 너
와 네 아들들에게 돌리리니
10 지극히 거룩하게 여김으로 먹으라
이는 네게 성물인즉 남자들이 다
먹을지니라
11 네게 돌릴 것은 이것이니 곧 이스
라엘 자손이 드리는 거제물과 모든
요제물이라 내가 그것을 너와 네
자녀에게 영구한 몫의 음식으로 주
었은즉 네 집의 정결한 자마다 먹
을 것이니라
12 그들이 야훼께 드리는 첫 소산 곧
제일 좋은 기름과 제일 좋은 포도
주와 곡식을 네게 주었은즉
13 그들이 야훼께 드리는 그 땅의 처
음 익은 모든 열매는 네 것이니 네
집에서 정결한 자마다 먹을 것이라
14 이스라엘 중에서 특별히 드린 모든
것은 네 것이 되리라
15 야훼께 드리는 모든 생물의 처음
나는 것은 사람이나 짐승이나 다
네 것이로되 처음 태어난 사람은
반드시 대속할 것이요 처음 태어난
부정한 짐승도 대속할 것이며
16 그 사람을 대속할 때에는 난 지 한
달 이후에 네가 정한 대로 성소의
세겔을 따라 은 다섯 세겔로 대속
하라 한 세겔은 이십 게라이니라
17 오직 처음 태어난 소나 처음 태어

난 양이나 처음 태어난 염소는 대
속하지 말지니 그것들은 거룩한즉
그 피는 제단에 뿌리고 그 기름은
불살라 야훼께 향기로운 화제로 드
릴 것이며
18 그 고기는 네게 돌릴지니 흔든 가
슴과 오른쪽 넓적다리 같이 네게
돌릴 것이니라
19 이스라엘 자손이 야훼께 거제로 드
리는 모든 성물은 내가 영구한 몫
의 음식으로 너와 네 자녀에게 주
노니 이는 야훼 앞에 너와 네 후손
에게 영원한 소금 언약이니라
20 야훼께서 또 아론에게 이르시되 너
는 이스라엘 자손의 땅에 기업도
없겠고 그들 중에 아무 분깃도 없
을 것이나 내가 이스라엘 자손 중
에 네 분깃이요 네 기업이니라
21 내가 이스라엘의 십일조를 레위 자
손에게 기업으로 다 주어서 그들이
하는 일 곧 회막에서 하는 일을 갚
나니
22 이 후로는 이스라엘 자손이 회막에
가까이 하지 말 것이라 죄값으로
죽을까 하노라
23 그러나 레위인은 회막에서 봉사하
며 자기들의 죄를 담당할 것이요
이스라엘 자손 중에는 기업이 없을
것이니 이는 너희 대대에 영원한 율
례라
24 이스라엘 자손이 야훼께 거제로 드
리는 십일조를 레위인에게 기업으
로 주었으므로 내가 그들에 대하여
말하기를 이스라엘 자손 중에 기업
이 없을 것이라 하였노라
25 야훼께서 모세에게 말씀하여 이르
시되
26 너는 레위인에게 말하여 그에게 이
르라 내가 이스라엘 자손에게 받아
너희에게 기업으로 준 십일조를 너
희가 그들에게서 받을 때에 그 십
일조의 십일조를 거제로 야훼께 드
릴 것이라
27 내가 너희의 거제물을 타작 마당
에서 드리는 곡물과 포도즙 틀에서
드리는 즙 같이 여기리니
28 너희는 이스라엘 자손에게서 받는
모든 것의 십일조 중에서 야훼께
거제로 드리고 야훼께 드린 그 거
제물은 제사장 아론에게로 돌리되
29 너희가 받은 모든 헌물 중에서 너
희는 그 아름다운 것 곧 거룩하게
한 부분을 가져다가 야훼께 거제로
드릴지니라
30 이러므로 너는 그들에게 이르라 너
희가 그 중에서 아름다운 것을 가
져다가 드리고 남은 것은 너희 레
위인에게는 타작 마당의 소출과 포
도즙 틀의 소출 같이 되리니
31 너희와 너희의 권속이 어디서든지

기록일 : . . .

이것을 먹을 수 있음은 이는 회막
에서 일한 너희의 보수임이니라
32 너희가 그 중 아름다운 것을 받들
어 드린즉 이로 말미암아 죄를 담
당하지 아니할 것이라 너희는 이스
라엘 자손의 성물을 더럽히지 말라
그리하여야 죽지 아니하리라

# 19

야훼께서 모세와 아론에게 말씀
하여 이르시되
2 야훼께서 명령하시는 법의 율례를
이제 이르노니 이스라엘 자손에게
일러서 온전하여 흠이 없고 아직 멍
에 메지 아니한 붉은 암송아지를
네게로 끌어오게 하고
3 너는 그것을 제사장 엘르아살에게
줄 것이요 그는 그것을 진영 밖으
로 끌어내어서 자기 목전에서 잡게
할 것이며
4 제사장 엘르아살은 손가락에 그 피
를 찍고 그 피를 회막 앞을 향하여
일곱 번 뿌리고
5 그 암소를 자기 목전에서 불사르게
하되 그 가죽과 고기와 피와 똥을
불사르게 하고
6 동시에 제사장은 백향목과 우슬초
와 홍색 실을 가져다가 암송아지를
사르는 불 가운데에 던질 것이며
7 제사장은 자기의 옷을 빨고 물로
몸을 씻은 후에 진영에 들어갈 것
이라 그는 저녁까지 부정하리라
8 송아지를 불사른 자도 자기의 옷을
물로 빨고 물로 그 몸을 씻을 것이
라 그도 저녁까지 부정하리라
9 이에 정결한 자가 암송아지의 재를
거두어 진영 밖 정한 곳에 둘지니 이
것은 이스라엘 자손 회중을 위하여
간직하였다가 부정을 씻는 물을 위
해 간직할지니 그것은 속죄제니라
10 암송아지의 재를 거둔 자도 자기의
옷을 빨 것이며 저녁까지 부정하리
라 이는 이스라엘 자손과 그중에 거
류하는 외인에게 영원한 율례니라
11 사람의 시체를 만진 자는 이레 동
안 부정하리니
12 그는 셋째 날과 일곱째 날에 잿물
로 자신을 정결하게 할 것이라 그리
하면 정하려니와 셋째 날과 일곱째
날에 자신을 정결하게 하지 아니하
면 그냥 부정하니
13 누구든지 죽은 사람의 시체를 만지
고 자신을 정결하게 하지 아니하는
자는 야훼의 성막을 더럽힘이라 그
가 이스라엘에서 끊어질 것은 정결
하게 하는 물을 그에게 뿌리지 아
니하므로 깨끗하게 되지 못하고 그
부정함이 그대로 있음이니라
14 장막에서 사람이 죽을 때의 법은
이러하니 누구든지 그 장막에 들어
가는 자와 그 장막에 있는 자가 이
레 동안 부정할 것이며

기록일 : . . .

15 뚜껑을 열어 놓고 덮지 아니한 그
릇은 모두 부정하니라
16 누구든지 들에서 칼에 죽은 자나
시체나 사람의 뼈나 무덤을 만졌으
면 이레 동안 부정하리니
17 그 부정한 자를 위하여 죄를 깨끗
하게 하려고 불사른 재를 가져다가
흐르는 물과 함께 그릇에 담고
18 정결한 자가 우슬초를 가져다가 그
물을 찍어 장막과 그 모든 기구와
거기 있는 사람들에게 뿌리고 또
뼈나 죽임을 당한 자나 시체나 무
덤을 만진 자에게 뿌리되
19 그 정결한 자가 셋째 날과 일곱째
날에 그 부정한 자에게 뿌려서 일
곱째 날에 그를 정결하게 할 것이
며 그는 자기 옷을 빨고 물로 몸을
씻을 것이라 저녁이면 정결하리라
20 사람이 부정하고도 자신을 정결하
게 하지 아니하면 야훼의 성소를
더럽힘이니 그러므로 회중 가운데
에서 끊어질 것이니라 그는 정결하
게 하는 물로 뿌림을 받지 아니하
였은즉 부정하니라
21 이는 그들의 영구한 율례니라 정결
하게 하는 물을 뿌린 자는 자기의
옷을 빨 것이며 정결하게 하는 물
을 만지는 자는 저녁까지 부정할
것이며
22 부정한 자가 만진 것은 무엇이든지
부정할 것이며 그것을 만지는 자도
저녁까지 부정하리라

20 첫째 달에 이스라엘 자손 곧 온
회중이 신 광야에 이르러 백성이 가
데스에 이르더니 미리암이 거기서
죽으매 거기에 장사되니라
2 회중이 물이 없으므로 모세와 아론
에게로 모여드니라
3 백성이 모세와 다투어 말하여 이르
되 우리 형제들이 야훼 앞에서 죽
을 때에 우리도 죽었더라면 좋을
뻔하였도다
4 너희가 어찌하여 야훼의 회중을 이
광야로 인도하여 우리와 우리 짐승
이 다 여기서 죽게 하느냐
5 너희가 어찌하여 우리를 애굽에서
나오게 하여 이 나쁜 곳으로 인도
하였느냐 이 곳에는 파종할 곳이
없고 무화과도 없고 포도도 없고
석류도 없고 마실 물도 없도다
6 모세와 아론이 회중 앞을 떠나 회
막 문에 이르러 엎드리매 야훼의
영광이 그들에게 나타나며
7 야훼께서 모세에게 말씀하여 이르
시되
8 지팡이를 가지고 네 형 아론과 함
께 회중을 모으고 그들의 목전에서
너희는 반석에게 명령하여 물을 내
라 하라 네가 그 반석이 물을 내게
하여 회중과 그들의 짐승에게 마시

기록일 : . . .

게 할지니라
9 모세가 그 명령대로 야훼 앞에서
지팡이를 잡으니라
10 모세와 아론이 회중을 그 반석 앞
에 모으고 모세가 그들에게 이르되
반역한 너희여 들으라 우리가 너희
를 위하여 이 반석에서 물을 내랴
하고
11 모세가 그의 손을 들어 그의 지팡
이로 반석을 두 번 치니 물이 많이
솟아나오므로 회중과 그들의 짐승
이 마시니라
12 야훼께서 모세와 아론에게 이르시
되 너희가 나를 믿지 아니하고 이
스라엘 자손의 목전에서 내 거룩
함을 나타내지 아니한 고로 너희는
이 회중을 내가 그들에게 준 땅으
로 인도하여 들이지 못하리라 하시
니라
13 이스라엘 자손이 야훼와 다투었으
므로 이를 므리바 물이라 하니라
야훼께서 그들 중에서 그 거룩함을
나타내셨더라
14 모세가 가데스에서 에돔 왕에게 사
신을 보내며 이르되 당신의 형제 이
스라엘의 말에 우리가 당한 모든
고난을 당신도 아시거니와
15 우리 조상들이 애굽으로 내려갔으
므로 우리가 애굽에 오래 거주하였
더니 애굽인이 우리 조상들과 우리
를 학대하였으므로
16 우리가 야훼께 부르짖었더니 우리
소리를 들으시고 천사를 보내사 우
리를 애굽에서 인도하여 내셨나이
다 이제 우리가 당신의 변방 모퉁
이 한 성읍 가데스에 있사오니
17 청하건대 우리에게 당신의 땅을 지
나가게 하소서 우리가 밭으로나 포
도원으로 지나가지 아니하고 우물
물도 마시지 아니하고 왕의 큰길로
만 지나가고 당신의 지경에서 나가
기까지 왼쪽으로나 오른쪽으로나
치우치지 아니하리이다 한다고 하
라 하였더니
18 에돔 왕이 대답하되 너는 우리 가
운데로 지나가지 못하리라 내가 칼
을 들고 나아가 너를 대적할까 하
노라
19 이스라엘 자손이 이르되 우리가 큰
길로만 지나가겠고 우리나 우리 짐
승이 당신의 물을 마시면 그 값을
낼 것이라 우리가 도보로 지나갈
뿐인즉 아무 일도 없으리이다 하나
20 그는 이르되 너는 지나가지 못하리
라 하고 에돔 왕이 많은 백성을 거
느리고 나와서 강한 손으로 막으니
21 에돔 왕이 이같이 이스라엘이 그의
영토로 지나감을 용납하지 아니하
므로 이스라엘이 그들에게서 돌이
키니라

기록일 : . . .

22 이스라엘 자손 곧 온 회중이 가데
스를 떠나 호르 산에 이르렀더니
23 야훼께서 에돔 땅 변경 호르 산에
서 모세와 아론에게 말씀하시니라
이르시되
24 아론은 그 조상들에게로 돌아가고
내가 이스라엘 자손에게 준 땅에는
들어가지 못하리니 이는 너희가 므
리바 물에서 내 말을 거역한 까닭
이니라
25 너는 아론과 그의 아들 엘르아살을
데리고 호르 산에 올라
26 아론의 옷을 벗겨 그의 아들 엘르
아살에게 입히라 아론은 거기서 죽
어 그 조상에게로 돌아가리라
27 모세가 야훼의 명령을 따라 그들과
함께 회중의 목전에서 호르 산에
오르니라
28 모세가 아론의 옷을 벗겨 그의 아
들 엘르아살에게 입히매 아론이 그
산 꼭대기에서 죽으니라 모세와 엘
르아살이 산에서 내려오니
29 온 회중 곧 이스라엘 온 족속이 아
론이 죽은 것을 보고 그를 위하여
삼십 일 동안 애곡하였더라

21 네겝에 거주하는 가나안 사람 곧
아랏의 왕이 이스라엘이 아다림 길
로 온다 함을 듣고 이스라엘을 쳐
서 그 중 몇 사람을 사로잡은지라
2 이스라엘이 야훼께 서원하여 이르
되 주께서 만일 이 백성을 내 손에
넘기시면 내가 그들의 성읍을 다 멸
하리이다
3 야훼께서 이스라엘의 목소리를 들
으시고 가나안 사람을 그들의 손에
넘기시매 그들과 그들의 성읍을 다
멸하니라 그러므로 그 곳 이름을
호르마라 하였더라
4 백성이 호르 산에서 출발하여 홍해
길을 따라 에돔 땅을 우회하려 하
였다가 길로 말미암아 백성의 마음
이 상하니라
5 백성이 하나님과 모세를 향하여 원
망하되 어찌하여 우리를 애굽에서
인도해 내어 이 광야에서 죽게 하
는가 이 곳에는 먹을 것도 없고 물
도 없도다 우리 마음이 이 하찮은
음식을 싫어하노라 하매
6 야훼께서 불뱀들을 백성 중에 보내
어 백성을 물게 하시므로 이스라엘
백성 중에 죽은 자가 많은지라
7 백성이 모세에게 이르러 말하되 우
리가 야훼와 당신을 향하여 원망함
으로 범죄하였사오니 야훼께 기도
하여 이 뱀들을 우리에게서 떠나게
하소서 모세가 백성을 위하여 기도
하매
8 야훼께서 모세에게 이르시되 불뱀
을 만들어 장대 위에 매달아라 물
린 자마다 그것을 보면 살리라

9 모세가 놋뱀을 만들어 장대 위에
다니 뱀에게 물린 자가 놋뱀을 쳐
다본즉 모두 살더라
10 이스라엘 자손이 그 곳을 떠나 오
봇에 진을 쳤고
11 오봇을 떠나 모압 앞쪽 해 돋는 쪽
광야 이예아바림에 진을 쳤고
12 거기를 떠나 세렛 골짜기에 진을
쳤고
13 거기를 떠나 아모리인의 영토에서
흘러 나와서 광야에 이른 아르논
강 건너편에 진을 쳤으니 아르논은
모압과 아모리 사이에서 모압의 경
계가 된 곳이라
14 이러므로 야훼의 전쟁기에 일렀으
되 수바의 와헙과 아르논 골짜기와
15 모든 골짜기의 비탈은 아르 고을을
향하여 기울어지고 모압의 경계에
닿았도다 하였더라
16 거기서 브엘에 이르니 브엘은 야훼
께서 모세에게 명령하시기를 백성
을 모으라 내가 그들에게 물을 주
리라 하시던 우물이라
17 그 때에 이스라엘이 노래하여 이르
되 우물물아 솟아나라 너희는 그것
을 노래하라
18 이 우물은 지휘관들이 팠고 백성의
귀인들이 규와 지팡이로 판 것이로
다 하였더라 그들은 광야에서 맛다
나에 이르렀고
19 맛다나에서 나할리엘에 이르렀고
나할리엘에서 바못에 이르렀고
20 바못에서 모압 들에 있는 골짜기에
이르러 광야가 내려다 보이는 비스
가 산 꼭대기에 이르렀더라
21 이스라엘이 아모리 왕 시혼에게 사
신을 보내어 이르되
22 우리에게 당신의 땅을 지나가게 하
소서 우리가 밭에든지 포도원에든
지 들어가지 아니하며 우물물도 마
시지 아니하고 당신의 지경에서 다
나가기까지 왕의 큰길로만 지나가
리이다 하나
23 시혼이 이스라엘이 자기 영토로 지
나감을 용납하지 아니하고 그의 백
성을 다 모아 이스라엘을 치러 광
야로 나와서 야하스에 이르러 이스
라엘을 치므로
24 이스라엘이 칼날로 그들을 쳐서 무
찌르고 그 땅을 아르논에서부터 얍
복까지 점령하여 암몬 자손에게까
지 미치니 암몬 자손의 경계는 견고
하더라
25 이스라엘이 이같이 그 모든 성읍을
빼앗고 그 아모리인의 모든 성읍
헤스본과 그 모든 촌락에 거주하였
으니
26 헤스본은 아모리인의 왕 시혼의 도
성이라 시혼이 그 전 모압 왕을 치
고 그의 모든 땅을 아르논까지 그

기록일 : . . .

의 손에서 빼앗았더라
27 그러므로 시인이 읊어 이르되 너희
는 헤스본으로 올지어다 시혼의 성
을 세워 견고히 할지어다
28 헤스본에서 불이 나오며 시혼의 성
에서 화염이 나와서 모압의 아르를
삼키며 아르논 높은 곳의 주인을
멸하였도다
29 모압아 네가 화를 당하였도다 그모
스의 백성아 네가 멸망하였도다 그
가 그의 아들들을 도망하게 하였고
그의 딸들을 아모리인의 왕 시혼의
포로가 되게 하였도다
30 우리가 그들을 쏘아서 헤스본을 디
본까지 멸하였고 메드바에 가까운
노바까지 황폐하게 하였도다 하였
더라
31 이스라엘이 아모리인의 땅에 거주
하였더니
32 모세가 또 사람을 보내어 야셀을
정탐하게 하고 그 촌락들을 빼앗고
그 곳에 있던 아모리인을 몰아 내
었더라
33 그들이 돌이켜 바산 길로 올라가매
바산 왕 옥이 그의 백성을 다 거느
리고 나와서 그들을 맞아 에드레이
에서 싸우려 하는지라
34 야훼께서 모세에게 이르시되 그를
두려워하지 말라 내가 그와 그의
백성과 그의 땅을 네 손에 넘겼나
니 너는 헤스본에 거주하던 아모리
인의 왕 시혼에게 행한 것 같이 그
에게도 행할지니라
35 이에 그와 그의 아들들과 그의 백
성을 다 쳐서 한 사람도 남기지 아
니하고 그의 땅을 점령하였더라

22 이스라엘 자손이 또 길을 떠나 모
압 평지에 진을 쳤으니 요단 건너편
곧 여리고 맞은편이더라
2 십볼의 아들 발락이 이스라엘이 아
모리인에게 행한 모든 일을 보았으
므로
3 모압이 심히 두려워하였으니 이스
라엘 백성이 많음으로 말미암아 모
압이 이스라엘 자손 때문에 번민하
더라
4 미디안 장로들에게 이르되 이제 이
무리가 소가 밭의 풀을 뜯어먹음
같이 우리 사방에 있는 것을 다 뜯
어먹으리로다 하니 그 때에 십볼의
아들 발락이 모압 왕이었더라
5 그가 사신을 브올의 아들 발람의
고향인 강 가 브돌에 보내어 발람
을 부르게 하여 이르되 보라 한 민
족이 애굽에서 나왔는데 그들이 지
면에 덮여서 우리 맞은편에 거주하
였고
6 우리보다 강하니 청하건대 와서 나
를 위하여 이 백성을 저주하라 내
가 혹 그들을 쳐서 이겨 이 땅에서

기록일 : . . .

몰아내리라 그대가 복을 비는 자는
복을 받고 저주하는 자는 저주를
받을 줄을 내가 앎이니라
7 모압 장로들과 미디안 장로들이 손
에 복채를 가지고 떠나 발람에게
이르러 발락의 말을 그에게 전하매
8 발람이 그들에게 이르되 이 밤에
여기서 유숙하라 야훼께서 내게 이
르시는 대로 너희에게 대답하리라
모압 귀족들이 발람에게서 유숙하
니라
9 하나님이 발람에게 임하여 말씀하
시되 너와 함께 있는 이 사람들이
누구냐
10 발람이 하나님께 아뢰되 모압 왕
십볼의 아들 발락이 내게 보낸 자
들이니이다 이르기를
11 보라 애굽에서 나온 민족이 지면에
덮였으니 이제 와서 나를 위하여 그
들을 저주하라 내가 혹 그들을 쳐
서 몰아낼 수 있으리라 하나이다
12 하나님이 발람에게 이르시되 너는
그들과 함께 가지도 말고 그 백성
을 저주하지도 말라 그들은 복을
받은 자들이니라
13 발람이 아침에 일어나서 발락의 귀
족들에게 이르되 너희는 너희의 땅
으로 돌아가라 야훼께서 내가 너희
와 함께 가기를 허락하지 아니하시
느니라
14 모압 귀족들이 일어나 발락에게로
가서 전하되 발람이 우리와 함께
오기를 거절하더이다
15 발락이 다시 그들보다 더 높은 고
관들을 더 많이 보내매
16 그들이 발람에게로 나아가서 그에
게 이르되 십볼의 아들 발락의 말
씀에 청하건대 아무것에도 거리끼
지 말고 내게로 오라
17 내가 그대를 높여 크게 존귀하게
하고 그대가 내게 말하는 것은 무
엇이든지 시행하리니 청하건대 와
서 나를 위하여 이 백성을 저주하
라 하시더이다
18 발람이 발락의 신하들에게 대답하
여 이르되 발락이 그 집에 가득한
은금을 내게 줄지라도 내가 능히
야훼 내 하나님의 말씀을 어겨 덜
하거나 더하지 못하겠노라
19 그런즉 이제 너희도 이 밤에 여기서
유숙하라 야훼께서 내게 무슨 말씀
을 더하실는지 알아보리라
20 밤에 하나님이 발람에게 임하여 이
르시되 그 사람들이 너를 부르러 왔
거든 일어나 함께 가라 그러나 내가
네게 이르는 말만 준행할지니라
21 발람이 아침에 일어나서 자기 나귀
에 안장을 지우고 모압 고관들과
함께 가니
22 그가 감으로 말미암아 하나님이 진

기록일 : . . .

노하시므로 야훼의 사자가 그를 막
으려고 길에 서니라 발람은 자기
나귀를 탔고 그의 두 종은 그와 함
께 있더니
23 나귀가 야훼의 사자가 칼을 빼어
손에 들고 길에 선 것을 보고 길에
서 벗어나 밭으로 들어간지라 발람
이 나귀를 길로 돌이키려고 채찍질
하니
24 야훼의 사자는 포도원 사이 좁은
길에 섰고 좌우에는 담이 있더라
25 나귀가 야훼의 사자를 보고 몸을
담에 대고 발람의 발을 그 담에 짓
누르매 발람이 다시 채찍질하니
26 야훼의 사자가 더 나아가서 좌우로
피할 데 없는 좁은 곳에 선지라
27 나귀가 야훼의 사자를 보고 발람
밑에 엎드리니 발람이 노하여 자기
지팡이로 나귀를 때리는지라
28 야훼께서 나귀 입을 여시니 발람에
게 이르되 내가 당신에게 무엇을
하였기에 나를 이같이 세 번을 때
리느냐
29 발람이 나귀에게 말하되 네가 나를
거역하기 때문이니 내 손에 칼이 있
었더면 곧 너를 죽였으리라
30 나귀가 발람에게 이르되 나는 당신
이 오늘까지 당신의 일생 동안 탄
나귀가 아니냐 내가 언제 당신에게
이같이 하는 버릇이 있었더냐 그가
말하되 없었느니라
31 그 때에 야훼께서 발람의 눈을 밝
히시매 야훼의 사자가 손에 칼을
빼들고 길에 선 것을 그가 보고 머
리를 숙이고 엎드리니
32 야훼의 사자가 그에게 이르되 너는
어찌하여 네 나귀를 이같이 세 번
때렸느냐 보라 내 앞에서 네 길이
사악하므로 내가 너를 막으려고 나
왔더니
33 나귀가 나를 보고 이같이 세 번을
돌이켜 내 앞에서 피하였느니라 나
귀가 만일 돌이켜 나를 피하지 아
니하였더면 내가 벌써 너를 죽이고
나귀는 살렸으리라
34 발람이 야훼의 사자에게 말하되
내가 범죄하였나이다 당신이 나를
막으려고 길에 서신 줄을 내가 알
지 못하였나이다 당신이 이를 기뻐
하지 아니하시면 나는 돌아가겠나
이다
35 야훼의 사자가 발람에게 이르되 그
사람들과 함께 가라 내가 네게 이
르는 말만 말할지니라 발람이 발락
의 고관들과 함께 가니라
36 발락은 발람이 온다 함을 듣고 모
압 변경의 끝 아르논 가에 있는 성
읍까지 가서 그를 영접하고
37 발락은 발람에게 이르되 내가 특
별히 사람을 보내어 그대를 부르지

기록일 : . . .

아니하였느냐 그대가 어찌 내게 오
지 아니하였느냐 내가 어찌 그대를
높여 존귀하게 하지 못하겠느냐
38 발람이 발락에게 이르되 내가 오
기는 하였으나 무엇을 말할 능력이
있으리이까 하나님이 내 입에 주시
는 말씀 그것을 말할 뿐이니이다
39 발람이 발락과 동행하여 기럇후솟
에 이르러서는
40 발락이 소와 양을 잡아 발람과 그
와 함께 한 고관들을 대접하였더라
41 아침에 발락이 발람과 함께 하고
그를 인도하여 바알의 산당에 오르
매 발람이 거기서 이스라엘 백성의
진 끝까지 보니라

23 발람이 발락에게 이르되 나를 위
하여 여기 제단 일곱을 쌓고 거기
수송아지 일곱 마리와 숫양 일곱
마리를 준비하소서 하매
2 발락이 발람의 말대로 준비한 후에
발락과 발람이 제단에 수송아지와
숫양을 드리니라
3 발람이 발락에게 이르되 당신의 번
제물 곁에 서소서 나는 저리로 가
리이다 야훼께서 혹시 오셔서 나를
만나시리니 그가 내게 지시하시는
것은 다 당신에게 알리리이다 하고
언덕길로 가니
4 하나님이 발람에게 임하시는지라
발람이 아뢰되 내가 일곱 제단을
쌓고 각 제단에 수송아지와 숫양을
드렸나이다
5 야훼께서 발람의 입에 말씀을 주시
며 이르시되 발락에게 돌아가서 이
렇게 말할지니라
6 그가 발락에게로 돌아간즉 발락과
모압의 모든 고관이 번제물 곁에
함께 섰더라
7 발람이 예언을 전하여 말하되 발락
이 나를 아람에서, 모압 왕이 동쪽
산에서 데려다가 이르기를 와서 나
를 위하여 야곱을 저주하라, 와서
이스라엘을 꾸짖으라 하도다
8 하나님이 저주하지 않으신 자를 내
가 어찌 저주하며 야훼께서 꾸짖지
않으신 자를 내가 어찌 꾸짖으랴
9 내가 바위 위에서 그들을 보며 작
은 산에서 그들을 바라보니 이 백
성은 홀로 살 것이라 그를 여러 민
족 중의 하나로 여기지 않으리로다
10 야곱의 티끌을 누가 능히 세며 이
스라엘 사분의 일을 누가 능히 셀
고 나는 의인의 죽음을 죽기 원하
며 나의 종말이 그와 같기를 바라
노라 하매
11 발락이 발람에게 이르되 그대가 어
찌 내게 이같이 행하느냐 나의 원
수를 저주하라고 그대를 데려왔거
늘 그대가 오히려 축복하였도다
12 발람이 대답하여 이르되 야훼께서

기록일 : . . .

내 입에 주신 말씀을 내가 어찌 말
하지 아니할 수 있으리이까
13 발락이 말하되 나와 함께 그들을
달리 볼 곳으로 가자 거기서는 그
들을 다 보지 못하고 그들의 끝만
보리니 거기서 나를 위하여 그들을
저주하라 하고
14 소빔 들로 인도하여 비스가 꼭대기
에 이르러 일곱 제단을 쌓고 각 제
단에 수송아지와 숫양을 드리니
15 발람이 발락에게 이르되 내가 저기
서 야훼를 만나뵐 동안에 여기 당
신의 번제물 곁에 서소서 하니라
16 야훼께서 발람에게 임하사 그의 입
에 말씀을 주시며 이르시되 발락에
게로 돌아가서 이렇게 말할지니라
17 발람이 가서 본즉 발락이 번제물
곁에 섰고 모압 고관들이 함께 있
더라 발락이 발람에게 이르되 야훼
께서 무슨 말씀을 하시더냐
18 발람이 예언하여 이르기를 발락이
여 일어나 들을지어다 십볼의 아들
이여 내게 자세히 들으라
19 하나님은 사람이 아니시니 거짓말
을 하지 않으시고 인생이 아니시니
후회가 없으시도다 어찌 그 말씀하
신 바를 행하지 않으시며 하신 말
씀을 실행하지 않으시랴
20 내가 축복할 것을 받았으니 그가
주신 복을 내가 돌이키지 않으리라
21 야곱의 허물을 보지 아니하시며 이
스라엘의 반역을 보지 아니하시는
도다 야훼 그들의 하나님이 그들과
함께 계시니 왕을 부르는 소리가
그 중에 있도다
22 하나님이 그들을 애굽에서 인도하
여 내셨으니 그의 힘이 들소와 같
도다
23 야곱을 해할 점술이 없고 이스라엘
을 해할 복술이 없도다 이 때에 야
곱과 이스라엘에 대하여 논할진대
하나님께서 행하신 일이 어찌 그리
크냐 하리로다
24 이 백성이 암사자 같이 일어나고 수
사자 같이 일어나서 움킨 것을 먹으
며 죽인 피를 마시기 전에는 눕지
아니하리로다 하매
25 발락이 발람에게 이르되 그들을 저
주하지도 말고 축복하지도 말라
26 발람이 발락에게 대답하여 이르되
내가 당신에게 말하여 이르기를 야
훼께서 말씀하신 것은 내가 그대로
하지 않을 수 없다고 하지 아니하
더이까
27 발락이 발람에게 또 이르되 오라
내가 너를 다른 곳으로 인도하리니
네가 거기서 나를 위하여 그들을
저주하기를 하나님이 혹시 기뻐하
시리라 하고
28 발락이 발람을 인도하여 광야가 내

기록일 : . . .

려다 보이는 브올 산 꼭대기에 이
르니
29 발람이 발락에게 이르되 나를 위하
여 여기 일곱 제단을 쌓고 거기 수
송아지 일곱 마리와 숫양 일곱 마
리를 준비하소서
30 발락이 발람의 말대로 행하여 각 제
단에 수송아지와 숫양을 드리니라

24 발람이 자기가 이스라엘을 축복
하는 것을 야훼께서 선히 여기심을
보고 전과 같이 점술을 쓰지 아니
하고 그의 낯을 광야로 향하여
2 눈을 들어 이스라엘이 그 지파대로
천막 친 것을 보는데 그 때에 하나
님의 영이 그 위에 임하신지라
3 그가 예언을 전하여 말하되 브올의
아들 발람이 말하며 눈을 감았던
자가 말하며
4 하나님의 말씀을 듣는 자, 전능자
의 환상을 보는 자, 엎드려서 눈을
뜬 자가 말하기를
5 야곱이여 네 장막들이, 이스라엘이
여 네 거처들이 어찌 그리 아름다
운고
6 그 벌어짐이 골짜기 같고 강 가의
동산 같으며 야훼께서 심으신 침향
목들 같고 물 가의 백향목들 같도다
7 그 물통에서는 물이 넘치겠고 그
씨는 많은 물 가에 있으리로다 그
의 왕이 아각보다 높으니 그의 나
라가 흥왕하리로다
8 하나님이 그를 애굽에서 인도하여
내셨으니 그 힘이 들소와 같도다
그의 적국을 삼키고 그들의 뼈를
꺾으며 화살로 쏘아 꿰뚫으리로다
9 꿇어 앉고 누움이 수사자와 같고
암사자와도 같으니 일으킬 자 누구
이랴 너를 축복하는 자마다 복을
받을 것이요 너를 저주하는 자마다
저주를 받을지로다
10 발락이 발람에게 노하여 손뼉을 치
며 말하되 내가 그대를 부른 것은
내 원수를 저주하라는 것이어늘 그
대가 이같이 세 번 그들을 축복하
였도다
11 그러므로 그대는 이제 그대의 곳으
로 달아나라 내가 그대를 높여 심
히 존귀하게 하기로 뜻하였더니 야
훼께서 그대를 막아 존귀하지 못하
게 하셨도다
12 발람이 발락에게 이르되 당신이 내
게 보낸 사신들에게 내가 말하여
이르지 아니하였나이까
13 가령 발락이 그 집에 가득한 은금을
내게 줄지라도 나는 야훼의 말씀을
어기고 선악간에 내 마음대로 행하
지 못하고 야훼께서 말씀하신 대로
말하리라 하지 아니하였나이까
14 이제 나는 내 백성에게로 돌아가거
니와 들으소서 내가 이 백성이 후일

기록일 : . . .

에 당신의 백성에게 어떻게 할지를
당신에게 말하리이다 하고
15 예언하여 이르기를 브올의 아들 발
람이 말하며 눈을 감았던 자가 말
하며
16 하나님의 말씀을 듣는 자가 말하
며 지극히 높으신 자의 지식을 아는
자, 전능자의 환상을 보는 자, 엎드
려서 눈을 뜬 자가 말하기를
17 내가 그를 보아도 이 때의 일이 아
니며 내가 그를 바라보아도 가까운
일이 아니로다 한 별이 야곱에게서
나오며 한 규가 이스라엘에게서 일
어나서 모압을 이쪽에서 저쪽까지
쳐서 무찌르고 또 셋의 자식들을
다 멸하리로다
18 그의 원수 에돔은 그들의 유산이
되며 그의 원수 세일도 그들의 유
산이 되고 그와 동시에 이스라엘은
용감히 행동하리로다
19 주권자가 야곱에게서 나서 남은
자들을 그 성읍에서 멸절하리로다
하고
20 또 아말렉을 바라보며 예언하여 이
르기를 아말렉은 민족들의 으뜸이
나 그의 종말은 멸망에 이르리로다
하고
21 또 겐 족속을 바라보며 예언하여
이르기를 네 거처가 견고하고 네
보금자리는 바위에 있도다
22 그러나 가인이 쇠약하리니 나중에
는 앗수르의 포로가 되리로다 하고
23 또 예언하여 이르기를 슬프다 하나
님이 이 일을 행하시리니 그 때에
살 자가 누구이랴
24 깃딤 해변에서 배들이 와서 앗수르
를 학대하며 에벨을 괴롭힐 것이나
그도 멸망하리로다 하고
25 발람이 일어나 자기 곳으로 돌아가
고 발락도 자기 길로 갔더라

# 25

이스라엘이 싯딤에 머물러 있더니
그 백성이 모압 여자들과 음행하기
를 시작하니라
2 그 여자들이 자기 신들에게 제사할
때에 이스라엘 백성을 청하매 백성
이 먹고 그들의 신들에게 절하므로
3 이스라엘이 바알브올에게 가담한지
라 야훼께서 이스라엘에게 진노하
시니라
4 야훼께서 모세에게 이르시되 백성
의 수령들을 잡아 태양을 향하여
야훼 앞에 목매어 달라 그리하면
야훼의 진노가 이스라엘에게서 떠
나리라
5 모세가 이스라엘 재판관들에게 이
르되 너희는 각각 바알브올에게 가
담한 사람들을 죽이라 하니라
6 이스라엘 자손의 온 회중이 회막
문에서 울 때에 이스라엘 자손 한
사람이 모세와 온 회중의 눈앞에

미디안의 한 여인을 데리고 그의 형
제에게로 온지라
7 제사장 아론의 손자 엘르아살의 아
들 비느하스가 보고 회중 가운데에
서 일어나 손에 창을 들고
8 그 이스라엘 남자를 따라 그의 막
사에 들어가 이스라엘 남자와 그
여인의 배를 꿰뚫어서 두 사람을
죽이니 염병이 이스라엘 자손에게
서 그쳤더라
9 그 염병으로 죽은 자가 이만 사천
명이었더라
10 야훼께서 모세에게 말씀하여 이르
시되
11 제사장 아론의 손자 엘르아살의 아
들 비느하스가 내 질투심으로 질투
하여 이스라엘 자손 중에서 내 노
를 돌이켜서 내 질투심으로 그들을
소멸하지 않게 하였도다
12 그러므로 말하라 내가 그에게 내
평화의 언약을 주리니
13 그와 그의 후손에게 영원한 제사장
직분의 언약이라 그가 그의 하나님
을 위하여 질투하여 이스라엘 자손
을 속죄하였음이니라
14 죽임을 당한 이스라엘 남자 곧 미
디안 여인과 함께 죽임을 당한 자
의 이름은 시므리니 살루의 아들이
요 시므온인의 조상의 가문 중 한
지도자이며
15 죽임을 당한 미디안 여인의 이름은
고스비이니 수르의 딸이라 수르는
미디안 백성의 한 조상의 가문의
수령이었더라
16 야훼께서 모세에게 말씀하여 이르
시되
17 미디안인들을 대적하여 그들을 치라
18 이는 그들이 속임수로 너희를 대적
하되 브올의 일과 미디안 지휘관의
딸 곧 브올의 일로 염병이 일어난
날에 죽임을 당한 그들의 자매 고
스비의 사건으로 너희를 유혹하였
음이니라

26 염병 후에 야훼께서 모세와 제사
장 아론의 아들 엘르아살에게 말씀
하여 이르시되
2 이스라엘 자손의 온 회중의 총수를
그들의 조상의 가문을 따라 조사하
되 이스라엘 중에 이십 세 이상으
로 능히 전쟁에 나갈 만한 모든 자
를 계수하라 하시니
3 모세와 제사장 엘르아살이 여리고
맞은편 요단 가 모압 평지에서 그
들에게 전하여 이르되
4 야훼께서 애굽 땅에서 나온 모세와
이스라엘 자손에게 명령하신 대로
너희는 이십 세 이상 된 자를 계수
하라 하니라
5 이스라엘의 장자는 르우벤이라 르
우벤 자손은 하녹에게서 난 하녹

기록일 : . . .

종족과 발루에게서 난 발루 종족과
6 헤스론에게서 난 헤스론 종족과 갈
미에게서 난 갈미 종족이니
7 이는 르우벤 종족들이라 계수된 자
가 사만 삼천칠백삼십 명이었더라
8 발루의 아들은 엘리압이요
9 엘리압의 아들은 느무엘과 다단과
아비람이라 이 다단과 아비람은 회
중 가운데서 부름을 받은 자들이니
고라의 무리에 들어가서 모세와 아
론을 거슬러 야훼께 반역할 때에
10 땅이 그 입을 벌려서 그 무리와 고
라를 삼키매 그들이 죽었고 당시에
불이 이백오십 명을 삼켜 징표가 되
게 하였으나
11 고라의 아들들은 죽지 아니하였더라
12 시므온 자손의 종족들은 이러하니
느무엘에게서 난 느무엘 종족과 야
민에게서 난 야민 종족과 야긴에게
서 난 야긴 종족과
13 세라에게서 난 세라 종족과 사울에
게서 난 사울 종족이라
14 이는 시므온의 종족들이니 계수된
자가 이만 이천이백 명이었더라
15 갓 자손의 종족들은 이러하니 스본
에게서 난 스본 종족과 학기에게서
난 학기 종족과 수니에게서 난 수
니 종족과
16 오스니에게서 난 오스니 종족과 에
리에게서 난 에리 종족과
17 아롯에게서 난 아롯 종족과 아렐리
에게서 난 아렐리 종족이라
18 이는 갓 자손의 종족들이니 계수된
자가 사만 오백 명이었더라
19 유다의 아들들은 에르와 오난이라
이 에르와 오난은 가나안 땅에서
죽었고
20 유다 자손의 종족들은 이러하니 셀
라에게서 난 셀라 종족과 베레스에
게서 난 베레스 종족과 세라에게서
난 세라 종족이며
21 또 베레스 자손은 이러하니 헤스론
에게서 난 헤스론 종족과 하물에게
서 난 하물 종족이라
22 이는 유다 종족들이니 계수된 자가
칠만 육천오백 명이었더라
23 잇사갈 자손의 종족들은 이러하니
돌라에게서 난 돌라 종족과 부와에
게서 난 부니 종족과
24 야숩에게서 난 야숩 종족과 시므론
에게서 난 시므론 종족이라
25 이는 잇사갈 종족들이니 계수된 자
가 육만 사천삼백 명이었더라
26 스불론 자손의 종족들은 이러하니
세렛에게서 난 세렛 종족과 엘론에
게서 난 엘론 종족과 얄르엘에게서
난 얄르엘 종족이라
27 이는 스불론 종족들이니 계수된 자
가 육만 오백 명이었더라
28 요셉의 아들들의 종족들은 므낫세

기록일 : . . .

와 에브라임이요
29 므낫세의 자손 중 마길에게서 난
자손은 마길 종족이라 마길이 길르
앗을 낳았고 길르앗에게서 난 자손
은 길르앗 종족이라
30 길르앗 자손은 이러하니 이에셀에
게서 난 이에셀 종족과 헬렉에게서
난 헬렉 종족과
31 아스리엘에게서 난 아스리엘 종족
과 세겜에게서 난 세겜 종족과
32 스미다에게서 난 스미다 종족과 헤
벨에게서 난 헤벨 종족이며
33 헤벨의 아들 슬로브핫은 아들이
없고 딸뿐이라 그 딸의 이름은 말
라와 노아와 호글라와 밀가와 디
르사니
34 이는 므낫세의 종족들이라 계수된
자가 오만 이천칠백 명이었더라
35 에브라임 자손의 종족들은 이러하
니 수델라에게서 난 수델라 종족과
베겔에게서 난 베겔 종족과 다한에
게서 난 다한 종족이며
36 수델라 자손은 이러하니 에란에게
서 난 에란 종족이라
37 이는 에브라임 자손의 종족들이니
계수된 자가 삼만 이천오백 명이라
이상은 그 종족을 따른 요셉 자손
이었더라
38 베냐민 자손의 종족들은 이러하니
벨라에게서 난 벨라 종족과 아스벨
에게서 난 아스벨 종족과 아히람에
게서 난 아히람 종족과
39 스부밤에게서 난 스부밤 종족과 후
밤에게서 난 후밤 종족이며
40 벨라의 아들들은 아릇과 나아만이
라 아릇에게서 아릇 종족과 나아만
에게서 나아만 종족이 났으니
41 이는 그들의 종족을 따른 베냐민
자손이라 계수된 자가 사만 오천육
백 명이었더라
42 단 자손의 종족들은 이러하니라 수
함에게서 수함 종족이 났으니 이는
그들의 종족을 따른 단 종족들이라
43 수함 모든 종족의 계수된 자가 육
만 사천사백 명이었더라
44 아셀 자손의 종족들은 이러하니 임
나에게서 난 임나 종족과 이스위에
게서 난 이스위 종족과 브리아에게
서 난 브리아 종족이며
45 브리아의 자손 중 헤벨에게서 난
헤벨 종족과 말기엘에게서 난 말기
엘 종족이며
46 아셀의 딸의 이름은 세라라
47 이는 아셀 자손의 종족들이니 계수
된 자가 오만 삼천사백 명이었더라
48 납달리 자손은 그들의 종족대로 이
러하니 야셀에게서 난 야셀 종족과
구니에게서 난 구니 종족과
49 예셀에게서 난 예셀 종족과 실렘에
게서 난 실렘 종족이라

기록일 : . . .

50 이는 그들의 종족을 따른 납달리
종족들이니 계수된 자가 사만 오천
사백 명이었더라
51 이스라엘 자손의 계수된 자가 육십
만 천칠백삼십 명이었더라
52 야훼께서 모세에게 말씀하여 이르
시되
53 이 명수대로 땅을 나눠 주어 기업
을 삼게 하라
54 수가 많은 자에게는 기업을 많이
줄 것이요 수가 적은 자에게는 기
업을 적게 줄 것이니 그들이 계수된
수대로 각기 기업을 주되
55 오직 그 땅을 제비 뽑아 나누어 그
들의 조상 지파의 이름을 따라 얻
게 할지니라
56 그 다소를 막론하고 그들의 기업을
제비 뽑아 나눌지니라
57 레위인으로 계수된 자들의 종족들
은 이러하니 게르손에게서 난 게르
손 종족과 고핫에게서 난 고핫 종
족과 므라리에게서 난 므라리 종족
이며
58 레위 종족들은 이러하니 립니 종족
과 헤브론 종족과 말리 종족과 무
시 종족과 고라 종족이라 고핫은
아므람을 낳았으며
59 아므람의 처의 이름은 요게벳이니
레위의 딸이요 애굽에서 레위에게
서 난 자라 그가 아므람에게서 아
론과 모세와 그의 누이 미리암을
낳았고
60 아론에게서는 나답과 아비후와 엘
르아살과 이다말이 났더니
61 나답과 아비후는 다른 불을 야훼
앞에 드리다가 죽었더라
62 일 개월 이상으로 계수된 레위인
의 모든 남자는 이만 삼천 명이었더
라 그들은 이스라엘 자손 중 계수
에 들지 아니하였으니 이는 이스라
엘 자손 중에서 그들에게 준 기업
이 없음이었더라
63 이는 모세와 제사장 엘르아살이 계
수한 자라 그들이 여리고 맞은편
요단 가 모압 평지에서 이스라엘
자손을 계수한 중에는
64 모세와 제사장 아론이 시내 광야에
서 계수한 이스라엘 자손은 한 사
람도 들지 못하였으니
65 이는 야훼께서 그들에게 대하여 말
씀하시기를 그들이 반드시 광야에
서 죽으리라 하셨음이라 이러므로
여분네의 아들 갈렙과 눈의 아들
여호수아 외에는 한 사람도 남지
아니하였더라

# 27

요셉의 아들 므낫세 종족들에게
므낫세의 현손 마길의 증손 길르앗
의 손자 헤벨의 아들 슬로브핫의
딸들이 찾아왔으니 그의 딸들의 이
름은 말라와 노아와 호글라와 밀가

와 디르사라
2 그들이 회막 문에서 모세와 제사장
엘르아살과 지휘관들과 온 회중 앞
에 서서 이르되
3 우리 아버지가 광야에서 죽었으나
야훼를 거슬러 모인 고라의 무리에
들지 아니하고 자기 죄로 죽었고
아들이 없나이다
4 어찌하여 아들이 없다고 우리 아버
지의 이름이 그의 종족 중에서 삭
제되리이까 우리 아버지의 형제 중
에서 우리에게 기업을 주소서 하매
5 모세가 그 사연을 야훼께 아뢰니라
6 야훼께서 모세에게 말씀하여 이르
시되
7 슬로브핫 딸들의 말이 옳으니 너는
반드시 그들의 아버지의 형제 중에
서 그들에게 기업을 주어 받게 하
되 그들의 아버지의 기업을 그들에
게 돌릴지니라
8 너는 이스라엘 자손에게 말하여 이
르기를 사람이 죽고 아들이 없으면
그의 기업을 그의 딸에게 돌릴 것
이요
9 딸도 없으면 그의 기업을 그의 형
제에게 줄 것이요
10 형제도 없으면 그의 기업을 그의
아버지의 형제에게 줄 것이요
11 그의 아버지의 형제도 없으면 그의
기업을 가장 가까운 친족에게 주
어 받게 할지니라 하고 나 야훼가
너 모세에게 명령한 대로 이스라엘
자손에게 판결의 규례가 되게 할
지니라
12 야훼께서 모세에게 이르시되 너는
이 아바림 산에 올라가서 내가 이
스라엘 자손에게 준 땅을 바라보라
13 본 후에는 네 형 아론이 돌아간 것
같이 너도 조상에게로 돌아가리니
14 이는 신 광야에서 회중이 분쟁할
때에 너희가 내 명령을 거역하고
그 물 가에서 내 거룩함을 그들의
목전에 나타내지 아니하였음이니라
이 물은 신 광야 가데스의 므리바
물이니라
15 모세가 야훼께 여짜와 이르되
16 야훼, 모든 육체의 생명의 하나님
이시여 원하건대 한 사람을 이 회
중 위에 세워서
17 그로 그들 앞에 출입하며 그들을
인도하여 출입하게 하사 야훼의 회
중이 목자 없는 양과 같이 되지 않
게 하옵소서
18 야훼께서 모세에게 이르시되 눈의
아들 여호수아는 그 안에 영이 머
무는 자니 너는 데려다가 그에게
안수하고
19 그를 제사장 엘르아살과 온 회중
앞에 세우고 그들의 목전에서 그에
게 위탁하여

기록일 : . . .

20 네 존귀를 그에게 돌려 이스라엘
자손의 온 회중을 그에게 복종하게
하라
21 그는 제사장 엘르아살 앞에 설 것
이요 엘르아살은 그를 위하여 우림
의 판결로써 야훼 앞에 물을 것이
며 그와 온 이스라엘 자손 곧 온 회
중은 엘르아살의 말을 따라 나가며
들어올 것이니라
22 모세가 야훼께서 자기에게 명령하
신 대로 하여 여호수아를 데려다가
제사장 엘르아살과 온 회중 앞에
세우고
23 그에게 안수하여 위탁하되 야훼께
서 모세에게 명령하신 대로 하였
더라

28 야훼께서 모세에게 말씀하여 이
르시되
2 이스라엘 자손에게 명령하여 그들
에게 이르라 내 헌물, 내 음식인 화
제물 내 향기로운 것은 너희가 그
정한 시기에 삼가 내게 바칠지니라
3 또 그들에게 이르라 너희가 야훼께
드릴 화제는 이러하니 일 년 되고
흠 없는 숫양을 매일 두 마리씩 상
번제로 드리되
4 어린 양 한 마리는 아침에 드리고
어린 양 한 마리는 해 질 때에 드릴
것이요
5 또 고운 가루 십분의 일 에바에 빻
아 낸 기름 사분의 일 힌을 섞어서
소제로 드릴 것이니
6 이는 시내 산에서 정한 상번제로서
야훼께 드리는 향기로운 화제며
7 또 그 전제는 어린 양 한 마리에 사
분의 일 힌을 드리되 거룩한 곳에
서 야훼께 독주의 전제를 부어 드
릴 것이며
8 해 질 때에는 두 번째 어린 양을 드
리되 아침에 드린 소제와 전제와
같이 야훼께 향기로운 화제로 드릴
것이니라
9 안식일에는 일 년 되고 흠 없는 숫
양 두 마리와 고운 가루 십분의 이
에 기름 섞은 소제와 그 전제를 드
릴 것이니
10 이는 상번제와 그 전제 외에 매 안
식일의 번제니라
11 초하루에는 수송아지 두 마리와 숫
양 한 마리와 일 년 되고 흠 없는
숫양 일곱 마리로 야훼께 번제를
드리되
12 매 수송아지에는 고운 가루 십분의
삼에 기름 섞은 소제와 숫양 한 마
리에는 고운 가루 십분의 이에 기
름 섞은 소제와
13 매 어린 양에는 고운 가루 십분의
일에 기름 섞은 소제를 향기로운
번제로 야훼께 화제를 드릴 것이며
14 그 전제는 수송아지 한 마리에 포

기록일 : . . .

도주 반 힌이요 숫양 한 마리에 삼
분의 일 힌이요 어린 양 한 마리에
사분의 일 힌이니 이는 일 년 중 매
월 초하루의 번제며
15 또 상번제와 그 전제 외에 숫염소
한 마리를 속죄제로 야훼께 드릴
것이니라
16 첫째 달 열넷째 날은 야훼를 위하
여 지킬 유월절이며
17 또 그 달 열다섯째 날부터는 명절이
니 이레 동안 무교병을 먹을 것이며
18 그 첫날에는 성회로 모일 것이요
아무 일도 하지 말 것이며
19 수송아지 두 마리와 숫양 한 마리
와 일 년 된 숫양 일곱 마리를 다
흠 없는 것으로 야훼께 화제를 드
려 번제가 되게 할 것이며
20 그 소제로는 고운 가루에 기름을
섞어서 쓰되 수송아지 한 마리에는
십분의 삼이요 숫양 한 마리에는
십분의 이를 드리고
21 어린 양 일곱에는 어린 양 한 마리
마다 십분의 일을 드릴 것이며
22 또 너희를 속죄하기 위하여 숫염소
한 마리로 속죄제를 드리되
23 아침의 번제 곧 상번제 외에 그것
들을 드릴 것이니라
24 너희는 이 순서대로 이레 동안 매
일 야훼께 향기로운 화제의 음식을
드리되 상번제와 그 전제 외에 드
릴 것이며
25 일곱째 날에는 성회로 모일 것이요
아무 일도 하지 말 것이니라
26 칠칠절 처음 익은 열매를 드리는 날
에 너희가 야훼께 새 소제를 드릴
때에도 성회로 모일 것이요 아무
일도 하지 말 것이며
27 수송아지 두 마리와 숫양 한 마리
와 일 년 된 숫양 일곱 마리로 야훼
께 향기로운 번제를 드릴 것이며
28 그 소제로는 고운 가루에 기름을
섞어서 쓰되 수송아지 한 마리마다
십분의 삼이요 숫양 한 마리에는
십분의 이요
29 어린 양 일곱 마리에는 어린 양 한
마리마다 십분의 일을 드릴 것이며
30 또 너희를 속죄하기 위하여 숫염소
한 마리를 드리되
31 너희는 다 흠 없는 것으로 상번제
와 그 소제와 전제 외에 그것들을
드릴 것이니라

## 29

일곱째 달에 이르러는 그 달 초
하루에 성회로 모이고 아무 노동도
하지 말라 이는 너희가 나팔을 불
날이니라
2 너희는 수송아지 한 마리와 숫양
한 마리와 일 년 되고 흠 없는 숫양
일곱 마리를 야훼께 향기로운 번제
로 드릴 것이며
3 그 소제로는 고운 가루에 기름을

섞어서 쓰되 수송아지에는 십분의
삼이요 숫양에는 십분의 이요
4 어린 양 일곱 마리에는 어린 양 한
마리마다 십분의 일을 드릴 것이며
5 또 너희를 속죄하기 위하여 숫염소
한 마리로 속죄제를 드리되
6 그 달의 번제와 그 소제와 상번제
와 그 소제와 그 전제 외에 그 규
례를 따라 향기로운 냄새로 화제를
야훼께 드릴 것이니라
7 일곱째 달 열흘 날에는 너희가 성
회로 모일 것이요 너희의 심령을 괴
롭게 하며 아무 일도 하지 말 것이
니라
8 너희는 수송아지 한 마리와 숫양
한 마리와 일 년 된 숫양 일곱 마리
를 다 흠 없는 것으로 야훼께 향기
로운 번제를 드릴 것이며
9 그 소제로는 고운 가루에 기름을
섞어서 쓰되 수송아지 한 마리에는
십분의 삼이요 숫양 한 마리에는
십분의 이요
10 어린 양 일곱 마리에는 어린 양 한
마리마다 십분의 일을 드릴 것이며
11 속죄제와 상번제와 그 소제와 그
전제 외에 숫염소 한 마리를 속죄
제로 드릴 것이니라
12 일곱째 달 열다섯째 날에는 너희가
성회로 모일 것이요 아무 일도 하지
말 것이며 이레 동안 야훼 앞에 절
기를 지킬 것이라
13 너희 번제로 야훼께 향기로운 화
제를 드리되 수송아지 열세 마리와
숫양 두 마리와 일 년 된 숫양 열네
마리를 다 흠 없는 것으로 드릴 것
이며
14 그 소제로는 고운 가루에 기름을
섞어서 수송아지 열세 마리에는 각
기 십분의 삼이요 숫양 두 마리에
는 각기 십분의 이요
15 어린 양 열네 마리에는 각기 십분의
일을 드릴 것이며
16 상번제와 그 소제와 그 전제 외에
숫염소 한 마리를 속죄제로 드릴
것이니라
17 둘째 날에는 수송아지 열두 마리와
숫양 두 마리와 일 년 되고 흠 없는
숫양 열네 마리를 드릴 것이며
18 그 소제와 전제는 수송아지와 숫양
과 어린 양의 수효를 따라서 규례
대로 할 것이며
19 상번제와 그 소제와 그 전제 외에
숫염소 한 마리를 속죄제로 드릴
것이니라
20 셋째 날에는 수송아지 열한 마리와
숫양 두 마리와 일 년 되고 흠 없는
숫양 열네 마리를 드릴 것이며
21 그 소제와 전제는 수송아지와 숫양
과 어린 양의 수효를 따라서 규례
대로 할 것이며

기록일 : . . .

22 상번제와 그 소제와 그 전제 외에
숫염소 한 마리를 속죄제로 드릴
것이니라
23 넷째 날에는 수송아지 열 마리와
숫양 두 마리와 일 년 되고 흠 없는
숫양 열네 마리를 드릴 것이며
24 그 소제와 전제는 수송아지와 숫양
과 어린 양의 수효를 따라 규례대
로 할 것이며
25 상번제와 그 소제와 그 전제 외에
숫염소 한 마리를 속죄제로 드릴
것이니라
26 다섯째 날에는 수송아지 아홉 마리
와 숫양 두 마리와 일 년 되고 흠
없는 숫양 열네 마리를 드릴 것이며
27 그 소제와 전제는 수송아지와 숫양
과 어린 양의 수효를 따라서 규례
대로 할 것이며
28 상번제와 그 소제와 그 전제 외에
숫염소 한 마리를 속죄제로 드릴
것이니라
29 여섯째 날에는 수송아지 여덟 마리
와 숫양 두 마리와 일 년 되고 흠
없는 숫양 열네 마리를 드릴 것이며
30 그 소제와 전제는 수송아지와 숫양
과 어린 양의 수효를 따라서 규례
대로 할 것이며
31 상번제와 그 소제와 그 전제 외에
숫염소 한 마리를 속죄제로 드릴
것이니라
32 일곱째 날에는 수송아지 일곱 마리
와 숫양 두 마리와 일 년 되고 흠
없는 숫양 열네 마리를 드릴 것이며
33 그 소제와 전제는 수송아지와 숫양
과 어린 양의 수효를 따라 규례대
로 할 것이며
34 상번제와 그 소제와 그 전제 외에
숫염소 한 마리를 속죄제로 드릴
것이니라
35 여덟째 날에는 장엄한 대회로 모일
것이요 아무 일도 하지 말 것이며
36 번제로 야훼께 향기로운 화제를 드
리되 수송아지 한 마리와 숫양 한
마리와 일 년 되고 흠 없는 숫양 일
곱 마리를 드릴 것이며
37 그 소제와 전제는 수송아지와 숫양
과 어린 양의 수효를 따라 규례대
로 할 것이며
38 상번제와 그 소제와 그 전제 외에
숫염소 한 마리를 속죄제로 드릴
것이니라
39 너희가 이 절기를 당하거든 야훼께
이같이 드릴지니 이는 너희의 서원
제나 낙헌제로 드리는 번제, 소제,
전제, 화목제 외에 드릴 것이니라
40 모세가 야훼께서 모세에게 명령하
신 모든 일을 이스라엘 자손에게
말하니라

30 모세가 이스라엘 자손 지파의 수
령들에게 말하여 이르되 야훼의 명

령이 이러하니라
2 사람이 야훼께 서원하였거나 결심
하고 서약하였으면 깨뜨리지 말고
그가 입으로 말한 대로 다 이행할
것이니라
3 또 여자가 만일 어려서 그 아버지
집에 있을 때에 야훼께 서원한 일
이나 스스로 결심하려고 한 일이 있
다고 하자
4 그의 아버지가 그의 서원이나 그가
결심한 서약을 듣고도 그에게 아무
말이 없으면 그의 모든 서원을 행
할 것이요 그가 결심한 서약을 지킬
것이니라
5 그러나 그의 아버지가 그것을 듣는
날에 허락하지 아니하면 그의 서원
과 결심한 서약을 이루지 못할 것이
니 그의 아버지가 허락하지 아니하
였은즉 야훼께서 사하시리라
6 또 혹시 남편을 맞을 때에 서원이
나 결심한 서약을 경솔하게 그의
입술로 말하였으면
7 그의 남편이 그것을 듣고 그 듣는
날에 그에게 아무 말이 없으면 그
서원을 이행할 것이요 그가 결심한
서약을 지킬 것이니라
8 그러나 그의 남편이 그것을 듣는
날에 허락하지 아니하면 그 서원과
결심하려고 경솔하게 입술로 말한
서약은 무효가 될 것이니 야훼께서
그 여자를 사하시리라
9 과부나 이혼 당한 여자의 서원이나
그가 결심한 모든 서약은 지킬 것이
니라
10 부녀가 혹시 그의 남편의 집에서 서
원을 하였다든지 결심하고 서약을
하였다 하자
11 그의 남편이 그것을 듣고도 아무
말이 없고 금하지 않으면 그 서원
은 다 이행할 것이요 그가 결심한
서약은 다 지킬 것이니라
12 그러나 그의 남편이 그것을 듣는
날에 무효하게 하면 그 서원과 결
심한 일에 대하여 입술로 말한 것
을 아무것도 이루지 못하나니 그의
남편이 그것을 무효하게 하였은즉
야훼께서 그 부녀를 사하시느니라
13 모든 서원과 마음을 자제하기로 한
모든 서약은 그의 남편이 그것을
지키게도 할 수 있고 무효하게도
할 수 있으니
14 그의 남편이 여러 날이 지나도록 말
이 없으면 아내의 서원과 스스로
결심한 일을 지키게 하는 것이니 이
는 그가 그것을 들을 때에 그의 아
내에게 아무 말도 아니하였으므로
지키게 됨이니라
15 그러나 그의 남편이 들은 지 얼마
후에 그것을 무효하게 하면 그가
아내의 죄를 담당할 것이니라

기록일 : . . .

16 이는 야훼께서 모세에게 명령하신
규례니 남편이 아내에게, 아버지가
자기 집에 있는 어린 딸에 대한 것
이니라

# 31

야훼께서 모세에게 말씀하여 이
르시되
2 이스라엘 자손의 원수를 미디안에
게 갚으라 그 후에 네가 네 조상에
게로 돌아가리라
3 모세가 백성에게 말하여 이르되 너
와 함께 있는 사람들 가운데서 전
쟁에 나갈 사람들을 무장시키고 미
디안을 치러 보내어 야훼의 원수를
갚되
4 이스라엘 모든 지파에게 각 지파
에서 천 명씩을 전쟁에 보낼지니라
하매
5 각 지파에서 천 명씩 이스라엘 백
만 명 중에서 만 이천 명을 택하여
무장을 시킨지라
6 모세가 각 지파에 천 명씩 싸움에
보내되 제사장 엘르아살의 아들 비
느하스에게 성소의 기구와 신호 나
팔을 들려서 그들과 함께 전쟁에
보내매
7 그들이 야훼께서 모세에게 명령하
신 대로 미디안을 쳐서 남자를 다
죽였고
8 그 죽인 자 외에 미디안의 다섯 왕
을 죽였으니 미디안의 왕들은 에위
와 레겜과 수르와 후르와 레바이며
또 브올의 아들 발람을 칼로 죽였
더라
9 이스라엘 자손이 미디안의 부녀들
과 그들의 아이들을 사로잡고 그들
의 가축과 양 떼와 재물을 다 탈취
하고
10 그들이 거처하는 성읍들과 촌락을
다 불사르고
11 탈취한 것, 노략한 것, 사람과 짐승
을 다 빼앗으니라
12 그들이 사로잡은 자와 노략한 것과
탈취한 것을 가지고 여리고 맞은편
요단 강 가 모압 평지의 진영에 이
르러 모세와 제사장 엘르아살과 이
스라엘 자손의 회중에게로 나아오
니라
13 모세와 제사장 엘르아살과 회중의
지도자들이 다 진영 밖에 나가서 영
접하다가
14 모세가 군대의 지휘관 곧 싸움에서
돌아온 천부장들과 백부장들에게
노하니라
15 모세가 그들에게 이르되 너희가 여
자들을 다 살려두었느냐
16 보라 이들이 발람의 꾀를 따라 이
스라엘 자손을 브올의 사건에서 야
훼 앞에 범죄하게 하여 야훼의 회
중 가운데에 염병이 일어나게 하였
느니라

17 그러므로 아이들 중에서 남자는 다
죽이고 남자와 동침하여 사내를 아
는 여자도 다 죽이고
18 남자와 동침하지 아니하여 사내를
알지 못하는 여자들은 다 너희를
위하여 살려둘 것이니라
19 너희는 이레 동안 진영 밖에 주둔
하라 누구든지 살인자나 죽임을 당
한 사체를 만진 자는 셋째 날과 일
곱째 날에 몸을 깨끗하게 하고 너
희의 포로도 깨끗하게 할 것이며
20 모든 의복과 가죽으로 만든 모든
것과 염소털로 만든 모든 것과 나
무로 만든 모든 것을 다 깨끗하게
할지니라
21 제사장 엘르아살이 싸움에 나갔던
군인들에게 이르되 이는 야훼께서
모세에게 명령하신 율법이니라
22 금, 은, 동, 철과 주석과 납 등의
23 불에 견딜 만한 모든 물건은 불을
지나게 하라 그리하면 깨끗하려니
와 다만 정결하게 하는 물로 그것
을 깨끗하게 할 것이며 불에 견디
지 못할 모든 것은 물을 지나게 할
것이니라
24 너희는 일곱째 날에 옷을 빨아서
깨끗하게 한 후에 진영에 들어올지
니라
25 야훼께서 모세에게 말씀하여 이르
시되
26 너는 제사장 엘르아살과 회중의 수
령들과 더불어 이 사로잡은 사람들
과 짐승들을 계수하고
27 그 얻은 물건을 반분하여 그 절반
은 전쟁에 나갔던 군인들에게 주고
절반은 회중에게 주고
28 전쟁에 나갔던 군인들은 사람이나
소나 나귀나 양 떼의 오백분의 일
을 야훼께 드릴지니라
29 곧 이를 그들의 절반에서 가져다가
야훼의 거제로 제사장 엘르아살에
게 주고
30 또 이스라엘 자손이 받은 절반에서
는 사람이나 소나 나귀나 양 떼나
각종 짐승 오십분의 일을 가져다가
야훼의 성막을 맡은 레위인에게
주라
31 모세와 제사장 엘르아살이 야훼께
서 모세에게 명령하신 대로 하니라
32 그 탈취물 곧 군인들의 다른 탈취물
외에 양이 육십칠만 오천 마리요
33 소가 칠만 이천 마리요
34 나귀가 육만 천 마리요
35 사람은 남자와 동침하지 아니하여
서 사내를 알지 못하는 여자가 도
합 삼만 이천 명이니
36 그 절반 곧 전쟁에 나갔던 자들의
소유가 양이 삼십삼만 칠천오백 마
리라
37 야훼께 공물로 드린 양이 육백칠십

기록일 : . . .

오요
38 소가 삼만 육천 마리라 그 중에서
야훼께 공물로 드린 것이 칠십이
마리요
39 나귀가 삼만 오백 마리라 그 중에
서 야훼께 공물로 드린 것이 육십
일 마리요
40 사람이 만 육천 명이라 그 중에서
야훼께 공물로 드린 자가 삼십이
명이니
41 야훼께 거제의 공물로 드린 것을
모세가 제사장 엘르아살에게 주었
으니 야훼께서 모세에게 명령하심
과 같았더라
42 모세가 전쟁에 나갔던 자에게서 나
누어 이스라엘 자손에게 준 절반
43 곧 회중이 받은 절반은 양이 삼십
삼만 칠천오백 마리요
44 소가 삼만 육천 마리요
45 나귀가 삼만 오백 마리요
46 사람이 만 육천 명이라
47 이스라엘 자손의 그 절반에서 모세
가 사람이나 짐승의 오십분의 일을
취하여 야훼의 장막을 맡은 레위인
에게 주었으니 야훼께서 모세에게
명령하심과 같았더라
48 군대의 지휘관들 곧 천부장과 백부
장들이 모세에게 나아와서
49 모세에게 말하되 당신의 종들이 이
끈 군인을 계수한즉 우리 중 한 사
람도 축나지 아니하였기로
50 우리 각 사람이 받은 바 금 패물
곧 발목 고리, 손목 고리, 인장 반
지, 귀 고리, 목걸이들을 야훼께 헌
금으로 우리의 생명을 위하여 야훼
앞에 속죄하려고 가져왔나이다
51 모세와 제사장 엘르아살이 그들에
게서 그 금으로 만든 모든 패물을
취한즉
52 천부장과 백부장들이 야훼께 드린
거제의 금의 도합이 만 육천칠백오
십 세겔이니
53 군인들이 각기 자기를 위하여 탈취
한 것이니라
54 모세와 제사장 엘르아살이 천부장
과 백부장들에게서 금을 취하여 회
막에 드려 야훼 앞에서 이스라엘
자손의 기념을 삼았더라

32 르우벤 자손과 갓 자손은 심히 많
은 가축 떼를 가졌더라 그들이 야
셀 땅과 길르앗 땅을 본즉 그 곳은
목축할 만한 장소인지라
2 갓 자손과 르우벤 자손이 와서 모
세와 제사장 엘르아살과 회중 지휘
관들에게 말하여 이르되
3 아다롯과 디본과 야셀과 니므라와
헤스본과 엘르알레와 스밤과 느보
와 브온
4 곧 야훼께서 이스라엘 회중 앞에서
쳐서 멸하신 땅은 목축할 만한 장

소요 당신의 종들에게는 가축이 있
나이다
5 또 이르되 우리가 만일 당신에게
은혜를 입었으면 이 땅을 당신의
종들에게 그들의 소유로 주시고 우
리에게 요단 강을 건너지 않게 하
소서
6 모세가 갓 자손과 르우벤 자손에게
이르되 너희 형제들은 싸우러 가거
늘 너희는 여기 앉아 있고자 하느냐
7 너희가 어찌하여 이스라엘 자손에
게 낙심하게 하여서 야훼께서 그들
에게 주신 땅으로 건너갈 수 없게
하려 하느냐
8 너희 조상들도 내가 가데스바네아
에서 그 땅을 보라고 보냈을 때에
그리 하였었나니
9 그들이 에스골 골짜기에 올라가서
그 땅을 보고 이스라엘 자손을 낙
심하게 하여서 야훼께서 그들에게
주신 땅으로 갈 수 없게 하였었느
니라
10 그 때에 야훼께서 진노하사 맹세하
여 이르시되
11 애굽에서 나온 자들이 이십 세 이상
으로는 한 사람도 내가 아브라함과
이삭과 야곱에게 맹세한 땅을 결코
보지 못하리니 이는 그들이 나를 온
전히 따르지 아니하였음이니라
12 그러나 그나스 사람 여분네의 아들
갈렙과 눈의 아들 여호수아는 야훼
를 온전히 따랐느니라 하시고
13 야훼께서 이스라엘에게 진노하사
그들에게 사십 년 동안 광야에 방
황하게 하셨으므로 야훼의 목전에
악을 행한 그 세대가 마침내는 다
끊어졌느니라
14 보라 너희는 너희의 조상의 대를
이어 일어난 죄인의 무리로서 이스
라엘을 향하신 야훼의 노를 더욱
심하게 하는도다
15 너희가 만일 돌이켜 야훼를 떠나면
야훼께서 다시 이 백성을 광야에
버리시리니 그리하면 너희가 이 모
든 백성을 멸망시키리라
16 그들이 모세에게 가까이 나아와 이
르되 우리가 이 곳에 우리 가축을
위하여 우리를 짓고 우리 어린 아이
들을 위하여 성읍을 건축하고
17 이 땅의 원주민이 있으므로 우리
어린 아이들을 그 견고한 성읍에 거
주하게 한 후에 우리는 무장하고
이스라엘 자손을 그 곳으로 인도하
기까지 그들의 앞에서 가고
18 이스라엘 자손이 각기 기업을 받기
까지 우리 집으로 돌아오지 아니하
겠사오며
19 우리는 요단 이쪽 곧 동쪽에서 기
업을 받았사오니 그들과 함께 요단
저쪽에서는 기업을 받지 아니하겠

기록일 : . . .

나이다
20 모세가 그들에게 이르되 너희가 만
일 이 일을 행하여 무장하고 야훼
앞에서 가서 싸우되
21 너희가 다 무장하고 야훼 앞에서
요단을 건너가서 야훼께서 그의 원
수를 자기 앞에서 쫓아내시고
22 그 땅이 야훼 앞에 복종하게 하시
기까지 싸우면 야훼 앞에서나 이스
라엘 앞에서나 무죄하여 돌아오겠
고 이 땅은 야훼 앞에서 너희의 소
유가 되리라마는
23 너희가 만일 그같이 아니하면 야훼
께 범죄함이니 너희 죄가 반드시
너희를 찾아낼 줄 알라
24 너희는 어린 아이들을 위하여 성읍
을 건축하고 양을 위하여 우리를
지으라 그리하고 너희의 입이 말한
대로 행하라
25 갓 자손과 르우벤 자손이 모세에게
대답하여 이르되 주의 종들인 우리
는 우리 주의 명령대로 행할 것이라
26 우리의 어린 아이들과 아내와 양
떼와 모든 가축은 이곳 길르앗 성
읍들에 두고
27 종들은 우리 주의 말씀대로 무장하
고 야훼 앞에서 다 건너가서 싸우
리이다
28 이에 모세가 그들에 대하여 제사장
엘르아살과 눈의 아들 여호수아와
이스라엘 자손 지파의 수령들에게
명령하니라
29 모세가 그들에게 이르되 갓 자손과
르우벤 자손이 만일 각각 무장하고
너희와 함께 요단을 건너가서 야훼
앞에서 싸워서 그 땅이 너희 앞에
항복하기에 이르면 길르앗 땅을 그
들의 소유로 줄 것이니라
30 그러나 만일 그들이 너희와 함께
무장하고 건너지 아니하면 그들은
가나안 땅에서 너희와 함께 땅을
소유할 것이니라
31 갓 자손과 르우벤 자손이 대답하여
이르되 야훼께서 당신의 종들에게
명령하신 대로 우리가 행할 것이라
32 우리가 무장하고 야훼 앞에서 가나
안 땅에 건너가서 요단 이쪽을 우
리가 소유할 기업이 되게 하리이다
33 모세가 갓 자손과 르우벤 자손과
요셉의 아들 므낫세 반 지파에게
아모리인의 왕 시혼의 나라와 바
산 왕 옥의 나라를 주되 곧 그 땅
과 그 경내의 성읍들과 그 성읍들
의 사방 땅을 그들에게 주매
34 갓 자손은 디본과 아다롯과 아로
엘과
35 아다롯소반과 야셀과 욕브하와
36 벧니므라와 벧하란들의 견고한 성
읍을 건축하였고 또 양을 위하여
우리를 지었으며

37 르우벤 자손은 헤스본과 엘르알레
와 기랴다임과
38 느보와 바알므온들을 건축하고 그
이름을 바꾸었고 또 십마를 건축하
고 건축한 성읍들에 새 이름을 주
었고
39 므낫세의 아들 마길의 자손은 가
서 길르앗을 쳐서 빼앗고 거기 있는
아모리인을 쫓아내매
40 모세가 길르앗을 므낫세의 아들 마
길에게 주매 그가 거기 거주하였고
41 므낫세의 아들 야일은 가서 그 촌
락들을 빼앗고 하봇야일이라 불렀
으며
42 노바는 가서 그낫과 그 마을들을
빼앗고 자기 이름을 따라서 노바라
불렀더라

33 모세와 아론의 인도로 대오를 갖
추어 애굽을 떠난 이스라엘 자손들
의 노정은 이러하니라
2 모세가 야훼의 명령대로 그 노정을
따라 그들이 행진한 것을 기록하였
으니 그들이 행진한 대로의 노정은
이러하니라
3 그들이 첫째 달 열다섯째 날에 라
암셋을 떠났으니 곧 유월절 다음
날이라 이스라엘 자손이 애굽 모든
사람의 목전에서 큰 권능으로 나왔
으니
4 애굽인은 야훼께서 그들 중에 치신
그 모든 장자를 장사하는 때라 야
훼께서 그들의 신들에게도 벌을 주
셨더라
5 이스라엘 자손이 라암셋을 떠나 숙
곳에 진을 치고
6 숙곳을 떠나 광야 끝 에담에 진을
치고
7 에담을 떠나 바알스본 앞 비하히롯
으로 돌아가서 믹돌 앞에 진을 치고
8 하히롯 앞을 떠나 광야를 바라보고
바다 가운데를 지나 에담 광야로
사흘 길을 가서 마라에 진을 치고
9 마라를 떠나 엘림에 이르니 엘림에
는 샘물 열둘과 종려 칠십 그루가
있으므로 거기에 진을 치고
10 엘림을 떠나 홍해 가에 진을 치고
11 홍해 가를 떠나 신 광야에 진을 치고
12 신 광야를 떠나
13 돕가에 진을 치고 돕가를 떠나 알
루스에 진을 치고
14 알루스를 떠나 르비딤에 진을 쳤는
데 거기는 백성이 마실 물이 없었
더라
15 르비딤을 떠나 시내 광야에 진을
치고
16 시내 광야를 떠나 기브롯핫다아와
에 진을 치고
17 기브롯핫다아와를 떠나 하세롯에
진을 치고
18 하세롯을 떠나 릿마에 진을 치고

기록일 : . . .

19 릿마를 떠나 림몬베레스에 진을
치고
20 림몬베레스를 떠나 립나에 진을 치고
21 립나를 떠나 릿사에 진을 치고
22 릿사를 떠나 그헬라다에 진을 치고
23 그헬라다를 떠나 세벨 산에 진을
치고
24 세벨 산을 떠나 하라다에 진을 치고
25 하라다를 떠나 막헬롯에 진을 치고
26 막헬롯을 떠나 다핫에 진을 치고
27 다핫을 떠나 데라에 진을 치고
28 데라를 떠나 밋가에 진을 치고
29 밋가를 떠나 하스모나에 진을 치고
30 하스모나를 떠나 모세롯에 진을
치고
31 모세롯을 떠나 브네야아간에 진을
치고
32 브네야아간을 떠나 홀하깃갓에 진
을 치고
33 홀하깃갓을 떠나 욧바다에 진을 치
고
34 욧바다를 떠나 아브로나에 진을
치고
35 아브로나를 떠나 에시온게벨에 진
을 치고
36 에시온게벨을 떠나 신 광야 곧 가
데스에 진을 치고
37 가데스를 떠나 에돔 땅 변경의 호
르 산에 진을 쳤더라
38 이스라엘 자손이 애굽 땅에서 나
온 지 사십 년째 오월 초하루에 제
사장 아론이 야훼의 명령으로 호르
산에 올라가 거기서 죽었으니
39 아론이 호르 산에서 죽던 때의 나
이는 백이십삼 세였더라
40 가나안 땅 남방에 살고 있는 가나
안 사람 아랏 왕은 이스라엘 자손
이 온다는 소식을 들었더라
41 그들이 호르 산을 떠나 살모나에
진을 치고
42 살모나를 떠나 부논에 진을 치고
43 부논을 떠나 오봇에 진을 치고
44 오봇을 떠나 모압 변경 이예아바림
에 진을 치고
45 이임을 떠나 디본갓에 진을 치고
46 디본갓을 떠나 알몬디블라다임에
진을 치고
47 알몬디블라다임을 떠나 느보 앞 아
바림 산에 진을 치고
48 아바림 산을 떠나 여리고 맞은편 요
단 강 가 모압 평지에 진을 쳤으니
49 요단 강 가 모압 평지의 진영이 벧
여시못에서부터 아벨싯딤에 이르렀
더라
50 여리고 맞은편 요단 강 가 모압 평
지에서 야훼께서 모세에게 말씀하
여 이르시되
51 이스라엘 자손에게 말하여 그들에
게 이르라 너희가 요단 강을 건너
가나안 땅에 들어가거든

기록일 : . . .

52 그 땅의 원주민을 너희 앞에서 다
몰아내고 그 새긴 석상과 부어 만
든 우상을 다 깨뜨리며 산당을 다
헐고
53 그 땅을 점령하여 거기 거주하라
내가 그 땅을 너희 소유로 너희에
게 주었음이라
54 너희의 종족을 따라 그 땅을 제비
뽑아 나눌 것이니 수가 많으면 많
은 기업을 주고 적으면 적은 기업을
주되 각기 제비 뽑은 대로 그 소유
가 될 것인즉 너희 조상의 지파를
따라 기업을 받을 것이니라
55 너희가 만일 그 땅의 원주민을 너
희 앞에서 몰아내지 아니하면 너희
가 남겨둔 자들이 너희의 눈에 가
시와 너희의 옆구리에 찌르는 것이
되어 너희가 거주하는 땅에서 너희
를 괴롭게 할 것이요
56 나는 그들에게 행하기로 생각한 것
을 너희에게 행하리라

34 여호와께서 모세에게 말씀하여 이
르시되
2 너는 이스라엘 자손에게 명령하여
그들에게 이르라 너희가 가나안 땅
에 들어가는 때에 그 땅은 너희의
기업이 되리니 곧 가나안 사방 지경
이라
3 너희 남쪽은 에돔 곁에 접근한 신
광야니 너희의 남쪽 경계는 동쪽으
로 염해 끝에서 시작하여
4 돌아서 아그랍빔 언덕 남쪽에 이르
고 신을 지나 가데스바네아 남쪽에
이르고 또 하살아달을 지나 아스몬
에 이르고
5 아스몬에서 돌아서 애굽 시내를 지
나 바다까지 이르느니라
6 서쪽 경계는 대해가 경계가 되나니
이는 너희의 서쪽 경계니라
7 북쪽 경계는 이러하니 대해에서부
터 호르 산까지 그어라
8 호르 산에서 그어 하맛 어귀에 이
르러 스닷에 이르고
9 그 경계가 또 시브론을 지나 하살
에난에 이르나니 이는 너희의 북쪽
경계니라
10 너희의 동쪽 경계는 하살에난에서
그어 스밤에 이르고
11 그 경계가 또 스밤에서 리블라로 내
려가서 아인 동쪽에 이르고 또 내려
가서 긴네렛 동쪽 해변에 이르고
12 그 경계가 또 요단으로 내려가서
염해에 이르나니 너희 땅의 사방
경계가 이러하니라
13 모세가 이스라엘 자손에게 명령하
여 이르되 이는 너희가 제비 뽑아
받을 땅이라 여호와께서 이것을 아
홉 지파 반 쪽에게 주라고 명령하
셨나니
14 이는 르우벤 자손의 지파와 갓 자

기록일 : . . .

손의 지파가 함께 그들의 조상의
가문에 따라 그들의 기업을 받을
것이며 므낫세의 반쪽도 기업을 받
았음이니라
15 이 두 지파와 그 반 지파는 여리고
맞은편 요단 건너편 곧 해 돋는 쪽
에서 그들의 기업을 받으리라
16 야훼께서 또 모세에게 말씀하여 이
르시되
17 너희에게 땅을 기업으로 나눌 자의
이름은 이러하니 제사장 엘르아살
과 눈의 아들 여호수아니라
18 너희는 또 기업의 땅을 나누기 위하
여 각 지파에 한 지휘관씩 택하라
19 그 사람들의 이름은 이러하니 유다
지파에서는 여분네의 아들 갈렙이요
20 시므온 지파에서는 암미훗의 아들
스므엘이요
21 베냐민 지파에서는 기슬론의 아들
엘리닷이요
22 단 자손 지파에서는 지휘관 요글리
의 아들 북기요
23 요셉 자손 중 므낫세 자손 지파에서
는 지휘관 에봇의 아들 한니엘이요
24 에브라임 자손 지파에서는 지휘관
십단의 아들 그므엘이요
25 스불론 자손 지파에서는 지휘관 바
르낙의 아들 엘리사반이요
26 잇사갈 자손 지파에서는 지휘관 앗
산의 아들 발디엘이요
27 아셀 자손 지파에서는 지휘관 슬로
미의 아들 아히훗이요
28 납달리 자손 지파에서는 지휘관 암
미훗의 아들 브다헬이니라 하셨느
니라
29 이들이 야훼께서 명령하사 가나안
땅에서 이스라엘 자손에게 기업을
받게 하신 자들이니라

## 35

야훼께서 여리고 맞은편 요단 강
가 모압 평지에서 모세에게 말씀하
여 이르시되
2 이스라엘 자손에게 명령하여 그들
이 받은 기업에서 레위인에게 거주
할 성읍들을 주게 하고 너희는 또
그 성읍들을 두르고 있는 초장을
레위인에게 주어서
3 성읍은 그들의 거처가 되게 하고
초장은 그들의 재산인 가축과 짐승
들을 둘 곳이 되게 할 것이라
4 너희가 레위인에게 줄 성읍들의 들
은 성벽에서부터 밖으로 사방 천
규빗이라
5 성을 중앙에 두고 성 밖 동쪽으로
이천 규빗, 남쪽으로 이천 규빗, 서
쪽으로 이천 규빗, 북쪽으로 이천
규빗을 측량할지니 이는 그들의 성
읍의 들이며
6 너희가 레위인에게 줄 성읍은 살인
자들이 피하게 할 도피성으로 여섯
성읍이요 그 외에 사십이 성읍이라

7 너희가 레위인에게 모두 사십팔 성
읍을 주고 그 초장도 함께 주되
8 너희가 이스라엘 자손의 소유에서
레위인에게 너희가 성읍을 줄 때에
많이 받은 자에게서는 많이 떼어서
주고 적게 받은 자에게서는 적게
떼어 줄 것이라 각기 받은 기업을
따라서 그 성읍들을 레위인에게 줄
지니라
9 야훼께서 또 모세에게 말씀하여 이
르시되
10 이스라엘 자손에게 말하여 그들에
게 이르라 너희가 요단 강을 건너
가나안 땅에 들어가거든
11 너희를 위하여 성읍을 도피성으로
정하여 부지중에 살인한 자가 그리
로 피하게 하라
12 이는 너희가 복수할 자에게서 도피
하는 성을 삼아 살인자가 회중 앞
에 서서 판결을 받기까지 죽지 않
게 하기 위함이니라
13 너희가 줄 성읍 중에 여섯을 도피성
이 되게 하되
14 세 성읍은 요단 이쪽에 두고 세 성
읍은 가나안 땅에 두어 도피성이
되게 하라
15 이 여섯 성읍은 이스라엘 자손과
타국인과 이스라엘 중에 거류하는
자의 도피성이 되리니 부지중에 살
인한 모든 자가 그리로 도피할 수
있으리라
16 만일 철 연장으로 사람을 쳐죽이면
그는 살인자니 그 살인자를 반드시
죽일 것이요
17 만일 사람을 죽일 만한 돌을 손에
들고 사람을 쳐죽이면 이는 살인한
자니 그 살인자는 반드시 죽일 것
이요
18 만일 사람을 죽일 만한 나무 연장
을 손에 들고 사람을 쳐죽이면 그
는 살인한 자니 그 살인자는 반드
시 죽일 것이니라
19 피를 보복하는 자는 그 살인한 자
를 자신이 죽일 것이니 그를 만나면
죽일 것이요
20 만일 미워하는 까닭에 밀쳐 죽이거
나 기회를 엿보아 무엇을 던져 죽이
거나
21 악의를 가지고 손으로 쳐죽이면 그
친 자는 반드시 죽일 것이니 이는
살인하였음이라 피를 보복하는 자
는 살인자를 만나면 죽일 것이니라
22 악의가 없이 우연히 사람을 밀치거
나 기회를 엿봄이 없이 무엇을 던지
거나
23 보지 못하고 사람을 죽일 만한 돌
을 던져서 죽였을 때에 이는 악의
도 없고 해하려 한 것도 아닌즉
24 회중이 친 자와 피를 보복하는 자
간에 이 규례대로 판결하여

기록일 : . . .

25 피를 보복하는 자의 손에서 살인자
를 건져내어 그가 피하였던 도피성
으로 돌려보낼 것이요 그는 거룩한
기름 부음을 받은 대제사장이 죽기
까지 거기 거주할 것이니라
26 그러나 살인자가 어느 때든지 그
피하였던 도피성 지경 밖에 나가면
27 피를 보복하는 자가 도피성 지경
밖에서 그 살인자를 만나 죽일지라
도 피 흘린 죄가 없나니
28 이는 살인자가 대제사장이 죽기까
지 그 도피성에 머물러야 할 것임이
라 대제사장이 죽은 후에는 그 살
인자가 자기 소유의 땅으로 돌아갈
수 있느니라
29 이는 너희의 대대로 거주하는 곳에
서 판결하는 규례라
30 사람을 죽인 모든 자 곧 살인한 자
는 증인들의 말을 따라서 죽일 것
이나 한 증인의 증거만 따라서 죽
이지 말 것이요
31 고의로 살인죄를 범한 살인자는 생
명의 속전을 받지 말고 반드시 죽
일 것이며
32 또 도피성에 피한 자는 대제사장이
죽기 전에는 속전을 받고 그의 땅
으로 돌아가 거주하게 하지 말 것
이니라
33 너희는 너희가 거주하는 땅을 더럽
히지 말라 피는 땅을 더럽히나니 피
흘림을 받은 땅은 그 피를 흘리게
한 자의 피가 아니면 속함을 받을
수 없느니라
34 너희는 너희가 거주하는 땅 곧 내
가 거주하는 땅을 더럽히지 말라
나 야훼는 이스라엘 자손 중에 있
음이니라

# 36

요셉 자손의 종족 중 므낫세의 손
자 마길의 아들 길르앗 자손 종족
들의 수령들이 나아와 모세와 이스
라엘 자손의 수령 된 지휘관들 앞
에 말하여
2 이르되 야훼께서 우리 주에게 명령
하사 이스라엘 자손에게 제비 뽑아
그 기업의 땅을 주게 하셨고 야훼
께서 또 우리 주에게 명령하사 우
리 형제 슬로브핫의 기업을 그의
딸들에게 주게 하셨은즉
3 그들이 만일 이스라엘 자손의 다른
지파들의 남자들의 아내가 되면 그
들의 기업은 우리 조상의 기업에서
떨어져 나가고 그들이 속할 그 지
파의 기업에 첨가되리니 그러면 우
리가 제비 뽑은 기업에서 떨어져 나
갈 것이요
4 이스라엘 자손의 희년을 당하여 그
기업이 그가 속한 지파에 첨가될 것
이라 그런즉 그들의 기업은 우리
조상 지파의 기업에서 아주 삭감되
리이다

기록일 : . . .

5 모세가 야훼의 말씀으로 이스라엘
자손에게 명령하여 이르되 요셉 자
손 지파의 말이 옳도다
6 슬로브핫의 딸들에게 대한 야훼의
명령이 이러하니라 이르시되 슬로
브핫의 딸들은 마음대로 시집가려
니와 오직 그 조상 지파의 종족에
게로만 시집갈지니
7 그리하면 이스라엘 자손의 기업이
이 지파에서 저 지파로 옮기지 않고
이스라엘 자손이 다 각기 조상 지파
의 기업을 지킬 것이니라 하셨나니
8 이스라엘 자손의 지파 중 그 기업
을 이은 딸들은 모두 자기 조상 지
파의 종족되는 사람의 아내가 될
것이라 그리하면 이스라엘 자손이
각기 조상의 기업을 보전하게 되어
9 그 기업이 이 지파에서 저 지파로
옮기게 하지 아니하고 이스라엘 자
손 지파가 각각 자기 기업을 지키
리라
10 슬로브핫의 딸들이 야훼께서 모세
에게 명령하신 대로 행하니라
11 슬로브핫의 딸 말라와 디르사와 호
글라와 밀가와 노아가 다 그들의
숙부의 아들들의 아내가 되니라
12 그들이 요셉의 아들 므낫세 자손
의 종족 사람의 아내가 되었으므로
그들의 종족 지파에 그들의 기업이
남아 있었더라
13 이는 여리고 맞은편 요단 가 모압
평지에서 야훼께서 모세를 통하여
이스라엘 자손에게 명령하신 계명
과 규례니라

기록일 : . . .

DEUTERONOMY

# 신명기

저 자 모세

주 제 하나님의 말씀에 순종하는 삶의 중요성

기록목적 가나안 입성을 앞둔 출애굽 2세대에게 언약을 새롭게 각성시켜, 하나님의 말씀에 순종하는 것만이 축복을 받는 유일한 길임을 강조하기 위하여 기록했다.

기록배경 하나님께 불순종한 출애굽 1세대는 모두 죽고, 출애굽 2세대가 가나안 땅에 들어갈 준비를 하고 있었다. 그들은 대부분이 광야 생활 중에 태어난 자들로서, 하나님의 유월절 구속의 역사와 홍해 도하와 율법 수여 등을 직접 체험하지 못했다. 그러므로 모세는 그들에게 이러한 것들을 전수함으로써 언약을 재확인시켰으며, 나아가 본서를 매안식년마다 모든 백성 앞에서 읽어 자손 대대로 하나님의 말씀을 잊지 말게 할 것을 당부했다.

특 징
- 가나안 입성을 앞둔 이스라엘 백성들이 가나안 땅에서 믿음의 삶을 살도록 율법을 재교육하고 있다.
- 이스라엘 신앙의 근간이며 율법의 대강령인 쉐마가 수록되어 있다6:4-9.
- 신명기적 역사서여호수아, 사사기, 사무엘서, 열왕기서의 기본 정신을 이루는 신명기적 역사관을 낳게 한 중요한 책이다. 신명기적 역사관은 하나님과 맺은 언약의 이행 여부에 따라 복과 저주가 이스라엘 역사 가운데 어떻게 임하는가를 보여 주는 역사 해석 원리다. 즉, 언약을 지키면 축복과 번영이 따르고, 언약을 지키지 않으면 저주와 멸망이 따른다는 것이다.
- 모세의 세 편의 설교로 구성되었다.

---

나의 기도

# 신명기

# 1

이는 모세가 요단 저쪽 숲 맞은편
의 아라바 광야 곧 바란과 도벨과
라반과 하세롯과 디사합 사이에서
이스라엘 무리에게 선포한 말씀이
니라
2 호렙 산에서 세일 산을 지나 가데
스 바네아까지 열 하룻길이었더라
3 마흔째 해 열한째 달 그 달 첫째
날에 모세가 이스라엘 자손에게 야
훼께서 그들을 위하여 자기에게 주
신 명령을 다 알렸으니
4 그 때는 모세가 헤스본에 거주하는
아모리 왕 시혼을 쳐죽이고 에드레
이에서 아스다롯에 거주하는 바산
왕 옥을 쳐죽인 후라
5 모세가 요단 저쪽 모압 땅에서 이
율법을 설명하기 시작하였더라 일
렀으되
6 우리 하나님 야훼께서 호렙 산에서
우리에게 말씀하여 이르시기를 너
희가 이 산에 거주한 지 오래니
7 방향을 돌려 행진하여 아모리 족속
의 산지로 가고 그 근방 곳곳으로
가고 아라바와 산지와 평지와 네겝
과 해변과 가나안 족속의 땅과 레
바논과 큰 강 유브라데까지 가라
8 내가 너희의 조상 아브라함과 이삭
과 야곱에게 맹세하여 그들과 그들
의 후손에게 주리라 한 땅이 너희
앞에 있으니 들어가서 그 땅을 차
지할지니라
9 그 때에 내가 너희에게 말하여 이
르기를 나는 홀로 너희의 짐을 질
수 없도다
10 너희의 하나님 야훼께서 너희를 번
성하게 하셨으므로 너희가 오늘날
하늘의 별 같이 많거니와
11 너희 조상의 하나님 야훼께서 너희
를 현재보다 천 배나 많게 하시며
너희에게 허락하신 것과 같이 너희
에게 복 주시기를 원하노라
12 그런즉 나 홀로 어찌 능히 너희의
괴로운 일과 너희의 힘겨운 일과
너희의 다투는 일을 담당할 수 있
으랴
13 너희의 각 지파에서 지혜와 지식이
있는 인정 받는 자들을 택하라 내
가 그들을 세워 너희 수령을 삼으
리라 한즉
14 너희가 내게 대답하여 이르기를 당
신의 말씀대로 하는 것이 좋다 하
기에
15 내가 너희 지파의 수령으로 지혜가
있고 인정 받는 자들을 취하여 너
희의 수령을 삼되 곧 각 지파를 따
라 천부장과 백부장과 오십부장과

기록일 : . . .

십부장과 조장을 삼고
16 내가 그 때에 너희의 재판장들에게
명하여 이르기를 너희가 너희의 형
제 중에서 송사를 들을 때에 쌍방
간에 공정히 판결할 것이며 그들 중
에 있는 타국인에게도 그리 할 것
이라
17 재판은 하나님께 속한 것인즉 너희
는 재판할 때에 외모를 보지 말고
귀천을 차별 없이 듣고 사람의 낯
을 두려워하지 말 것이며 스스로 결
단하기 어려운 일이 있거든 내게로
돌리라 내가 들으리라 하였고
18 내가 너희의 행할 모든 일을 그 때
에 너희에게 다 명령하였느니라
19 우리 하나님 야훼께서 우리에게 명
령하신 대로 우리가 호렙 산을 떠
나 너희가 보았던 그 크고 두려운
광야를 지나 아모리 족속의 산지
길로 가데스 바네아에 이른 때에
20 내가 너희에게 이르기를 우리 하나
님 야훼께서 우리에게 주신 아모리
족속의 산지에 너희가 이르렀나니
21 너희의 하나님 야훼께서 이 땅을
너희 앞에 두셨은즉 너희 조상의
하나님 야훼께서 너희에게 이르신
대로 올라가서 차지하라 두려워하
지 말라 주저하지 말라 한즉
22 너희가 다 내 앞으로 나아와 말하
기를 우리가 사람을 우리보다 먼저
보내어 우리를 위하여 그 땅을 정
탐하고 어느 길로 올라가야 할 것
과 어느 성읍으로 들어가야 할 것
을 우리에게 알리게 하자 하기에
23 내가 그 말을 좋게 여겨 너희 중 각
지파에서 한 사람씩 열둘을 택하매
24 그들이 돌이켜 산지에 올라 에스골
골짜기에 이르러 그 곳을 정탐하고
25 그 땅의 열매를 손에 가지고 우리
에게로 돌아와서 우리에게 말하여
이르되 우리의 하나님 야훼께서 우
리에게 주시는 땅이 좋더라 하였느
니라
26 그러나 너희가 올라가기를 원하지
아니하고 너희의 하나님 야훼의 명
령을 거역하여
27 장막 중에서 원망하여 이르기를 야
훼께서 우리를 미워하시므로 아모
리 족속의 손에 넘겨 멸하시려고
우리를 애굽 땅에서 인도하여 내셨
도다
28 우리가 어디로 가랴 우리의 형제들
이 우리를 낙심하게 하여 말하기를
그 백성은 우리보다 장대하며 그
성읍들은 크고 성곽은 하늘에 닿았
으며 우리가 또 거기서 아낙 자손
을 보았노라 하는도다 하기로
29 내가 너희에게 말하기를 그들을 무
서워하지 말라 두려워하지 말라
30 너희보다 먼저 가시는 너희의 하나

기록일 : . . .

님 야훼께서 애굽에서 너희를 위하
여 너희 목전에서 모든 일을 행하신
것 같이 이제도 너희를 위하여 싸
우실 것이며
31 광야에서도 너희가 당하였거니와
사람이 자기의 아들을 안는 것 같
이 너희의 하나님 야훼께서 너희가
걸어온 길에서 너희를 안으사 이 곳
까지 이르게 하셨느니라 하나
32 이 일에 너희가 너희의 하나님 야
훼를 믿지 아니하였도다
33 그는 너희보다 먼저 그 길을 가시며
장막 칠 곳을 찾으시고 밤에는 불
로, 낮에는 구름으로 너희가 갈 길
을 지시하신 자이시니라
34 야훼께서 너희의 말소리를 들으시
고 노하사 맹세하여 이르시되
35 이 악한 세대 사람들 중에는 내가
그들의 조상에게 주기로 맹세한 좋
은 땅을 볼 자가 하나도 없으리라
36 오직 여분네의 아들 갈렙은 온전히
야훼께 순종하였은즉 그는 그것을
볼 것이요 그가 밟은 땅을 내가 그
와 그의 자손에게 주리라 하시고
37 야훼께서 너희 때문에 내게도 진노
하사 이르시되 너도 그리로 들어가
지 못하리라
38 네 앞에 서 있는 눈의 아들 여호수
아는 그리로 들어갈 것이니 너는 그
를 담대하게 하라 그가 이스라엘에
게 그 땅을 기업으로 차지하게 하
리라
39 또 너희가 사로잡히리라 하던 너희
의 아이들과 당시에 선악을 분별하
지 못하던 너희의 자녀들도 그리로
들어갈 것이라 내가 그 땅을 그들
에게 주어 산업이 되게 하리라
40 너희는 방향을 돌려 홍해 길을 따
라 광야로 들어갈지니라 하시매
41 너희가 대답하여 내게 이르기를 우
리가 야훼께 범죄하였사오니 우리
하나님께서 우리에게 명령하신 대
로 우리가 올라가서 싸우리이다 하
고 너희가 각각 무기를 가지고 경
솔히 산지로 올라가려 할 때에
42 야훼께서 내게 이르시되 너는 그들
에게 이르기를 너희는 올라가지 말
라 싸우지도 말라 내가 너희 중에
있지 아니하니 너희가 대적에게 패
할까 하노라 하시기로
43 내가 너희에게 말하였으나 너희가
듣지 아니하고 야훼의 명령을 거역
하고 거리낌 없이 산지로 올라가매
44 그 산지에 거주하는 아모리 족속이
너희에게 마주 나와 벌 떼 같이 너
희를 쫓아 세일 산에서 쳐서 호르
마까지 이른지라
45 너희가 돌아와 야훼 앞에서 통곡
하나 야훼께서 너희의 소리를 듣지
아니하시며 너희에게 귀를 기울이

기록일 : . . .

지 아니하셨으므로
46 너희가 가데스에 여러 날 동안 머
물렀나니 곧 너희가 그 곳에 머물
던 날 수대로니라

2 우리가 방향을 돌려 야훼께서 내
게 명령하신 대로 홍해 길로 광야
에 들어가서 여러 날 동안 세일 산
을 두루 다녔더니
2 야훼께서 내게 말씀하여 이르시되
3 너희가 이 산을 두루 다닌 지 오래
니 돌이켜 북으로 나아가라
4 너는 또 백성에게 명령하여 이르기
를 너희는 세일에 거주하는 너희
동족 에서의 자손이 사는 지역으로
지날진대 그들이 너희를 두려워하
리니 너희는 스스로 깊이 삼가고
5 그들과 다투지 말라 그들의 땅은
한 발자국도 너희에게 주지 아니하
리니 이는 내가 세일 산을 에서에
게 기업으로 주었음이라
6 너희는 돈으로 그들에게서 양식을
사서 먹고 돈으로 그들에게서 물을
사서 마시라
7 네 하나님 야훼께서 네가 하는 모
든 일에 네게 복을 주시고 네가 이
큰 광야에 두루 다님을 알고 네 하
나님 야훼께서 이 사십 년 동안을
너와 함께 하셨으므로 네게 부족함
이 없었느니라 하시기로
8 우리가 세일 산에 거주하는 우리
동족 에서의 자손을 떠나서 아라바
를 지나며 엘랏과 에시온 게벨 곁
으로 지나 행진하고 돌이켜 모압
광야 길로 지날 때에
9 야훼께서 내게 이르시되 모압을 괴
롭히지 말라 그와 싸우지도 말라
그 땅을 내가 네게 기업으로 주지
아니하리니 이는 내가 롯 자손에게
아르를 기업으로 주었음이라
10 (이전에는 에밈 사람이 거기 거주하
였는데 아낙 족속 같이 강하고 많
고 키가 크므로
11 그들을 아낙 족속과 같이 르바임이
라 불렀으나 모압 사람은 그들을
에밈이라 불렀으며
12 호리 사람도 세일에 거주하였는데
에서의 자손이 그들을 멸하고 그
땅에 거주하였으니 이스라엘이 야
훼께서 주신 기업의 땅에서 행한
것과 같았느니라)
13 이제 너희는 일어나서 세렛 시내를
건너가라 하시기로 우리가 세렛 시
내를 건넜으니
14 가데스 바네아에서 떠나 세렛 시내
를 건너기까지 삼십팔 년 동안이라
이 때에는 그 시대의 모든 군인들
이 야훼께서 그들에게 맹세하신 대
로 진영 중에서 다 멸망하였나니
15 야훼께서 손으로 그들을 치사 진영
중에서 멸하신 고로 마침내는 다

기록일 : . . .

멸망되었느니라
16 모든 군인이 사망하여 백성 중에서
멸망한 후에
17 야훼께서 내게 말씀하여 이르시되
18 네가 오늘 모압 변경 아르를 지나
리니
19 암몬 족속에게 가까이 이르거든 그
들을 괴롭히지 말고 그들과 다투지
도 말라 암몬 족속의 땅은 내가 네
게 기업으로 주지 아니하리니 이는
내가 그것을 롯 자손에게 기업으로
주었음이라
20 (이곳도 르바임의 땅이라 하였나니
전에 르바임이 거기 거주하였음이
요 암몬 족속은 그들을 삼숨밈이라
일컬었으며
21 그 백성은 아낙 족속과 같이 강하
고 많고 키가 컸으나 야훼께서 암
몬 족속 앞에서 그들을 멸하셨으므
로 암몬 족속이 대신하여 그 땅에
거주하였으니
22 마치 세일에 거주한 에서 자손 앞에
호리 사람을 멸하심과 같으니 그들
이 호리 사람을 쫓아내고 대신하여
오늘까지 거기에 거주하였으며
23 또 갑돌에서 나온 갑돌 사람이 가
사까지 각 촌에 거주하는 아위 사
람을 멸하고 그들을 대신하여 거기
에 거주하였느니라)
24 너희는 일어나 행진하여 아르논 골
짜기를 건너라 내가 헤스본 왕 아
모리 사람 시혼과 그의 땅을 네 손
에 넘겼은즉 이제 더불어 싸워서
그 땅을 차지하라
25 오늘부터 내가 천하 만민이 너를 무
서워하며 너를 두려워하게 하리니
그들이 네 명성을 듣고 떨며 너로
말미암아 근심하리라 하셨느니라
26 내가 그데못 광야에서 헤스본 왕
시혼에게 사자를 보내어 평화의 말
로 이르기를
27 나를 네 땅으로 통과하게 하라 내
가 큰길로만 행하고 좌로나 우로나
치우치지 아니하리라
28 너는 돈을 받고 양식을 팔아 내가
먹게 하고 돈을 받고 물을 주어 내
가 마시게 하라 나는 걸어서 지날
뿐인즉
29 세일에 거주하는 에서 자손과 아르
에 거주하는 모압 사람이 내게 행
한 것 같이 하라 그리하면 내가 요
단을 건너서 우리 하나님 야훼께서
우리에게 주시는 땅에 이르리라 하
였으나
30 헤스본 왕 시혼이 우리가 통과하기
를 허락하지 아니하였으니 이는 네
하나님 야훼께서 그를 네 손에 넘
기시려고 그의 성품을 완강하게 하
셨고 그의 마음을 완고하게 하셨음
이 오늘날과 같으니라

기록일 : . . .

31 그 때에 야훼께서 내게 이르시되
내가 이제 시혼과 그의 땅을 네게
넘기노니 너는 이제부터 그의 땅을
차지하여 기업으로 삼으라 하시더니
32 시혼이 그의 모든 백성을 거느리고
나와서 우리를 대적하여 야하스에
서 싸울 때에
33 우리 하나님 야훼께서 그를 우리에
게 넘기시매 우리가 그와 그의 아
들들과 그의 모든 백성을 쳤고
34 그 때에 우리가 그의 모든 성읍을
점령하고 그의 각 성읍을 그 남녀
와 유아와 함께 하나도 남기지 아
니하고 진멸하였고
35 다만 그 가축과 성읍에서 탈취한
것은 우리의 소유로 삼았으며
36 우리 하나님 야훼께서 그 모든 땅
을 우리에게 넘겨주심으로 아르논
골짜기 가장자리에 있는 아로엘과
골짜기 가운데에 있는 성읍으로부
터 길르앗까지 우리가 모든 높은
성읍을 점령하지 못한 것이 하나도
없었으나
37 오직 암몬 족속의 땅 얍복 강 가와
산지에 있는 성읍들과 우리 하나님
야훼께서 우리가 가기를 금하신 모
든 곳은 네가 가까이 하지 못하였
느니라

3 우리가 돌이켜 바산으로 올라가
매 바산 왕 옥이 그의 모든 백성을
거느리고 나와서 우리를 대적하여
에드레이에서 싸우고자 하는지라
2 야훼께서 내게 이르시되 그를 두려
워하지 말라 내가 그와 그의 모든
백성과 그의 땅을 네 손에 넘겼으
니 네가 헤스본에 거주하던 아모리
족속의 왕 시혼에게 행한 것과 같
이 그에게도 행할 것이니라 하시고
3 우리 하나님 야훼께서 바산 왕 옥
과 그의 모든 백성을 우리 손에 넘
기시매 우리가 그들을 쳐서 한 사
람도 남기지 아니하였느니라
4 그 때에 우리가 그들에게서 빼앗
지 아니한 성읍이 하나도 없이 다
빼앗았는데 그 성읍이 육십이니 곧
아르곱 온 지방이요 바산에 있는
옥의 나라이니라
5 그 모든 성읍이 높은 성벽으로 둘
려 있고 문과 빗장이 있어 견고하며
그 외에 성벽 없는 고을이 심히 많
았느니라
6 우리가 헤스본 왕 시혼에게 행한
것과 같이 그 성읍들을 멸망시키되
각 성읍의 남녀와 유아를 멸망시켰
으나
7 다만 모든 가축과 그 성읍들에서 탈
취한 것은 우리의 소유로 삼았으며
8 그 때에 우리가 요단 강 이쪽 땅을
아르논 골짜기에서부터 헤르몬 산
에까지 아모리 족속의 두 왕에게서

빼앗았으니
9 (헤르몬 산을 시돈 사람은 시룐이
라 부르고 아모리 족속은 스닐이라
불렀느니라)
10 우리가 빼앗은 것은 평원의 모든
성읍과 길르앗 온 땅과 바산의 온
땅 곧 옥의 나라 바산의 성읍 살르
가와 에드레이까지이니라
11 (르바임 족속의 남은 자는 바산 왕
옥뿐이었으며 그의 침상은 철 침상
이라 아직도 암몬 족속의 랍바에
있지 아니하냐 그것을 사람의 보통
규빗으로 재면 그 길이가 아홉 규
빗이요 너비가 네 규빗이니라)
12 그 때에 우리가 이 땅을 얻으매 아
르논 골짜기 곁의 아로엘에서부터
길르앗 산지 절반과 그 성읍들을
내가 르우벤 자손과 갓 자손에게
주었고
13 길르앗의 남은 땅과 옥의 나라였던
아르곱 온 지방 곧 온 바산으로는
내가 므낫세 반 지파에게 주었노라
(바산을 옛적에는 르바임의 땅이라
부르더니
14 므낫세의 아들 야일이 그술 족속과
마아갓 족속의 경계까지의 아르곱
온 지방을 점령하고 자기의 이름으
로 이 바산을 오늘날까지 하봇야일
이라 불러오느니라)
15 내가 마길에게 길르앗을 주었고
16 르우벤 자손과 갓 자손에게는 길르
앗에서부터 아르논 골짜기까지 주
었으되 그 골짜기의 중앙으로 지역
을 정하였으니 곧 암몬 자손의 지
역 얍복 강까지며
17 또는 아라바와 요단과 그 지역이요
긴네렛에서 아라바 바다 곧 염해와
비스가 산기슭에 이르기까지의 동
쪽 지역이니라
18 그 때에 내가 너희에게 명령하여
이르기를 너희의 하나님 야훼께서
이 땅을 너희에게 주어 기업이 되
게 하셨은즉 너희의 군인들은 무장
하고 너희의 형제 이스라엘 자손의
선봉이 되어 건너가되
19 너희에게 가축이 많은 줄 내가 아
노니 너희의 처자와 가축은 내가
너희에게 준 성읍에 머무르게 하라
20 야훼께서 너희에게 주신 것 같이
너희의 형제에게도 안식을 주시리
니 그들도 요단 저쪽에서 너희의
하나님 야훼께서 그들에게 주시는
땅을 받아 기업을 삼기에 이르거든
너희는 각기 내가 준 기업으로 돌
아갈 것이니라 하고
21 그 때에 내가 여호수아에게 명령하
여 이르기를 너희의 하나님 야훼께
서 이 두 왕에게 행하신 모든 일을
네 눈으로 보았거니와 네가 가는
모든 나라에도 야훼께서 이와 같이

기록일 : . . .

행하시리니
22 너희는 그들을 두려워하지 말라 너
희의 하나님 야훼께서 친히 너희를
위하여 싸우시리라 하였노라
23 그 때에 내가 야훼께 간구하기를
24 주 야훼여 주께서 주의 크심과 주
의 권능을 주의 종에게 나타내시기
를 시작하셨사오니 천지간에 어떤
신이 능히 주께서 행하신 일 곧 주
의 큰 능력으로 행하신 일 같이 행
할 수 있으리이까
25 구하옵나니 나를 건너가게 하사 요
단 저쪽에 있는 아름다운 땅, 아름
다운 산과 레바논을 보게 하옵소서
하되
26 야훼께서 너희 때문에 내게 진노하
사 내 말을 듣지 아니하시고 내게
이르시기를 그만해도 족하니 이 일
로 다시 내게 말하지 말라
27 너는 비스가 산 꼭대기에 올라가서
눈을 들어 동서남북을 바라고 네
눈으로 그 땅을 바라보라 너는 이
요단을 건너지 못할 것임이니라
28 너는 여호수아에게 명령하고 그를
담대하게 하며 그를 강하게 하라
그는 이 백성을 거느리고 건너가서
네가 볼 땅을 그들이 기업으로 얻
게 하리라 하셨느니라
29 그 때에 우리가 벳브올 맞은편 골
짜기에 거주하였느니라

4 이스라엘아 이제 내가 너희에게
가르치는 규례와 법도를 듣고 준행
하라 그리하면 너희가 살 것이요 너
희 조상의 하나님 야훼께서 너희
에게 주시는 땅에 들어가서 그것을
얻게 되리라
2 내가 너희에게 명령하는 말을 너희
는 가감하지 말고 내가 너희에게
내리는 너희 하나님 야훼의 명령을
지키라
3 야훼께서 바알브올의 일로 말미암
아 행하신 바를 너희가 눈으로 보
았거니와 바알브올을 따른 모든 사
람을 너희의 하나님 야훼께서 너희
가운데에서 멸망시키셨으되
4 오직 너희의 하나님 야훼께 붙어
떠나지 않은 너희는 오늘까지 다
생존하였느니라
5 내가 나의 하나님 야훼께서 명령하
신 대로 규례와 법도를 너희에게
가르쳤나니 이는 너희가 들어가서
기업으로 차지할 땅에서 그대로 행
하게 하려 함인즉
6 너희는 지켜 행하라 이것이 여러 민
족 앞에서 너희의 지혜요 너희의
지식이라 그들이 이 모든 규례를
듣고 이르기를 이 큰 나라 사람은
과연 지혜와 지식이 있는 백성이로
다 하리라
7 우리 하나님 야훼께서 우리가 그에

기록일 : . . .

게 기도할 때마다 우리에게 가까이
하심과 같이 그 신이 가까이 함을
얻은 큰 나라가 어디 있느냐
8 오늘 내가 너희에게 선포하는 이
율법과 같이 그 규례와 법도가 공
의로운 큰 나라가 어디 있느냐
9 오직 너는 스스로 삼가며 네 마음
을 힘써 지키라 그리하여 네가 눈
으로 본 그 일을 잊어버리지 말라
네가 생존하는 날 동안에 그 일들
이 네 마음에서 떠나지 않도록 조
심하라 너는 그 일들을 네 아들들
과 네 손자들에게 알게 하라
10 네가 호렙 산에서 네 하나님 야훼
앞에 섰던 날에 야훼께서 내게 이
르시기를 나에게 백성을 모으라 내
가 그들에게 내 말을 들려주어 그
들이 세상에 사는 날 동안 나를 경
외함을 배우게 하며 그 자녀에게
가르치게 하리라 하시매
11 너희가 가까이 나아와서 산 아래에
서니 그 산에 불이 붙어 불길이 충
천하고 어둠과 구름과 흑암이 덮였
는데
12 야훼께서 불길 중에서 너희에게 말
씀하시되 음성뿐이므로 너희가 그
말소리만 듣고 형상은 보지 못하였
느니라
13 야훼께서 그의 언약을 너희에게 반
포하시고 너희에게 지키라 명령하
셨으니 곧 십계명이며 두 돌판에 친
히 쓰신 것이라
14 그 때에 야훼께서 내게 명령하사
너희에게 규례와 법도를 교훈하게
하셨나니 이는 너희가 거기로 건너
가 받을 땅에서 행하게 하려 하심
이니라
15 야훼께서 호렙 산 불길 중에서 너
희에게 말씀하시던 날에 너희가 어
떤 형상도 보지 못하였은즉 너희는
깊이 삼가라
16 그리하여 스스로 부패하여 자기를
위해 어떤 형상대로든지 우상을 새
겨 만들지 말라 남자의 형상이든지,
여자의 형상이든지,
17 땅 위에 있는 어떤 짐승의 형상이
든지, 하늘을 나는 날개 가진 어떤
새의 형상이든지,
18 땅 위에 기는 어떤 곤충의 형상이
든지, 땅 아래 물 속에 있는 어떤
어족의 형상이든지 만들지 말라
19 또 그리하여 네가 하늘을 향하여
눈을 들어 해와 달과 별들, 하늘 위
의 모든 천체 곧 너희의 하나님 야
훼께서 천하 만민을 위하여 배정하
신 것을 보고 미혹하여 그것에 경배
하며 섬기지 말라
20 야훼께서 너희를 택하시고 너희를
쇠 풀무불 곧 애굽에서 인도하여
내사 자기 기업의 백성을 삼으신 것

기록일 : . . .

이 오늘과 같아도
21 야훼께서 너희로 말미암아 내게 진
노하사 내게 요단을 건너지 못하며
네 하나님 야훼께서 네게 기업으로
주신 그 아름다운 땅에 들어가지
못하게 하리라고 맹세하셨은즉
22 나는 이 땅에서 죽고 요단을 건너
지 못하려니와 너희는 건너가서 그
아름다운 땅을 얻으리니
23 너희는 스스로 삼가 너희의 하나
님 야훼께서 너희와 세우신 언약을
잊지 말고 네 하나님 야훼께서 금
하신 어떤 형상의 우상도 조각하지
말라
24 네 하나님 야훼는 소멸하는 불이시
요 질투하시는 하나님이시니라
25 네가 그 땅에서 아들을 낳고 손자
를 얻으며 오래 살 때에 만일 스스
로 부패하여 무슨 형상의 우상이든
지 조각하여 네 하나님 야훼 앞에
악을 행함으로 그의 노를 일으키면
26 내가 오늘 천지를 불러 증거를 삼
노니 너희가 요단을 건너가서 얻는
땅에서 속히 망할 것이라 너희가
거기서 너희의 날이 길지 못하고 전
멸될 것이니라
27 야훼께서 너희를 여러 민족 중에
흩으실 것이요 야훼께서 너희를 쫓
아 보내실 그 여러 민족 중에 너희
의 남은 수가 많지 못할 것이며
28 너희는 거기서 사람의 손으로 만든
바 보지도 못하며 듣지도 못하며
먹지도 못하며 냄새도 맡지 못하는
목석의 신들을 섬기리라
29 그러나 네가 거기서 네 하나님 야
훼를 찾게 되리니 만일 마음을 다
하고 뜻을 다하여 그를 찾으면 만
나리라
30 이 모든 일이 네게 임하여 환난을
당하다가 끝날에 네가 네 하나님
야훼께로 돌아와서 그의 말씀을 청
종하리니
31 네 하나님 야훼는 자비하신 하나님
이심이라 그가 너를 버리지 아니하
시며 너를 멸하지 아니하시며 네 조
상들에게 맹세하신 언약을 잊지 아
니하시리라
32 네가 있기 전 하나님이 사람을 세상
에 창조하신 날부터 지금까지 지나
간 날을 상고하여 보라 하늘 이 끝
에서 저 끝까지 이런 큰 일이 있었
느냐 이런 일을 들은 적이 있었느냐
33 어떤 국민이 불 가운데에서 말씀하
시는 하나님의 음성을 너처럼 듣고
생존하였느냐
34 어떤 신이 와서 시험과 이적과 기사
와 전쟁과 강한 손과 편 팔과 크게
두려운 일로 한 민족을 다른 민족
에게서 인도하여 낸 일이 있느냐 이
는 다 너희의 하나님 야훼께서 애

기록일 : . . .

굽에서 너희를 위하여 너희의 목전
에서 행하신 일이라
35 이것을 네게 나타내심은 야훼는 하
나님이시요 그 외에는 다른 신이 없
음을 네게 알게 하려 하심이니라
36 야훼께서 너를 교훈하시려고 하늘
에서부터 그의 음성을 네게 듣게
하시며 땅에서는 그의 큰 불을 네
게 보이시고 네가 불 가운데서 나
오는 그의 말씀을 듣게 하셨느니라
37 야훼께서 네 조상들을 사랑하신 고
로 그 후손인 너를 택하시고 큰 권
능으로 친히 인도하여 애굽에서 나
오게 하시며
38 너보다 강대한 여러 민족을 네 앞
에서 쫓아내고 너를 그들의 땅으로
인도하여 들여서 그것을 네게 기업
으로 주려 하심이 오늘과 같으니라
39 그런즉 너는 오늘 위로 하늘에나
아래로 땅에 오직 야훼는 하나님이
시요 다른 신이 없는 줄을 알아 명
심하고
40 오늘 내가 네게 명령하는 야훼의
규례와 명령을 지키라 너와 네 후
손이 복을 받아 네 하나님 야훼께
서 네게 주시는 땅에서 한 없이 오
래 살리라
41 그 때에 모세가 요단 이쪽 해 돋는
쪽에서 세 성읍을 구별하였으니
42 이는 과거에 원한이 없이 부지중에
살인한 자가 그 곳으로 도피하게
하기 위함이며 그 중 한 성읍으로
도피한 자가 그의 생명을 보전하게
하기 위함이라
43 하나는 광야 평원에 있는 베셀이라
르우벤 지파를 위한 것이요 하나는
길르앗 라못이라 갓 지파를 위한
것이요 하나는 바산 골란이라 므낫
세 지파를 위한 것이었더라
44 모세가 이스라엘 자손에게 선포한
율법은 이러하니라
45 이스라엘 자손이 애굽에서 나온 후
에 모세가 증언과 규례와 법도를
선포하였으니
46 요단 동쪽 벳브올 맞은편 골짜기에
서 그리하였더라 이 땅은 헤스본에
사는 아모리 족속의 왕 시혼에게
속하였더니 모세와 이스라엘 자손
이 애굽에서 나온 후에 그를 쳐서
멸하고
47 그 땅을 기업으로 얻었고 또 바산
왕 옥의 땅을 얻었으니 그 두 사람
은 아모리 족속의 왕으로서 요단
이쪽 해 돋는 쪽에 살았으며
48 그 얻은 땅은 아르논 골짜기 가장
자리의 아로엘에서부터 시온 산 곧
헤르몬 산까지요
49 요단 이쪽 곧 그 동쪽 온 아라바니
비스가 기슭 아래 아라바의 바다까
지이니라

기록일 : . . .

5 모세가 온 이스라엘을 불러 그들
에게 이르되 이스라엘아 오늘 내가
너희의 귀에 말하는 규례와 법도를
듣고 그것을 배우며 지켜 행하라
2 우리 하나님 야훼께서 호렙 산에서
우리와 언약을 세우셨나니
3 이 언약은 야훼께서 우리 조상들과
세우신 것이 아니요 오늘 여기 살아
있는 우리 곧 우리와 세우신 것이라
4 야훼께서 산 위 불 가운데에서 너
희와 대면하여 말씀하시매
5 그 때에 너희가 불을 두려워하여
산에 오르지 못하므로 내가 야훼와
너희 중간에 서서 야훼의 말씀을
너희에게 전하였노라 야훼께서 이
르시되
6 나는 너를 애굽 땅, 종 되었던 집에
서 인도하여 낸 네 하나님 야훼라
7 나 외에는 다른 신들을 네게 두지
말지니라
8 너는 자기를 위하여 새긴 우상을
만들지 말고 위로 하늘에 있는 것
이나 아래로 땅에 있는 것이나 땅
밑 물 속에 있는 것의 어떤 형상도
만들지 말며
9 그것들에게 절하지 말며 그것들
을 섬기지 말라 나 네 하나님 야훼
는 질투하는 하나님인즉 나를 미워
하는 자의 죄를 갚되 아버지로부터
아들에게로 삼사 대까지 이르게 하
거니와
10 나를 사랑하고 내 계명을 지키는
자에게는 천 대까지 은혜를 베푸느
니라
11 너는 네 하나님 야훼의 이름을 망
령되이 일컫지 말라 나 야훼는 내
이름을 망령되이 일컫는 자를 죄 없
는 줄로 인정하지 아니하리라
12 네 하나님 야훼가 네게 명령한 대
로 안식일을 지켜 거룩하게 하라
13 엿새 동안은 힘써 네 모든 일을 행
할 것이나
14 일곱째 날은 네 하나님 야훼의 안
식일인즉 너나 네 아들이나 네 딸
이나 네 남종이나 네 여종이나 네
소나 네 나귀나 네 모든 가축이나
네 문 안에 유하는 객이라도 아무
일도 하지 못하게 하고 네 남종이
나 네 여종에게 너 같이 안식하게
할지니라
15 너는 기억하라 네가 애굽 땅에서
종이 되었더니 네 하나님 야훼가
강한 손과 편 팔로 거기서 너를 인
도하여 내었나니 그러므로 네 하나
님 야훼가 네게 명령하여 안식일을
지키라 하느니라
16 너는 네 하나님 야훼께서 명령한
대로 네 부모를 공경하라 그리하면
네 하나님 야훼가 네게 준 땅에서
네 생명이 길고 복을 누리리라

기록일 : . . .

17 살인하지 말지니라
18 간음하지 말지니라
19 도둑질 하지 말지니라
20 네 이웃에 대하여 거짓 증거하지 말
지니라
21 네 이웃의 아내를 탐내지 말지니라
네 이웃의 집이나 그의 밭이나 그
의 남종이나 그의 여종이나 그의
소나 그의 나귀나 네 이웃의 모든
소유를 탐내지 말지니라
22 야훼께서 이 모든 말씀을 산 위 불
가운데, 구름 가운데, 흑암 가운데
에서 큰 음성으로 너희 총회에 이
르신 후에 더 말씀하지 아니하시고
그것을 두 돌판에 써서 내게 주셨
느니라
23 산이 불에 타며 캄캄한 가운데에
서 나오는 그 소리를 너희가 듣고
너희 지파의 수령과 장로들이 내게
나아와
24 말하되 우리 하나님 야훼께서 그의
영광과 위엄을 우리에게 보이시매
불 가운데에서 나오는 음성을 우리
가 들었고 하나님이 사람과 말씀하
시되 그 사람이 생존하는 것을 오
늘 우리가 보았나이다
25 이제 우리가 죽을 까닭이 무엇이니
이까 이 큰 불이 우리를 삼킬 것이
요 만일 우리가 우리 하나님 야훼의
음성을 다시 들으면 죽을 것이라
26 육신을 가진 자로서 우리처럼 살아
계시는 하나님의 음성이 불 가운데
에서 발함을 듣고 생존한 자가 누
구니이까
27 당신은 가까이 나아가서 우리 하나
님 야훼께서 하시는 말씀을 다 듣
고 우리 하나님 야훼께서 당신에게
이르시는 것을 다 우리에게 전하소
서 우리가 듣고 행하겠나이다 하였
느니라
28 야훼께서 너희가 내게 말할 때에
너희가 말하는 소리를 들으신지라
야훼께서 내게 이르시되 이 백성이
네게 말하는 그 말소리를 내가 들
은즉 그 말이 다 옳도다
29 다만 그들이 항상 이같은 마음을
품어 나를 경외하며 내 모든 명령
을 지켜서 그들과 그 자손이 영원히
복 받기를 원하노라
30 가서 그들에게 각기 장막으로 돌아
가라 이르고
31 너는 여기 내 곁에 서 있으라 내가
모든 명령과 규례와 법도를 네게
이르리니 너는 그것을 그들에게 가
르쳐서 내가 그들에게 기업으로 주
는 땅에서 그들에게 이것을 행하게
하라 하셨나니
32 그런즉 너희 하나님 야훼께서 너희
에게 명령하신 대로 너희는 삼가 행
하여 좌로나 우로나 치우치지 말고

기록일 : . . .

33 너희 하나님 야훼께서 너희에게 명
령하신 모든 도를 행하라 그리하면
너희가 살 것이요 복이 너희에게 있
을 것이며 너희가 차지한 땅에서 너
희의 날이 길리라

# 6

이는 곧 너희의 하나님 야훼께서
너희에게 가르치라고 명하신 명령
과 규례와 법도라 너희가 건너가서
차지할 땅에서 행할 것이니
2 곧 너와 네 아들과 네 손자들이 평
생에 네 하나님 야훼를 경외하며
내가 너희에게 명한 그 모든 규례
와 명령을 지키게 하기 위한 것이며
또 네 날을 장구하게 하기 위한 것
이라
3 이스라엘아 듣고 삼가 그것을 행하
라 그리하면 네가 복을 받고 네 조
상들의 하나님 야훼께서 네게 허락
하심 같이 젖과 꿀이 흐르는 땅에
서 네가 크게 번성하리라
4 이스라엘아 들으라 우리 하나님 야
훼는 오직 유일한 야훼이시니
5 너는 마음을 다하고 뜻을 다하고
힘을 다하여 네 하나님 야훼를 사
랑하라
6 오늘 내가 네게 명하는 이 말씀을
너는 마음에 새기고
7 네 자녀에게 부지런히 가르치며 집
에 앉았을 때에든지 길을 갈 때에
든지 누워 있을 때에든지 일어날
때에든지 이 말씀을 강론할 것이며
8 너는 또 그것을 네 손목에 매어 기
호를 삼으며 네 미간에 붙여 표로
삼고
9 또 네 집 문설주와 바깥 문에 기록
할지니라
10 네 하나님 야훼께서 네 조상 아브
라함과 이삭과 야곱을 향하여 네게
주리라 맹세하신 땅으로 너를 들어
가게 하시고 네가 건축하지 아니한
크고 아름다운 성읍을 얻게 하시며
11 네가 채우지 아니한 아름다운 물건
이 가득한 집을 얻게 하시며 네가
파지 아니한 우물을 차지하게 하시
며 네가 심지 아니한 포도원과 감
람나무를 차지하게 하사 네게 배불
리 먹게 하실 때에
12 너는 조심하여 너를 애굽 땅 종 되
었던 집에서 인도하여 내신 야훼를
잊지 말고
13 네 하나님 야훼를 경외하며 그를
섬기며 그의 이름으로 맹세할 것이
니라
14 너희는 다른 신들 곧 네 사면에 있
는 백성의 신들을 따르지 말라
15 너희 중에 계신 너희의 하나님 야
훼는 질투하시는 하나님이신즉 너
희의 하나님 야훼께서 네게 진노하
사 너를 지면에서 멸절시키실까 두
려워하노라

기록일 : . . .

16 너희가 맛사에서 시험한 것 같이 너
희의 하나님 야훼를 시험하지 말고
17 너희의 하나님 야훼께서 너희에게
명하신 명령과 증거와 규례를 삼가
지키며
18 야훼께서 보시기에 정직하고 선량
~
19 한 일을 행하라 그리하면 네가 복
을 받고 그 땅에 들어가서 야훼께
서 모든 대적을 네 앞에서 쫓아내
시겠다고 네 조상들에게 맹세하신
아름다운 땅을 차지하리니 야훼의
말씀과 같으니라
20 후일에 네 아들이 네게 묻기를 우
리 하나님 야훼께서 명령하신 증거
와 규례와 법도가 무슨 뜻이냐 하
거든
21 너는 네 아들에게 이르기를 우리가
옛적에 애굽에서 바로의 종이 되었
더니 야훼께서 권능의 손으로 우리
를 애굽에서 인도하여 내셨나니
22 곧 야훼께서 우리의 목전에서 크고
두려운 이적과 기사를 애굽과 바로
와 그의 온 집에 베푸시고
23 우리 조상들에게 맹세하신 땅을 우
리에게 주어 들어가게 하시려고 우
리를 거기서 인도하여 내시고
24 야훼께서 우리에게 이 모든 규례를
지키라 명령하셨으니 이는 우리가
우리 하나님 야훼를 경외하여 항상
복을 누리게 하기 위하심이며 또
야훼께서 우리를 오늘과 같이 살게
하려 하심이라
25 우리가 그 명령하신 대로 이 모든
명령을 우리 하나님 야훼 앞에서
삼가 지키면 그것이 곧 우리의 의로
움이니라 할지니라

# 7

네 하나님 야훼께서 너를 인도하
사 네가 가서 차지할 땅으로 들이
시고 네 앞에서 여러 민족 헷 족속
과 기르가스 족속과 아모리 족속과
가나안 족속과 브리스 족속과 히위
족속과 여부스 족속 곧 너보다 많고
힘이 센 일곱 족속을 쫓아내실 때에
2 네 하나님 야훼께서 그들을 네게
넘겨 네게 치게 하시리니 그 때에
너는 그들을 진멸할 것이라 그들과
어떤 언약도 하지 말 것이요 그들
을 불쌍히 여기지도 말 것이며
3 또 그들과 혼인하지도 말지니 네
딸을 그들의 아들에게 주지 말 것
이요 그들의 딸도 네 며느리로 삼
지 말 것은
4 그가 네 아들을 유혹하여 그가 야훼
를 떠나고 다른 신들을 섬기게 하므
로 야훼께서 너희에게 진노하사 갑
자기 너희를 멸하실 것임이니라
5 오직 너희가 그들에게 행할 것은
이러하니 그들의 제단을 헐며 주상
을 깨뜨리며 아세라 목상을 찍으며
조각한 우상들을 불사를 것이니라

기록일 : . . .

6 너는 야훼 네 하나님의 성민이라
네 하나님 야훼께서 지상 만민 중
에서 너를 자기 기업의 백성으로 택
하셨나니
7 야훼께서 너희를 기뻐하시고 너희
를 택하심은 너희가 다른 민족보다
수효가 많기 때문이 아니니라 너희
는 오히려 모든 민족 중에 가장 적
으니라
8 야훼께서 다만 너희를 사랑하심으
로 말미암아, 또는 너희의 조상들
에게 하신 맹세를 지키려 하심으로
말미암아 자기의 권능의 손으로 너
희를 인도하여 내시되 너희를 그
종 되었던 집에서 애굽 왕 바로의
손에서 속량하셨나니
9 그런즉 너는 알라 오직 네 하나님
야훼는 하나님이시요 신실하신 하
나님이시라 그를 사랑하고 그의 계
명을 지키는 자에게는 천 대까지
그의 언약을 이행하시며 인애를 베
푸시되
10 그를 미워하는 자에게는 당장에 보
응하여 멸하시나니 야훼는 자기를
미워하는 자에게 지체하지 아니하시
고 당장에 그에게 보응하시느니라
11 그런즉 너는 오늘 내가 네게 명하
는 명령과 규례와 법도를 지켜 행
할지니라
12 너희가 이 모든 법도를 듣고 지켜
행하면 네 하나님 야훼께서 네 조
상들에게 맹세하신 언약을 지켜 네
게 인애를 베푸실 것이라
13 곧 너를 사랑하시고 복을 주사 너
를 번성하게 하시되 네게 주리라고
네 조상들에게 맹세하신 땅에서 네
소생에게 은혜를 베푸시며 네 토지
소산과 곡식과 포도주와 기름을 풍
성하게 하시고 네 소와 양을 번식
하게 하시리니
14 네가 복을 받음이 만민보다 훨씬
더하여 너희 중의 남녀와 너희의 짐
승의 암수에 생육하지 못함이 없을
것이며
15 야훼께서 또 모든 질병을 네게서
멀리 하사 너희가 아는 애굽의 악
질에 걸리지 않게 하시고 너를 미워
하는 모든 자에게 걸리게 하실 것
이라
16 네 하나님 야훼께서 네게 넘겨주신
모든 민족을 네 눈이 긍휼히 여기지
말고 진멸하며 그들의 신을 섬기지
말라 그것이 네게 올무가 되리라
17 네가 혹시 심중에 이르기를 이 민족
들이 나보다 많으니 내가 어찌 그
를 쫓아낼 수 있으리요 하리라마는
18 그들을 두려워하지 말고 네 하나님
야훼께서 바로와 온 애굽에 행하신
것을 잘 기억하되
19 네 하나님 야훼께서 너를 인도하여

내실 때에 네가 본 큰 시험과 이적
과 기사와 강한 손과 편 팔을 기억
하라 네 하나님 야훼께서 네가 두
려워하는 모든 민족에게 그와 같이
행하실 것이요
20 네 하나님 야훼께서 또 왕벌을 그
들 중에 보내어 그들의 남은 자와
너를 피하여 숨은 자를 멸하시리니
21 너는 그들을 두려워하지 말라 너희
의 하나님 야훼 곧 크고 두려운 하
나님이 너희 중에 계심이니라
22 네 하나님 야훼께서 이 민족들을
네 앞에서 조금씩 쫓아내시리니 너
는 그들을 급히 멸하지 말라 들짐
승이 번성하여 너를 해할까 하노라
23 네 하나님 야훼께서 그들을 네게
넘기시고 그들을 크게 혼란하게 하
여 마침내 진멸하시고
24 그들의 왕들을 네 손에 넘기시리니
너는 그들의 이름을 천하에서 제하
여 버리라 너를 당할 자가 없이 네
가 마침내 그들을 진멸하리라
25 너는 그들이 조각한 신상들을 불사
르고 그것에 입힌 은이나 금을 탐
내지 말며 취하지 말라 네가 그것
으로 말미암아 올무에 걸릴까 하노
니 이는 네 하나님 야훼께서 가증
히 여기시는 것임이니라
26 너는 가증한 것을 네 집에 들이지
말라 너도 그것과 같이 진멸 당할
까 하노라 너는 그것을 멀리하며
심히 미워하라 그것은 진멸 당할 것
임이니라

8 내가 오늘 명하는 모든 명령을 너
희는 지켜 행하라 그리하면 너희가
살고 번성하고 야훼께서 너희의 조
상들에게 맹세하신 땅에 들어가서
그것을 차지하리라
2 네 하나님 야훼께서 이 사십 년 동
안에 네게 광야 길을 걷게 하신 것
을 기억하라 이는 너를 낮추시며 너
를 시험하사 네 마음이 어떠한지
그 명령을 지키는지 지키지 않는지
알려 하심이라
3 너를 낮추시며 너를 주리게 하시며
또 너도 알지 못하며 네 조상들도
알지 못하던 만나를 네게 먹이신 것
은 사람이 떡으로만 사는 것이 아
니요 야훼의 입에서 나오는 모든
말씀으로 사는 줄을 네가 알게 하
려 하심이니라
4 이 사십 년 동안에 네 의복이 해어
지지 아니하였고 네 발이 부르트지
아니하였느니라
5 너는 사람이 그 아들을 징계함 같
이 네 하나님 야훼께서 너를 징계
하시는 줄 마음에 생각하고
6 네 하나님 야훼의 명령을 지켜 그의
길을 따라가며 그를 경외할지니라
7 네 하나님 야훼께서 너를 아름다운

기록일 :   .   .   .

땅에 이르게 하시나니 그 곳은 골
짜기든지 산지든지 시내와 분천과
샘이 흐르고
8 밀과 보리의 소산지요 포도와 무화
과와 석류와 감람나무와 꿀의 소산
지라
9 네가 먹을 것에 모자람이 없고 네
게 아무 부족함이 없는 땅이며 그
땅의 돌은 철이요 산에서는 동을
캘 것이라
10 네가 먹어서 배부르고 네 하나님
야훼께서 옥토를 네게 주셨음으로
말미암아 그를 찬송하리라
11 내가 오늘 네게 명하는 야훼의 명
령과 법도와 규례를 지키지 아니하
고 네 하나님 야훼를 잊어버리지 않
도록 삼갈지어다
12 네가 먹어서 배부르고 아름다운 집
을 짓고 거주하게 되며
13 또 네 소와 양이 번성하며 네 은금
이 증식되며 네 소유가 다 풍부하
게 될 때에
14 네 마음이 교만하여 네 하나님 야
훼를 잊어버릴까 염려하노라 야훼
는 너를 애굽 땅 종 되었던 집에서
이끌어 내시고
15 너를 인도하여 그 광대하고 위험한
광야 곧 불뱀과 전갈이 있고 물이
없는 간조한 땅을 지나게 하셨으며
또 너를 위하여 단단한 반석에서
물을 내셨으며
16 네 조상들도 알지 못하던 만나를
광야에서 네게 먹이셨나니 이는 다
너를 낮추시며 너를 시험하사 마침
내 네게 복을 주려 하심이었느니라
17 그러나 네가 마음에 이르기를 내
능력과 내 손의 힘으로 내가 이 재
물을 얻었다 말할 것이라
18 네 하나님 야훼를 기억하라 그가
네게 재물 얻을 능력을 주셨음이라
이같이 하심은 네 조상들에게 맹
세하신 언약을 오늘과 같이 이루려
하심이니라
19 네가 만일 네 하나님 야훼를 잊어
버리고 다른 신들을 따라 그들을
섬기며 그들에게 절하면 내가 너희
에게 증거하노니 너희가 반드시 멸
망할 것이라
20 야훼께서 너희 앞에서 멸망시키신
민족들 같이 너희도 멸망하리니 이
는 너희가 너희의 하나님 야훼의
소리를 청종하지 아니함이니라

9 이스라엘아 들으라 네가 오늘 요
단을 건너 너보다 강대한 나라들로
들어가서 그것을 차지하리니 그 성읍
들은 크고 성벽은 하늘에 닿았으며
2 크고 많은 백성은 네가 아는 아낙
자손이라 그에 대한 말을 네가 들
었나니 이르기를 누가 아낙 자손을
능히 당하리요 하거니와

기록일 : . . .

3 오늘 너는 알라 네 하나님 야훼께
서 맹렬한 불과 같이 네 앞에 나아
가신즉 야훼께서 그들을 멸하사 네
앞에 엎드러지게 하시리니 야훼께
서 네게 말씀하신 것 같이 너는 그
들을 쫓아내며 속히 멸할 것이라
4 네 하나님 야훼께서 그들을 네 앞
에서 쫓아내신 후에 네가 심중에
이르기를 내 공의로움으로 말미암
아 야훼께서 나를 이 땅으로 인도
하여 들여서 그것을 차지하게 하셨
다 하지 말라 이 민족들이 악함으
로 말미암아 야훼께서 그들을 네
앞에서 쫓아내심이니라
5 네가 가서 그 땅을 차지함은 네 공
의로 말미암음도 아니며 네 마음이
정직함으로 말미암음도 아니요 이
민족들이 악함으로 말미암아 네 하
나님 야훼께서 그들을 네 앞에서
쫓아내심이라 야훼께서 이같이 하
심은 네 조상 아브라함과 이삭과
야곱에게 하신 맹세를 이루려 하심
이니라
6 그러므로 네가 알 것은 네 하나님
야훼께서 네게 이 아름다운 땅을
기업으로 주신 것이 네 공의로 말
미암음이 아니니라 너는 목이 곧은
백성이니라
7 너는 광야에서 네 하나님 야훼를
격노하게 하던 일을 잊지 말고 기억
하라 네가 애굽 땅에서 나오던 날
부터 이 곳에 이르기까지 늘 야훼
를 거역하였으되
8 호렙 산에서 너희가 야훼를 격노하
게 하였으므로 야훼께서 진노하사
너희를 멸하려 하셨느니라
9 그 때에 내가 돌판들 곧 야훼께서
너희와 세우신 언약의 돌판들을 받
으려고 산에 올라가서 사십 주 사
십 야를 산에 머물며 떡도 먹지 아
니하고 물도 마시지 아니하였더니
10 야훼께서 두 돌판을 내게 주셨나니
그 돌판의 글은 하나님이 손으로
기록하신 것이요 너희의 총회 날에
야훼께서 산상 불 가운데서 너희에
게 이르신 모든 말씀이니라
11 사십 주 사십 야를 지난 후에 야훼
께서 내게 돌판 곧 언약의 두 돌판
을 주시고
12 내게 이르시되 일어나 여기서 속히
내려가라 네가 애굽에서 인도하여
낸 네 백성이 스스로 부패하여 내
가 그들에게 명령한 도를 속히 떠
나 자기를 위하여 우상을 부어 만
들었느니라
13 야훼께서 또 내게 말씀하여 이르시
되 내가 이 백성을 보았노라 보라
이는 목이 곧은 백성이니라
14 나를 막지 말라 내가 그들을 멸하
여 그들의 이름을 천하에서 없애고

기록일 : . . .

너를 그들보다 강대한 나라가 되게
하리라 하시기로
15 내가 돌이켜 산에서 내려오는데 산
에는 불이 붙었고 언약의 두 돌판
은 내 두 손에 있었느니라
16 내가 본즉 너희가 너희의 하나님
야훼께 범죄하여 자기를 위하여 송
아지를 부어 만들어서 야훼께서 명
령하신 도를 빨리 떠났기로
17 내가 그 두 돌판을 내 두 손으로
들어 던져 너희의 목전에서 깨뜨렸
노라
18 그리고 내가 전과 같이 사십 주 사
십 야를 야훼 앞에 엎드려서 떡도
먹지 아니하고 물도 마시지 아니하
였으니 이는 너희가 야훼의 목전에
악을 행하여 그를 격노하게 하여
크게 죄를 지었음이라
19 야훼께서 심히 분노하사 너희를 멸
하려 하셨으므로 내가 두려워하였
노라 그러나 야훼께서 그 때에도
내 말을 들으셨고
20 야훼께서 또 아론에게 진노하사 그
를 멸하려 하셨으므로 내가 그 때
에도 아론을 위하여 기도하고
21 너희의 죄 곧 너희가 만든 송아지
를 가져다가 불살라 찧고 티끌 같
이 가늘게 갈아 그 가루를 산에서
흘러내리는 시내에 뿌렸느니라
22 너희가 다베라와 맛사와 기브롯 핫
다아와에서도 야훼를 격노하게 하
였느니라
23 야훼께서 너희를 가데스 바네아에
서 떠나게 하실 때에 이르시기를
너희는 올라가서 내가 너희에게 준
땅을 차지하라 하시되 너희가 너희
의 하나님 야훼의 명령을 거역하여
믿지 아니하고 그 말씀을 듣지 아
니하였나니
24 내가 너희를 알던 날부터 너희가
항상 야훼를 거역하여 왔느니라
25 그 때에 야훼께서 너희를 멸하겠다
하셨으므로 내가 여전히 사십 주
사십 야를 야훼 앞에 엎드리고
26 야훼께 간구하여 이르되 주 야훼여
주께서 큰 위엄으로 속량하시고 강
한 손으로 애굽에서 인도하여 내신
주의 백성 곧 주의 기업을 멸하지
마옵소서
27 주의 종 아브라함과 이삭과 야곱을
생각하사 이 백성의 완악함과 악과
죄를 보지 마옵소서
28 주께서 우리를 인도하여 내신 그
땅 백성이 말하기를 야훼께서 그들
에게 허락하신 땅으로 그들을 인도
하여 들일 만한 능력도 없고 그들
을 미워하기도 하사 광야에서 죽이
려고 인도하여 내셨다 할까 두려워
하나이다
29 그들은 주의 큰 능력과 펴신 팔로

기록일 :   .   .   .

인도하여 내신 주의 백성 곧 주의
기업이로소이다 하였노라

10 그 때에 야훼께서 내게 이르시기
를 너는 처음과 같은 두 돌판을 다
듬어 가지고 산에 올라 내게로 나
아오고 또 나무궤 하나를 만들라
2 네가 깨뜨린 처음 판에 쓴 말을 내
가 그 판에 쓰리니 너는 그것을 그
궤에 넣으라 하시기로
3 내가 조각목으로 궤를 만들고 처음
것과 같은 돌판 둘을 다듬어 손에
들고 산에 오르매
4 야훼께서 그 총회 날에 산 위 불 가
운데에서 너희에게 이르신 십계명
을 처음과 같이 그 판에 쓰시고 그
것을 내게 주시기로
5 내가 돌이켜 산에서 내려와서 야훼
께서 내게 명령하신 대로 그 판을
내가 만든 궤에 넣었더니 지금까지
있느니라
6 (이스라엘 자손이 브에롯 브네야아
간에서 길을 떠나 모세라에 이르러
아론이 거기서 죽어 장사되었고 그
의 아들 엘르아살이 그를 이어 제
사장의 직임을 행하였으며
7 또 거기를 떠나 굿고다에 이르고
굿고다를 떠나 욧바다에 이른즉 그
땅에는 시내가 많았으며
8 그 때에 야훼께서 레위 지파를 구
별하여 야훼의 언약 궤를 메게 하
며 야훼 앞에 서서 그를 섬기며 또
야훼의 이름으로 축복하게 하셨으
니 그 일은 오늘까지 이르느니라
9 그러므로 레위는 그의 형제 중에
분깃이 없으며 기업이 없고 네 하나
님 야훼께서 그에게 말씀하심 같이
야훼가 그의 기업이시니라)
10 내가 처음과 같이 사십 주 사십 야
를 산에 머물렀고 그 때에도 야훼
께서 내 말을 들으사 너를 참아 멸
하지 아니하시고
11 야훼께서 내게 이르시되 일어나서
백성보다 먼저 길을 떠나라 내가
그들에게 주리라고 그들의 조상들
에게 맹세한 땅에 그들이 들어가서
그것을 차지하리라 하셨느니라
12 이스라엘아 네 하나님 야훼께서 네
게 요구하시는 것이 무엇이냐 곧
네 하나님 야훼를 경외하여 그의
모든 도를 행하고 그를 사랑하며
마음을 다하고 뜻을 다하여 네 하
나님 야훼를 섬기고
13 내가 오늘 네 행복을 위하여 네게
명하는 야훼의 명령과 규례를 지킬
것이 아니냐
14 하늘과 모든 하늘의 하늘과 땅과
그 위의 만물은 본래 네 하나님 야
훼께 속한 것이로되
15 야훼께서 오직 네 조상들을 기뻐하
시고 그들을 사랑하사 그들의 후손

기록일 : . . .

인 너희를 만민 중에서 택하셨음이
오늘과 같으니라
16 그러므로 너희는 마음에 할례를 행
하고 다시는 목을 곧게 하지 말라
17 너희의 하나님 야훼는 신 가운데
신이시며 주 가운데 주시요 크고
능하시며 두려우신 하나님이시라
사람을 외모로 보지 아니하시며 뇌
물을 받지 아니하시고
18 고아와 과부를 위하여 정의를 행하
시며 나그네를 사랑하여 그에게 떡
과 옷을 주시나니
19 너희는 나그네를 사랑하라 전에 너
희도 애굽 땅에서 나그네 되었음이
니라
20 네 하나님 야훼를 경외하여 그를
섬기며 그에게 의지하고 그의 이름
으로 맹세하라
21 그는 네 찬송이시요 네 하나님이시
라 네 눈으로 본 이같이 크고 두려
운 일을 너를 위하여 행하셨느니라
22 애굽에 내려간 네 조상들이 겨우
칠십 인이었으나 이제는 네 하나님
야훼께서 너를 하늘의 별 같이 많
게 하셨느니라

11 그런즉 네 하나님 야훼를 사랑하
여 그가 주신 책무와 법도와 규례
와 명령을 항상 지키라
2 너희의 자녀는 알지도 못하고 보지
도 못하였으나 너희가 오늘날 기억
할 것은 너희의 하나님 야훼의 교
훈과 그의 위엄과 그의 강한 손과
펴신 팔과
3 애굽에서 그 왕 바로와 그 전국에
행하신 이적과 기사와
4 또 야훼께서 애굽 군대와 그 말과
그 병거에 행하신 일 곧 그들이 너
희를 뒤쫓을 때에 홍해 물로 그들
을 덮어 멸하사 오늘까지 이른 것과
5 또 너희가 이 곳에 이르기까지 광
야에서 너희에게 행하신 일과
6 르우벤 자손 엘리압의 아들 다단과
아비람에게 하신 일 곧 땅이 입을
벌려서 그들과 그들의 가족과 그들
의 장막과 그들을 따르는 온 이스
라엘의 한가운데에서 모든 것을 삼
키게 하신 일이라
7 너희가 야훼께서 행하신 이 모든
큰 일을 너희의 눈으로 보았느니라
8 그러므로 너희는 내가 오늘 너희에
게 명하는 모든 명령을 지키라 그리
하면 너희가 강성할 것이요 너희가
건너가 차지할 땅에 들어가서 그것
을 차지할 것이며
9 또 야훼께서 너희의 조상들에게 맹
세하여 그들과 그들의 후손에게 주
리라고 하신 땅 곧 젖과 꿀이 흐르
는 땅에서 너희의 날이 장구하리라
10 네가 들어가 차지하려 하는 땅은
네가 나온 애굽 땅과 같지 아니하

니 거기에서는 너희가 파종한 후에
발로 물 대기를 채소밭에 댐과 같
이 하였거니와
11 너희가 건너가서 차지할 땅은 산과
골짜기가 있어서 하늘에서 내리는
비를 흡수하는 땅이요
12 네 하나님 야훼께서 돌보아 주시는
땅이라 연초부터 연말까지 네 하나
님 야훼의 눈이 항상 그 위에 있느
니라
13 내가 오늘 너희에게 명하는 내 명
령을 너희가 만일 청종하고 너희의
하나님 야훼를 사랑하여 마음을 다
하고 뜻을 다하여 섬기면
14 야훼께서 너희의 땅에 이른 비, 늦
은 비를 적당한 때에 내리시리니 너
희가 곡식과 포도주와 기름을 얻을
것이요
15 또 가축을 위하여 들에 풀이 나게
하시리니 네가 먹고 배부를 것이라
16 너희는 스스로 삼가라 두렵건대 마
음에 미혹하여 돌이켜 다른 신들을
섬기며 그것에게 절하므로
17 야훼께서 너희에게 진노하사 하늘
을 닫아 비를 내리지 아니하여 땅
이 소산을 내지 않게 하시므로 너
희가 야훼께서 주신 아름다운 땅에
서 속히 멸망할까 하노라
18 이러므로 너희는 나의 이 말을 너
희의 마음과 뜻에 두고 또 그것을
너희의 손목에 매어 기호를 삼고
너희 미간에 붙여 표를 삼으며
19 또 그것을 너희의 자녀에게 가르치
며 집에 앉아 있을 때에든지, 길을
갈 때에든지, 누워 있을 때에든지,
일어날 때에든지 이 말씀을 강론
하고
20 또 네 집 문설주와 바깥 문에 기록
하라
21 그리하면 야훼께서 너희 조상들에
게 주리라고 맹세하신 땅에서 너희
의 날과 너희의 자녀의 날이 많아서
하늘이 땅을 덮는 날과 같으리라
22 너희가 만일 내가 너희에게 명하는
이 모든 명령을 잘 지켜 행하여 너
희의 하나님 야훼를 사랑하고 그의
23 모든 도를 행하여 그에게 의지하면
야훼께서 그 모든 나라 백성을 너
희 앞에서 다 쫓아내실 것이라 너
희가 너희보다 강대한 나라들을 차
지할 것인즉
24 너희의 발바닥으로 밟는 곳은 다
너희의 소유가 되리니 너희의 경계
는 곧 광야에서부터 레바논까지와
유브라데 강에서부터 서해까지라
25 너희의 하나님 야훼께서 너희에게
말씀하신 대로 너희가 밟는 모든
땅 사람들에게 너희를 두려워하고
무서워하게 하시리니 너희를 능히
당할 사람이 없으리라

기록일 : . . .

26 내가 오늘 복과 저주를 너희 앞에
두나니
27 너희가 만일 내가 오늘 너희에게
명하는 너희의 하나님 야훼의 명령
을 들으면 복이 될 것이요
28 너희가 만일 내가 오늘 너희에게
명령하는 도에서 돌이켜 떠나 너희
의 하나님 야훼의 명령을 듣지 아
니하고 본래 알지 못하던 다른 신
들을 따르면 저주를 받으리라
29 네 하나님 야훼께서 네가 가서 차
지할 땅으로 너를 인도하여 들이실
때에 너는 그리심 산에서 축복을
선포하고 에발 산에서 저주를 선포
하라
30 이 두 산은 요단 강 저쪽 곧 해지는
쪽으로 가는 길 뒤 길갈 맞은편 모
레 상수리나무 곁의 아라바에 거주
하는 가나안 족속의 땅에 있지 아
니하냐
31 너희가 요단을 건너 너희의 하나
님 야훼께서 너희에게 주시는 땅에
들어가서 그 땅을 차지하려 하나니
반드시 그것을 차지하여 거기 거주
할지라
32 내가 오늘 너희 앞에 베푸는 모든
규례와 법도를 너희는 지켜 행할지
니라

12 네 조상의 하나님 야훼께서 네게
주셔서 차지하게 하신 땅에서 너희
가 평생에 지켜 행할 규례와 법도
는 이러하니라
2 너희가 쫓아낼 민족들이 그들의 신
들을 섬기는 곳은 높은 산이든지
작은 산이든지 푸른 나무 아래든지
를 막론하고 그 모든 곳을 너희가
마땅히 파멸하며
3 그 제단을 헐며 주상을 깨뜨리며
아세라 상을 불사르고 또 그 조각
한 신상들을 찍어 그 이름을 그 곳
에서 멸하라
4 너희의 하나님 야훼께는 너희가 그
처럼 행하지 말고
5 오직 너희의 하나님 야훼께서 자기
의 이름을 두시려고 너희 모든 지
파 중에서 택하신 곳인 그 계실 곳
으로 찾아 나아가서
6 너희의 번제와 너희의 제물과 너희
의 십일조와 너희 손의 거제와 너
희의 서원제와 낙헌 예물과 너희
소와 양의 처음 난 것들을 너희는
그리로 가져다가 드리고
7 거기 곧 너희의 하나님 야훼 앞에
서 먹고 너희의 하나님 야훼께서
너희의 손으로 수고한 일에 복 주
심으로 말미암아 너희와 너희의 가
족이 즐거워할지니라
8 우리가 오늘 여기에서는 각기 소견
대로 하였거니와 너희가 거기에서
는 그렇게 하지 말지니라

기록일 : . . .

9 너희가 너희 하나님 야훼께서 주시
는 안식과 기업에 아직은 이르지 못
하였거니와
10 너희가 요단을 건너 너희 하나님
야훼께서 너희에게 기업으로 주시
는 땅에 거주하게 될 때 또는 야훼
께서 너희에게 너희 주위의 모든
대적을 이기게 하시고 너희에게 안
식을 주사 너희를 평안히 거주하게
하실 때에
11 너희는 너희의 하나님 야훼께서 자
기 이름을 두시려고 택하실 그 곳
으로 내가 명령하는 것을 모두 가
지고 갈지니 곧 너희의 번제와 너
희의 희생과 너희의 십일조와 너희
손의 거제와 너희가 야훼께서 원하
시는 모든 아름다운 서원물을 가져
가고
12 너희와 너희의 자녀와 노비와 함께
너희의 하나님 야훼 앞에서 즐거워
할 것이요 네 성중에 있는 레위인
과도 그리할지니 레위인은 너희 중
에 분깃이나 기업이 없음이니라
13 너는 삼가서 네게 보이는 아무 곳
에서나 번제를 드리지 말고
14 오직 너희의 한 지파 중에 야훼께
서 택하실 그 곳에서 번제를 드리
고 또 내가 네게 명령하는 모든 것
을 거기서 행할지니라
15 그러나 네 하나님 야훼께서 네게
주신 복을 따라 각 성에서 네 마음
에 원하는 대로 가축을 잡아 그 고
기를 먹을 수 있나니 곧 정한 자나
부정한 자를 막론하고 노루나 사슴
을 먹는 것 같이 먹으려니와
16 오직 그 피는 먹지 말고 물 같이 땅
에 쏟을 것이며
17 너는 곡식과 포도주와 기름의 십일
조와 네 소와 양의 처음 난 것과 네
서원을 갚는 예물과 네 낙헌 예물
과 네 손의 거제물은 네 각 성에서
먹지 말고
18 오직 네 하나님 야훼께서 택하실
곳에서 네 하나님 야훼 앞에서 너
는 네 자녀와 노비와 성중에 거주
하는 레위인과 함께 그것을 먹고
또 네 손으로 수고한 모든 일로 말
미암아 네 하나님 야훼 앞에서 즐
거워하되
19 너는 삼가 네 땅에 거주하는 동안
에 레위인을 저버리지 말지니라
20 네 하나님 야훼께서 네게 허락하신
대로 네 지경을 넓히신 후에 네 마
음에 고기를 먹고자 하여 이르기를
내가 고기를 먹으리라 하면 네가
언제나 마음에 원하는 만큼 고기를
먹을 수 있으리니
21 만일 네 하나님 야훼께서 자기 이
름을 두시려고 택하신 곳이 네게서
멀거든 내가 네게 명령한 대로 너

기록일 : . . .

는 야훼께서 주신 소와 양을 잡아
네 각 성에서 네가 마음에 원하는
모든 것을 먹되
22 정한 자나 부정한 자를 막론하고
노루나 사슴을 먹는 것 같이 먹을
수 있거니와
23 다만 크게 삼가서 그 피는 먹지 말
라 피는 그 생명인즉 네가 그 생명
을 고기와 함께 먹지 못하리니
24 너는 그것을 먹지 말고 물 같이 땅
에 쏟으라
25 너는 피를 먹지 말라 네가 이같이
야훼께서 의롭게 여기시는 일을 행
하면 너와 네 후손이 복을 누리리라
26 오직 네 성물과 서원물을 야훼께서
택하신 곳으로 가지고 가라
27 네가 번제를 드릴 때에는 그 고기
와 피를 네 하나님 야훼의 제단에
드릴 것이요 네 제물의 피는 네 하
나님 야훼의 제단 위에 붓고 그 고
기는 먹을지니라
28 내가 네게 명령하는 이 모든 말을
너는 듣고 지키라 네 하나님 야훼
의 목전에 선과 의를 행하면 너와
네 후손에게 영구히 복이 있으리라
29 네 하나님 야훼께서 네가 들어가
서 쫓아낼 그 민족들을 네 앞에서
멸절하시고 네가 그 땅을 차지하여
거기에 거주하게 하실 때에
30 너는 스스로 삼가 네 앞에서 멸망
한 그들의 자취를 밟아 올무에 걸
리지 말라 또 그들의 신을 탐구하
여 이르기를 이 민족들은 그 신들을
어떻게 섬겼는고 나도 그와 같이
하겠다 하지 말라
31 네 하나님 야훼께는 네가 그와 같
이 행하지 못할 것이라 그들은 야
훼께서 꺼리시며 가증히 여기시는
일을 그들의 신들에게 행하여 심지
어 자기들의 자녀를 불살라 그들의
신들에게 드렸느니라
32 내가 너희에게 명령하는 이 모든
말을 너희는 지켜 행하고 그것에
가감하지 말지니라

## 13

너희 중에 선지자나 꿈 꾸는 자가
일어나서 이적과 기사를 네게 보이고
2 그가 네게 말한 그 이적과 기사가
이루어지고 너희가 알지 못하던 다
른 신들을 우리가 따라 섬기자고
말할지라도
3 너는 그 선지자나 꿈 꾸는 자의 말
을 청종하지 말라 이는 너희의 하
나님 야훼께서 너희가 마음을 다하
고 뜻을 다하여 너희의 하나님 야
훼를 사랑하는 여부를 알려 하사
너희를 시험하심이니라
4 너희는 너희의 하나님 야훼를 따르
며 그를 경외하며 그의 명령을 지
키며 그의 목소리를 청종하며 그를
섬기며 그를 의지하며

기록일 : . . .

5 그런 선지자나 꿈 꾸는 자는 죽이
라 이는 그가 너희에게 너희를 애
굽 땅에서 인도하여 내시며 종 되
었던 집에서 속량하신 너희의 하나
님 야훼를 배반하게 하려 하며 너
희의 하나님 야훼께서 네게 행하라
명령하신 도에서 너를 꾀어내려고
말하였음이라 너는 이같이 하여 너
희 중에서 악을 제할지니라
6 네 어머니의 아들 곧 네 형제나 네
자녀나 네 품의 아내나 너와 생명
을 함께 하는 친구가 가만히 너를
꾀어 이르기를 너와 네 조상들이
알지 못하던 다른 신들
7 곧 네 사방을 둘러싸고 있는 민족
혹 네게서 가깝든지 네게서 멀든
지 땅 이 끝에서 저 끝까지에 있는
민족의 신들을 우리가 가서 섬기자
할지라도
8 너는 그를 따르지 말며 듣지 말며
긍휼히 여기지 말며 애석히 여기지
말며 덮어 숨기지 말고
9 너는 용서 없이 그를 죽이되 죽일
때에 네가 먼저 그에게 손을 대고
후에 뭇 백성이 손을 대라
10 그는 애굽 땅 종 되었던 집에서 너
를 인도하여 내신 네 하나님 야훼
에게서 너를 꾀어 떠나게 하려 한
자이니 너는 돌로 쳐죽이라
11 그리하면 온 이스라엘이 듣고 두려
워하여 이같은 악을 다시는 너희
중에서 행하지 못하리라
12 네 하나님 야훼께서 네게 주어 거
주하게 하시는 한 성읍에 대하여
네게 소문이 들리기를
13 너희 가운데서 어떤 불량배가 일어
나서 그 성읍 주민을 유혹하여 이
르기를 너희가 알지 못하던 다른
신들을 우리가 가서 섬기자 한다
하거든
14 너는 자세히 묻고 살펴 보아서 이런
가증한 일이 너희 가운데에 있다는
것이 확실한 사실로 드러나면
15 너는 마땅히 그 성읍 주민을 칼날
로 죽이고 그 성읍과 그 가운데에
거주하는 모든 것과 그 가축을 칼
날로 진멸하고
16 또 그 속에서 빼앗아 차지한 물건
을 다 거리에 모아 놓고 그 성읍과
그 탈취물 전부를 불살라 네 하나
님 야훼께 드릴지니 그 성읍은 영
구히 폐허가 되어 다시는 건축되지
아니할 것이라
17 너는 이 진멸할 물건을 조금도 네
손에 대지 말라 그리하면 야훼께서
그의 진노를 그치시고 너를 긍휼히
여기시고 자비를 더하사 네 조상들
에게 맹세하심 같이 너를 번성하게
하실 것이라
18 네가 만일 네 하나님 야훼의 말씀

기록일 : . . .

을 듣고 오늘 내가 네게 명하는 그
모든 명령을 지켜 네 하나님 야훼
의 목전에서 정직하게 행하면 이같
이 되리라

14 너희는 너희 하나님 야훼의 자녀
이니 죽은 자를 위하여 자기 몸을
베지 말며 눈썹 사이 이마 위의 털
을 밀지 말라
2 너는 네 하나님 야훼의 성민이라
야훼께서 지상 만민 중에서 너를
택하여 자기 기업의 백성으로 삼으
셨느니라
3 너는 가증한 것은 무엇이든지 먹지
말라
4 너희가 먹을 만한 짐승은 이러하니
곧 소와 양과 염소와
5 사슴과 노루와 불그스름한 사슴과
산 염소와 볼기가 흰 노루와 뿔이
긴 사슴과 산양들이라
6 짐승 중에 굽이 갈라져 쪽발도 되
고 새김질도 하는 모든 것은 너희
가 먹을 것이니라
7 다만 새김질을 하거나 굽이 갈라진
짐승 중에도 너희가 먹지 못할 것
은 이것이니 곧 낙타와 토끼와 사
반, 그것들은 새김질은 하나 굽이
갈라지지 아니하였으니 너희에게
부정하고
8 돼지는 굽은 갈라졌으나 새김질을
못하므로 너희에게 부정하니 너희
는 이런 것의 고기를 먹지 말 것이
며 그 사체도 만지지 말 것이니라
9 물에 있는 모든 것 중에서 이런 것
은 너희가 먹을 것이니 지느러미와
비늘 있는 모든 것은 너희가 먹을
것이요
10 지느러미와 비늘이 없는 모든 것은
너희가 먹지 말지니 이는 너희에게
부정함이니라
11 정한 새는 모두 너희가 먹으려니와
12 이런 것은 먹지 못할지니 곧 독수리
와 솔개와 물수리와
13 매와 새매와 매의 종류와
14 까마귀 종류와
15 타조와 타흐마스와 갈매기와 새매
종류와
16 올빼미와 부엉이와 흰 올빼미와
17 당아와 올응과 노자와
18 학과 황새 종류와 대승과 박쥐며
19 또 날기도 하고 기어다니기도 하는
것은 너희에게 부정하니 너희는 먹
지 말 것이나
20 정한 새는 모두 너희가 먹을지니라
21 너희는 너희의 하나님 야훼의 성민
이라 스스로 죽은 모든 것은 먹지
말 것이나 그것을 성중에 거류하는
객에게 주어 먹게 하거나 이방인에
게 파는 것은 가하니라 너는 염소
새끼를 그 어미의 젖에 삶지 말지
니라

기록일 : . . .

22 너는 마땅히 매 년 토지 소산의 십
일조를 드릴 것이며
23 네 하나님 야훼 앞 곧 야훼께서 그
의 이름을 두시려고 택하신 곳에서
네 곡식과 포도주와 기름의 십일조
를 먹으며 또 네 소와 양의 처음 난
것을 먹고 네 하나님 야훼 경외하
기를 항상 배울 것이니라
24 그러나 네 하나님 야훼께서 자기의
이름을 두시려고 택하신 곳이 네게
서 너무 멀고 행로가 어려워서 네
하나님 야훼께서 그 풍부히 주신
것을 가지고 갈 수 없거든
25 그것을 돈으로 바꾸어 그 돈을 싸
가지고 네 하나님 야훼께서 택하신
곳으로 가서
26 네 마음에 원하는 모든 것을 그 돈
으로 사되 소나 양이나 포도주나
독주 등 네 마음에 원하는 모든 것
을 구하고 거기 네 하나님 야훼 앞
에서 너와 네 권속이 함께 먹고 즐
거워할 것이며
27 네 성읍에 거주하는 레위인은 너희
중에 분깃이나 기업이 없는 자이니
또한 저버리지 말지니라
28 매 삼 년 끝에 그 해 소산의 십분의
일을 다 내어 네 성읍에 저축하여
29 너희 중에 분깃이나 기업이 없는 레
위인과 네 성중에 거류하는 객과
및 고아와 과부들이 와서 먹고 배
부르게 하라 그리하면 네 하나님
야훼께서 네 손으로 하는 범사에
네게 복을 주시리라

15 매 칠 년 끝에는 면제하라
2 면제의 규례는 이러하니라 그의
이웃에게 꾸어준 모든 채주는 그것
을 면제하고 그의 이웃에게나 그 형
제에게 독촉하지 말지니 이는 야훼
를 위하여 면제를 선포하였음이라
3 이방인에게는 네가 독촉하려니와
네 형제에게 꾸어준 것은 네 손에
서 면제하라
4~5 네가 만일 네 하나님 야훼의 말씀
만 듣고 내가 오늘 네게 내리는 그
명령을 다 지켜 행하면 네 하나님
야훼께서 네게 기업으로 주신 땅에
서 네가 반드시 복을 받으리니 너
희 중에 가난한 자가 없으리라
6 네 하나님 야훼께서 네게 허락하신
대로 네게 복을 주시리니 네가 여
러 나라에 꾸어 줄지라도 너는 꾸
지 아니하겠고 네가 여러 나라를
통치할지라도 너는 통치를 당하지
아니하리라
7 네 하나님 야훼께서 네게 주신 땅
어느 성읍에서든지 가난한 형제가
너와 함께 거주하거든 그 가난한
형제에게 네 마음을 완악하게 하지
말며 네 손을 움켜 쥐지 말고
8 반드시 네 손을 그에게 펴서 그에

게 필요한 대로 쓸 것을 넉넉히 꾸
어주라
9 삼가 너는 마음에 악한 생각을 품
지 말라 곧 이르기를 일곱째 해 면
제년이 가까이 왔다 하고 네 궁핍
한 형제를 악한 눈으로 바라보며
아무것도 주지 아니하면 그가 너를
야훼께 호소하리니 그것이 네게 죄
가 되리라
10 너는 반드시 그에게 줄 것이요, 줄
때에는 아끼는 마음을 품지 말 것
이니라 이로 말미암아 네 하나님
야훼께서 네가 하는 모든 일과 네
손이 닿는 모든 일에 네게 복을 주
시리라
11 땅에는 언제든지 가난한 자가 그치
지 아니하겠으므로 내가 네게 명령
하여 이르노니 너는 반드시 네 땅
안에 네 형제 중 곤란한 자와 궁핍
한 자에게 네 손을 펼지니라
12 네 동족 히브리 남자나 히브리 여
자가 네게 팔렸다 하자 만일 여섯
해 동안 너를 섬겼거든 일곱째 해
에 너는 그를 놓아 자유롭게 할 것
이요
13 그를 놓아 자유하게 할 때에는 빈
손으로 가게 하지 말고
14 네 양 무리 중에서와 타작 마당에서
와 포도주 틀에서 그에게 후히 줄지
니 곧 네 하나님 야훼께서 네게 복
을 주신 대로 그에게 줄지니라
15 너는 애굽 땅에서 종 되었던 것과
네 하나님 야훼께서 너를 속량하셨
음을 기억하라 그것으로 말미암아
내가 오늘 이같이 네게 명령하노라
16 종이 만일 너와 네 집을 사랑하므
로 너와 동거하기를 좋게 여겨 네
게 향하여 내가 주인을 떠나지 아
니하겠노라 하거든
17 송곳을 가져다가 그의 귀를 문에
대고 뚫으라 그리하면 그가 영구히
네 종이 되리라 네 여종에게도 그
같이 할지니라
18 그가 여섯 해 동안에 품꾼의 삯의
배나 받을 만큼 너를 섬겼은즉 너
는 그를 놓아 자유하게 하기를 어
렵게 여기지 말라 그리하면 네 하나
님 야훼께서 네 범사에 네게 복을
주시리라
19 네 소와 양의 처음 난 수컷은 구별
하여 네 하나님 야훼께 드릴 것이
니 네 소의 첫 새끼는 부리지 말고
네 양의 첫 새끼의 털은 깎지 말고
20 너와 네 가족은 매년 야훼께서 택
하신 곳 네 하나님 야훼 앞에서 먹
을지니라
21 그러나 그 짐승이 흠이 있어서 절거
나 눈이 멀었거나 무슨 흠이 있으면
네 하나님 야훼께 잡아 드리지 못
할지니

기록일 : . . .

22 네 성중에서 먹되 부정한 자나 정
한 자가 다 같이 먹기를 노루와 사
슴을 먹음 같이 할 것이요
23 오직 피는 먹지 말고 물 같이 땅에
쏟을지니라

# 16

아빕월을 지켜 네 하나님 야훼께
유월절을 행하라 이는 아빕월에 네
하나님 야훼께서 밤에 너를 애굽에
서 인도하여 내셨음이라
2 야훼께서 자기의 이름을 두시려고
택하신 곳에서 소와 양으로 네 하
나님 야훼께 유월절 제사를 드리되
3 유교병을 그것과 함께 먹지 말고
이레 동안은 무교병 곧 고난의 떡
을 그것과 함께 먹으라 이는 네가
애굽 땅에서 급히 나왔음이니 이같
이 행하여 네 평생에 항상 네가 애
굽 땅에서 나온 날을 기억할 것이
니라
4 그 이레 동안에는 네 모든 지경 가
운데에 누룩이 보이지 않게 할 것
이요 또 네가 첫날 해 질 때에 제사
드린 고기를 밤을 지내 아침까지
두지 말 것이며
5 유월절 제사를 네 하나님 야훼께서
네게 주신 각 성에서 드리지 말고
6 오직 네 하나님 야훼께서 자기의 이
름을 두시려고 택하신 곳에서 네가
애굽에서 나오던 시각 곧 초저녁 해
질 때에 유월절 제물을 드리고
7 네 하나님 야훼께서 택하신 곳에서
그 고기를 구워 먹고 아침에 네 장
막으로 돌아갈 것이니라
8 너는 엿새 동안은 무교병을 먹고
일곱째 날에 네 하나님 야훼 앞에
성회로 모이고 일하지 말지니라
9 일곱 주를 셀지니 곡식에 낫을 대
는 첫 날부터 일곱 주를 세어
10 네 하나님 야훼 앞에 칠칠절을 지키
되 네 하나님 야훼께서 네게 복을
주신 대로 네 힘을 헤아려 자원하
는 예물을 드리고
11 너와 네 자녀와 노비와 네 성중에
있는 레위인과 및 너희 중에 있는
객과 고아와 과부가 함께 네 하나
님 야훼께서 자기의 이름을 두시려
고 택하신 곳에서 네 하나님 야훼
앞에서 즐거워할지니라
12 너는 애굽에서 종 되었던 것을 기억
하고 이 규례를 지켜 행할지니라
13 너희 타작 마당과 포도주 틀의 소
출을 거두어 들인 후에 이레 동안
초막절을 지킬 것이요
14 절기를 지킬 때에는 너와 네 자녀
와 노비와 네 성중에 거주하는 레
위인과 객과 고아와 과부가 함께
즐거워하되
15 네 하나님 야훼께서 택하신 곳에서
너는 이레 동안 네 하나님 야훼 앞
에서 절기를 지키고 네 하나님 야훼

기록일 : . . .

께서 네 모든 소출과 네 손으로 행
한 모든 일에 복 주실 것이니 너는
온전히 즐거워할지니라
16 너의 가운데 모든 남자는 일 년에
세 번 곧 무교절과 칠칠절과 초막
절에 네 하나님 야훼께서 택하신
곳에서 야훼를 뵈옵되 빈손으로 야
훼를 뵈옵지 말고
17 각 사람이 네 하나님 야훼께서 주신
복을 따라 그 힘대로 드릴지니라
18 네 하나님 야훼께서 네게 주시는
각 성에서 네 지파를 따라 재판장
들과 지도자들을 둘 것이요 그들은
공의로 백성을 재판할 것이니라
19 너는 재판을 굽게 하지 말며 사람
을 외모로 보지 말며 또 뇌물을 받
지 말라 뇌물은 지혜자의 눈을 어
둡게 하고 의인의 말을 굽게 하느
니라
20 너는 마땅히 공의만을 따르라 그리
하면 네가 살겠고 네 하나님 야훼
께서 네게 주시는 땅을 차지하리라
21 네 하나님 야훼를 위하여 쌓은 제
단 곁에 어떤 나무로든지 아세라
상을 세우지 말며
22 자기를 위하여 주상을 세우지 말
라 네 하나님 야훼께서 미워하시느
니라
17 흠이나 악질이 있는 소와 양은 아
무것도 네 하나님 야훼께 드리지
말지니 이는 네 하나님 야훼께 가
증한 것이 됨이니라
2 네 하나님 야훼께서 네게 주시는
어느 성중에서든지 너희 가운데에
어떤 남자나 여자가 네 하나님 야
훼의 목전에 악을 행하여 그 언약
을 어기고
3 가서 다른 신들을 섬겨 그것에게 절
하며 내가 명령하지 아니한 일월성
신에게 절한다 하자
4 그것이 네게 알려지므로 네가 듣거
든 자세히 조사해 볼지니 만일 그
일과 말이 확실하여 이스라엘 중에
이런 가증한 일을 행함이 있으면
5 너는 그 악을 행한 남자나 여자를
네 성문으로 끌어내고 그 남자나
여자를 돌로 쳐죽이되
6 죽일 자를 두 사람이나 세 사람의
증언으로 죽일 것이요 한 사람의
증언으로는 죽이지 말 것이며
7 이런 자를 죽이기 위하여는 증인이
먼저 그에게 손을 댄 후에 뭇 백성
이 손을 댈지니라 너는 이와 같이
하여 너희 중에서 악을 제할지니라
8 네 성중에서 서로 피를 흘렸거나 다
투었거나 구타하였거나 서로 간에
고소하여 네가 판결하기 어려운 일
이 생기거든 너는 일어나 네 하나님
야훼께서 택하실 곳으로 올라가서
9 레위 사람 제사장과 당시 재판장에

게 나아가서 물으라 그리하면 그들
이 어떻게 판결할지를 네게 가르치
리니
10 야훼께서 택하신 곳에서 그들이 네
게 보이는 판결의 뜻대로 네가 행
하되 그들이 네게 가르치는 대로
삼가 행할 것이니
11 곧 그들이 네게 가르치는 율법의
뜻대로, 그들이 네게 말하는 판결
대로 행할 것이요 그들이 네게 보
이는 판결을 어겨 좌로나 우로나
치우치지 말 것이니라
12 사람이 만일 무법하게 행하고 네
하나님 야훼 앞에 서서 섬기는 제
사장이나 재판장에게 듣지 아니하
거든 그 사람을 죽여 이스라엘 중
에서 악을 제하여 버리라
13 그리하면 온 백성이 듣고 두려워하
여 다시는 무법하게 행하지 아니하
리라
14 네가 네 하나님 야훼께서 네게 주
시는 땅에 이르러 그 땅을 차지하고
거주할 때에 만일 우리도 우리 주위
의 모든 민족들 같이 우리 위에 왕
을 세워야겠다는 생각이 나거든
15 반드시 네 하나님 야훼께서 택하신
자를 네 위에 왕으로 세울 것이며
네 위에 왕을 세우려면 네 형제 중
에서 한 사람을 할 것이요 네 형제
아닌 타국인을 네 위에 세우지 말
것이며
16 그는 병마를 많이 두지 말 것이요
병마를 많이 얻으려고 그 백성을
애굽으로 돌아가게 하지 말 것이니
이는 야훼께서 너희에게 이르시기
를 너희가 이 후에는 그 길로 다시
돌아가지 말 것이라 하셨음이며
17 그에게 아내를 많이 두어 그의 마
음이 미혹되게 하지 말 것이며 자기
를 위하여 은금을 많이 쌓지 말 것
이니라
18 그가 왕위에 오르거든 이 율법서의
등사본을 레위 사람 제사장 앞에서
책에 기록하여
19 평생에 자기 옆에 두고 읽어 그의
하나님 야훼 경외하기를 배우며 이
율법의 모든 말과 이 규례를 지켜
행할 것이라
20 그리하면 그의 마음이 그의 형제
위에 교만하지 아니하고 이 명령에
서 떠나 좌로나 우로나 치우치지
아니하리니 이스라엘 중에서 그와
그의 자손이 왕위에 있는 날이 장
구하리라

18 레위 사람 제사장과 레위의 온 지
파는 이스라엘 중에 분깃도 없고
기업도 없을지니 그들은 야훼의 화
제물과 그 기업을 먹을 것이라
2 그들이 그들의 형제 중에서 기업을
가지지 않을 것은 야훼께서 그들의

기록일 : . . .

기업이 되심이니 그들에게 말씀하
심 같으니라
3 제사장이 백성에게서 받을 몫은 이
러하니 곧 그 드리는 제물의 소나
양이나 그 앞다리와 두 볼과 위라
이것을 제사장에게 줄 것이요
4 또 네가 처음 거둔 곡식과 포도주
와 기름과 네가 처음 깎은 양털을
네가 그에게 줄 것이니
5 이는 네 하나님 야훼께서 네 모든
지파 중에서 그를 택하여 내시고 그
와 그의 자손에게 항상 야훼의 이
름으로 서서 섬기게 하셨음이니라
6 이스라엘 온 땅 어떤 성읍에든지
거주하는 레위인이 간절한 소원이
있어 그가 사는 곳을 떠날지라도
야훼께서 택하신 곳에 이르면
7 야훼 앞에 선 그의 모든 형제 레위
인과 같이 그의 하나님 야훼의 이
름으로 섬길 수 있나니
8 그 사람의 몫은 그들과 같을 것이
요 그가 조상의 것을 판 것은 별도
의 소유이니라
9 네 하나님 야훼께서 네게 주시는
땅에 들어가거든 너는 그 민족들의
가증한 행위를 본받지 말 것이니
10 그의 아들이나 딸을 불 가운데로 지
나게 하는 자나 점쟁이나 길흉을 말
하는 자나 요술하는 자나 무당이나
11 진언자나 신접자나 박수나 초혼자
를 너희 가운데에 용납하지 말라
12 이런 일을 행하는 모든 자를 야훼
께서 가증히 여기시나니 이런 가증
한 일로 말미암아 네 하나님 야훼
께서 그들을 네 앞에서 쫓아내시느
니라
13 너는 네 하나님 야훼 앞에서 완전
하라
14 네가 쫓아낼 이 민족들은 길흉을
말하는 자나 점쟁이의 말을 듣거니
와 네게는 네 하나님 야훼께서 이
런 일을 용납하지 아니하시느니라
15 네 하나님 야훼께서 너희 가운데
네 형제 중에서 너를 위하여 나와
같은 선지자 하나를 일으키시리니
너희는 그의 말을 들을지니라
16 이것이 곧 네가 총회의 날에 호렙
산에서 네 하나님 야훼께 구한 것
이라 곧 네가 말하기를 내가 다시
는 내 하나님 야훼의 음성을 듣지
않게 하시고 다시는 이 큰 불을 보
지 않게 하소서 두렵건대 내가 죽
을까 하나이다 하매
17 야훼께서 내게 이르시되 그들의 말
이 옳도다
18 내가 그들의 형제 중에서 너와 같
은 선지자 하나를 그들을 위하여
일으키고 내 말을 그 입에 두리니
내가 그에게 명령하는 것을 그가
무리에게 다 말하리라

기록일 : . . .

19 누구든지 내 이름으로 전하는 내
말을 듣지 아니하는 자는 내게 벌
을 받을 것이요
20 만일 어떤 선지자가 내가 전하라고
명령하지 아니한 말을 제 마음대로
내 이름으로 전하든지 다른 신들의
이름으로 말하면 그 선지자는 죽임
을 당하리라 하셨느니라
21 네가 마음속으로 이르기를 그 말이
야훼께서 이르신 말씀인지 우리가
어떻게 알리요 하리라
22 만일 선지자가 있어 야훼의 이름으
로 말한 일에 증험도 없고 성취함
도 없으면 이는 야훼께서 말씀하신
것이 아니요 그 선지자가 제 마음
대로 한 말이니 너는 그를 두려워
하지 말지니라

# 19

네 하나님 야훼께서 이 여러 민족
을 멸절하시고 네 하나님 야훼께서
그 땅을 네게 주시므로 네가 그것
을 받고 그들의 성읍과 가옥에 거
주할 때에
2 네 하나님 야훼께서 네게 기업으로
주신 땅 가운데에서 세 성읍을 너
를 위하여 구별하고
3 네 하나님 야훼께서 네게 기업으로
주시는 땅 전체를 세 구역으로 나
누어 길을 닦고 모든 살인자를 그
성읍으로 도피하게 하라
4 살인자가 그리로 도피하여 살 만한
경우는 이러하니 곧 누구든지 본래
원한이 없이 부지중에 그의 이웃을
죽인 일,
5 가령 사람이 그 이웃과 함께 벌목
하러 삼림에 들어가서 손에 도끼를
들고 벌목하려고 찍을 때에 도끼
가 자루에서 빠져 그의 이웃을 맞
춰 그를 죽게 함과 같은 것이라 이
런 사람은 그 성읍 중 하나로 도피
하여 생명을 보존할 것이니라
6 그 사람이 그에게 본래 원한이 없
으니 죽이기에 합당하지 아니하나
두렵건대 그 피를 보복하는 자의
마음이 복수심에 불타서 살인자를
뒤쫓는데 그 가는 길이 멀면 그를
따라 잡아 죽일까 하노라
7 그러므로 내가 네게 명령하기를 세
성읍을 너를 위하여 구별하라 하
노라
8 네 하나님 야훼께서 네 조상들에게
맹세하신 대로 네 지경을 넓혀 네
조상들에게 주리라고 말씀하신 땅
을 다 네게 주실 때
9 또 너희가 오늘 내가 너희에게 명
하는 이 모든 명령을 지켜 행하여
네 하나님 야훼를 사랑하고 항상
그의 길로 행할 때에는 이 셋 외에
세 성읍을 더하여
10 네 하나님 야훼께서 네게 기업으로
주시는 땅에서 무죄한 피를 흘리지

기록일 : . . .

말라 이같이 하면 그의 피가 네게
로 돌아가지 아니하리라
11 그러나 만일 어떤 사람이 그의 이
웃을 미워하여 엎드려 그를 기다리
다가 일어나 상처를 입혀 죽게 하
고 이 한 성읍으로 도피하면
12 그 본 성읍 장로들이 사람을 보내
어 그를 거기서 잡아다가 보복자의
손에 넘겨 죽이게 할 것이라
13 네 눈이 그를 긍휼히 여기지 말고
무죄한 피를 흘린 죄를 이스라엘에
서 제하라 그리하면 네게 복이 있
으리라
14 네 하나님 야훼께서 네게 주어 차
지하게 하시는 땅 곧 네 소유가 된
기업의 땅에서 조상이 정한 네 이
웃의 경계표를 옮기지 말지니라
15 사람의 모든 악에 관하여 또한 모
든 죄에 관하여는 한 증인으로만
정할 것이 아니요 두 증인의 입으로
나 또는 세 증인의 입으로 그 사건
을 확정할 것이며
16 만일 위증하는 자가 있어 어떤 사
람이 악을 행하였다고 말하면
17 그 논쟁하는 쌍방이 같이 하나님
앞에 나아가 그 당시의 제사장과
재판장 앞에 설 것이요
18 재판장은 자세히 조사하여 그 증인
이 거짓 증거하여 그 형제를 거짓으
로 모함한 것이 판명되면
19 그가 그의 형제에게 행하려고 꾀한
그대로 그에게 행하여 너희 중에서
악을 제하라
20 그리하면 그 남은 자들이 듣고 두
려워하여 다시는 그런 악을 너희
중에서 행하지 아니하리라
21 네 눈이 긍휼히 여기지 말라 생명에
는 생명으로, 눈에는 눈으로, 이에
는 이로, 손에는 손으로, 발에는 발
로이니라

20 네가 나가서 적군과 싸우려 할 때
에 말과 병거와 백성이 너보다 많
음을 볼지라도 그들을 두려워하지
말라 애굽 땅에서 너를 인도하여
내신 네 하나님 야훼께서 너와 함
께 하시느니라
2 너희가 싸울 곳에 가까이 가면 제
사장은 백성에게 나아가서 고하여
그들에게
3 말하여 이르기를 이스라엘아 들으
라 너희가 오늘 너희의 대적과 싸
우려고 나아왔으니 마음에 겁내지
말며 두려워하지 말며 떨지 말며
그들로 말미암아 놀라지 말라
4 너희 하나님 야훼는 너희와 함께
행하시며 너희를 위하여 너희 적군
과 싸우시고 구원하실 것이라 할
것이며
5 책임자들은 백성에게 말하여 이르
기를 새 집을 건축하고 낙성식을

기록일 :   .   .   .

행하지 못한 자가 있느냐 그는 집
으로 돌아갈지니 전사하면 타인이
낙성식을 행할까 하노라
6 포도원을 만들고 그 과실을 먹지
못한 자가 있느냐 그는 집으로 돌
아갈지니 전사하면 타인이 그 과실
을 먹을까 하노라
7 여자와 약혼하고 그와 결혼하지 못
한 자가 있느냐 그는 집으로 돌아
갈지니 전사하면 타인이 그를 데려
갈까 하노라 하고
8 책임자들은 또 백성에게 말하여 이
르기를 두려워서 마음이 허약한 자
가 있느냐 그는 집으로 돌아갈지니
그의 형제들의 마음도 그의 마음과
같이 낙심될까 하노라 하고
9 백성에게 이르기를 마친 후에 군대
의 지휘관들을 세워 무리를 거느리
게 할지니라
10 네가 어떤 성읍으로 나아가서 치려
할 때에는 그 성읍에 먼저 화평을
선언하라
11 그 성읍이 만일 화평하기로 회답하
고 너를 향하여 성문을 열거든 그
모든 주민들에게 네게 조공을 바치
고 너를 섬기게 할 것이요
12 만일 너와 화평하기를 거부하고 너
를 대적하여 싸우려 하거든 너는
그 성읍을 에워쌀 것이며
13 네 하나님 야훼께서 그 성읍을 네
손에 넘기시거든 너는 칼날로 그
안의 남자를 다 쳐죽이고
14 너는 오직 여자들과 유아들과 가축
들과 성읍 가운데에 있는 모든 것
을 너를 위하여 탈취물로 삼을 것
이며 너는 네 하나님 야훼께서 네
게 주신 적군에게서 빼앗은 것을
먹을지니라
15 네가 네게서 멀리 떠난 성읍들 곧
이 민족들에게 속하지 아니한 성읍
들에게는 이같이 행하려니와
16 오직 네 하나님 야훼께서 네게 기
업으로 주시는 이 민족들의 성읍에
서는 호흡 있는 자를 하나도 살리
지 말지니
17 곧 헷 족속과 아모리 족속과 가나
안 족속과 브리스 족속과 히위 족
속과 여부스 족속을 네가 진멸하되
네 하나님 야훼께서 네게 명령하신
대로 하라
18 이는 그들이 그 신들에게 행하는
모든 가증한 일을 너희에게 가르쳐
본받게 하여 너희가 너희의 하나님
야훼께 범죄하게 할까 함이니라
19 너희가 어떤 성읍을 오랫동안 에워
싸고 그 성읍을 쳐서 점령하려 할
때에도 도끼를 둘러 그 곳의 나무
를 찍어내지 말라 이는 너희가 먹
을 것이 될 것임이니 찍지 말라 들
의 수목이 사람이냐 너희가 어찌

기록일 : . . .

그것을 에워싸겠느냐
20 다만 과목이 아닌 수목은 찍어내
어 너희와 싸우는 그 성읍을 치는
기구를 만들어 그 성읍을 함락시킬
때까지 쓸지니라

# 21

네 하나님 야훼께서 네게 주어 차
지하게 하신 땅에서 피살된 시체가
들에 엎드러진 것을 발견하고 그 쳐
죽인 자가 누구인지 알지 못하거든
2 너희의 장로들과 재판장들은 나가
서 그 피살된 곳의 사방에 있는 성
읍의 원근을 잴 것이요
3 그 피살된 곳에서 제일 가까운 성
읍의 장로들이 그 성읍에서 아직
부리지 아니하고 멍에를 메지 아니
한 암송아지를 취하여
4 그 성읍의 장로들이 물이 항상 흐
르고 갈지도 않고 씨를 뿌린 일도
없는 골짜기로 그 송아지를 끌고
가서 그 골짜기에서 그 송아지의
목을 꺾을 것이요
5 레위 자손 제사장들도 그리로 갈지
니 그들은 네 하나님 야훼께서 택
하사 자기를 섬기게 하시며 또 야
훼의 이름으로 축복하게 하신 자라
모든 소송과 모든 투쟁이 그들의
말대로 판결될 것이니라
6 그 피살된 곳에서 제일 가까운 성
읍의 모든 장로들은 그 골짜기에서
목을 꺾은 암송아지 위에 손을 씻
으며
7 말하기를 우리의 손이 이 피를 흘리
지 아니하였고 우리의 눈이 이것을
보지도 못하였나이다
8 야훼여 주께서 속량하신 주의 백성
이스라엘을 사하시고 무죄한 피를
주의 백성 이스라엘 중에 머물러
두지 마옵소서 하면 그 피 흘린 죄
가 사함을 받으리니
9 너는 이와 같이 야훼께서 보시기에
정직한 일을 행하여 무죄한 자의 피
흘린 죄를 너희 중에서 제할지니라
10 네가 나가서 적군과 싸울 때에 네
하나님 야훼께서 그들을 네 손에
넘기시므로 네가 그들을 사로잡은
후에
11 네가 만일 그 포로 중의 아리따운
여자를 보고 그에게 연연하여 아내
를 삼고자 하거든
12 그를 네 집으로 데려갈 것이요 그
는 그 머리를 밀고 손톱을 베고
13 또 포로의 의복을 벗고 네 집에 살
며 그 부모를 위하여 한 달 동안 애
곡한 후에 네가 그에게로 들어가서
그의 남편이 되고 그는 네 아내가
될 것이요
14 그 후에 네가 그를 기뻐하지 아니
하거든 그의 마음대로 가게 하고
결코 돈을 받고 팔지 말지라 네가
그를 욕보였은즉 종으로 여기지 말

기록일 : . . .

지니라
15 어떤 사람이 두 아내를 두었는데
하나는 사랑을 받고 하나는 미움을
받다가 그 사랑을 받는 자와 미움
을 받는 자가 둘 다 아들을 낳았다
하자 그 미움을 받는 자의 아들이
장자이면
16 자기의 소유를 그의 아들들에게 기
업으로 나누는 날에 그 사랑을 받
는 자의 아들을 장자로 삼아 참 장
자 곧 미움을 받는 자의 아들보다
앞세우지 말고
17 반드시 그 미움을 받는 자의 아들
을 장자로 인정하여 자기의 소유에
서 그에게는 두 몫을 줄 것이니 그
는 자기의 기력의 시작이라 장자의
권리가 그에게 있음이니라
18 사람에게 완악하고 패역한 아들이
있어 그의 아버지의 말이나 그 어
머니의 말을 순종하지 아니하고 부
모가 징계하여도 순종하지 아니하
거든
19 그의 부모가 그를 끌고 성문에 이
르러 그 성읍 장로들에게 나아가서
20 그 성읍 장로들에게 말하기를 우
리의 이 자식은 완악하고 패역하여
우리 말을 듣지 아니하고 방탕하며
술에 잠긴 자라 하면
21 그 성읍의 모든 사람들이 그를 돌
로 쳐죽일지니 이같이 네가 너희 중
에서 악을 제하라 그리하면 온 이
스라엘이 듣고 두려워하리라
22 사람이 만일 죽을 죄를 범하므로
네가 그를 죽여 나무 위에 달거든
23 그 시체를 나무 위에 밤새도록 두지
말고 그 날에 장사하여 네 하나님
야훼께서 네게 기업으로 주시는 땅
을 더럽히지 말라 나무에 달린 자는
하나님께 저주를 받았음이니라

22 네 형제의 소나 양이 길 잃은 것
을 보거든 못 본 체하지 말고 너는
반드시 그것들을 끌어다가 네 형제
에게 돌릴 것이요
2 네 형제가 네게서 멀거나 또는 네
가 그를 알지 못하거든 그 짐승을
네 집으로 끌고 가서 네 형제가 찾
기까지 네게 두었다가 그에게 돌려
줄지니
3 나귀라도 그리하고 의복이라도 그
리하고 형제가 잃어버린 어떤 것이
든지 네가 얻거든 다 그리하고 못
본 체하지 말 것이며
4 네 형제의 나귀나 소가 길에 넘어
진 것을 보거든 못 본 체하지 말고
너는 반드시 형제를 도와 그것들을
일으킬지니라
5 여자는 남자의 의복을 입지 말 것
이요 남자는 여자의 의복을 입지
말 것이라 이같이 하는 자는 네 하
나님 야훼께 가증한 자이니라

기록일 : . . .

6 길을 가다가 나무에나 땅에 있는
새의 보금자리에 새 새끼나 알이
있고 어미 새가 그의 새끼나 알을
품은 것을 보거든 그 어미 새와 새
끼를 아울러 취하지 말고
7 어미는 반드시 놓아 줄 것이요 새
끼는 취하여도 되나니 그리하면 네
가 복을 누리고 장수하리라
8 네가 새 집을 지을 때에 지붕에 난
간을 만들어 사람이 떨어지지 않게
하라 그 피가 네 집에 돌아갈까 하
노라
9 네 포도원에 두 종자를 섞어 뿌리
지 말라 그리하면 네가 뿌린 씨의
열매와 포도원의 소산을 다 빼앗길
까 하노라
10 너는 소와 나귀를 겨리하여 갈지
말며
11 양 털과 베 실로 섞어 짠 것을 입지
말지니라
12 너희는 너희가 입는 겉옷의 네 귀
에 술을 만들지니라
13 누구든지 아내를 맞이하여 그에게
들어간 후에 그를 미워하여
14 비방거리를 만들어 그에게 누명을
씌워 이르되 내가 이 여자를 맞이
하였더니 그와 동침할 때에 그가
처녀임을 보지 못하였노라 하면
15 그 처녀의 부모가 그 처녀의 처녀인
표를 얻어가지고 그 성문 장로들에
게로 가서
16 처녀의 아버지가 장로들에게 말하
기를 내 딸을 이 사람에게 아내로
주었더니 그가 미워하여
17 비방거리를 만들어 말하기를 내가
네 딸에게서 처녀임을 보지 못하였
노라 하나 보라 내 딸의 처녀의 표
적이 이것이라 하고 그 부모가 그
자리옷을 그 성읍 장로들 앞에 펼
것이요
18 그 성읍 장로들은 그 사람을 잡아
때리고
19 이스라엘 처녀에게 누명을 씌움으
로 말미암아 그에게서 은 일백 세
겔을 벌금으로 받아 여자의 아버지
에게 주고 그 여자는 그 남자가 평
생에 버릴 수 없는 아내가 되게 하
려니와
20 그 일이 참되어 그 처녀에게 처녀의
표적이 없거든
21 그 처녀를 그의 아버지 집 문에서
끌어내고 그 성읍 사람들이 그를
돌로 쳐죽일지니 이는 그가 그의
아버지 집에서 창기의 행동을 하여
이스라엘 중에서 악을 행하였음이
라 너는 이와 같이 하여 너희 가운
데서 악을 제할지니라
22 어떤 남자가 유부녀와 동침한 것이
드러나거든 그 동침한 남자와 그
여자를 둘 다 죽여 이스라엘 중에

기록일 : . . .

악을 제할지니라
23 처녀인 여자가 남자와 약혼한 후에
어떤 남자가 그를 성읍 중에서 만
나 동침하면
24 너희는 그들을 둘 다 성읍 문으로
끌어내고 그들을 돌로 쳐죽일 것이
니 그 처녀는 성안에 있으면서도 소
리 지르지 아니하였음이요 그 남자
는 그 이웃의 아내를 욕보였음이라
너는 이같이 하여 너희 가운데에서
악을 제할지니라
25 만일 남자가 어떤 약혼한 처녀를
들에서 만나서 강간하였으면 그 강
간한 남자만 죽일 것이요
26 처녀에게는 아무것도 행하지 말 것
은 처녀에게는 죽일 죄가 없음이라
이 일은 사람이 일어나 그 이웃을
쳐죽인 것과 같은 것이라
27 남자가 처녀를 들에서 만난 까닭에
그 약혼한 처녀가 소리질러도 구원
할 자가 없었음이니라
28 만일 남자가 약혼하지 아니한 처녀
를 만나 그를 붙들고 동침하는 중
에 그 두 사람이 발견되면
29 그 동침한 남자는 그 처녀의 아버
지에게 은 오십 세겔을 주고 그 처
녀를 아내로 삼을 것이라 그가 그
처녀를 욕보였은즉 평생에 그를 버
리지 못하리라
30 사람이 그의 아버지의 아내를 취하
여 아버지의 하체를 드러내지 말지
니라

## 23

고환이 상한 자나 음경이 잘린 자는
야훼의 총회에 들어오지 못하리라
2 사생자는 야훼의 총회에 들어오지
못하리니 십 대에 이르기까지도 야
훼의 총회에 들어오지 못하리라
3 암몬 사람과 모압 사람은 야훼의 총
회에 들어오지 못하리니 그들에게
속한 자는 십 대뿐 아니라 영원히
야훼의 총회에 들어오지 못하리라
4 그들은 너희가 애굽에서 나올 때에
떡과 물로 너희를 길에서 영접하지
아니하고 메소보다미아의 브돌 사람
브올의 아들 발람에게 뇌물을 주어
너희를 저주하게 하려 하였으나
5 네 하나님 야훼께서 너를 사랑하
시므로 네 하나님 야훼께서 발람
의 말을 듣지 아니하시고 네 하나
님 야훼께서 그 저주를 변하여 복
이 되게 하셨나니
6 네 평생에 그들의 평안함과 형통함
을 영원히 구하지 말지니라
7 너는 에돔 사람을 미워하지 말라
그는 네 형제임이니라 애굽 사람을
미워하지 말라 네가 그의 땅에서
객이 되었음이니라
8 그들의 삼 대 후 자손은 야훼의 총
회에 들어올 수 있느니라
9 네가 적군을 치러 출진할 때에 모

기록일 : . . .

든 악한 일을 스스로 삼갈지니
10 너희 중에 누가 밤에 몽설함으로
부정하거든 진영 밖으로 나가고 진
영 안에 들어오지 아니하다가
11 해 질 때에 목욕하고 해 진 후에 진
에 들어올 것이요
12 네 진영 밖에 변소를 마련하고 그
리로 나가되
13 네 기구에 작은 삽을 더하여 밖에
나가서 대변을 볼 때에 그것으로
땅을 팔 것이요 몸을 돌려 그 배설
물을 덮을지니
14 이는 네 하나님 야훼께서 너를 구
원하시고 적군을 네게 넘기시려고
네 진영 중에 행하심이라 그러므로
네 진영을 거룩히 하라 그리하면 네
게서 불결한 것을 보시지 않으므로
너를 떠나지 아니하시리라
15 종이 그의 주인을 피하여 네게로
도망하거든 너는 그의 주인에게 돌
려주지 말고
16 그가 네 성읍 중에서 원하는 곳을
택하는 대로 너와 함께 네 가운데
에 거주하게 하고 그를 압제하지
말지니라
17 이스라엘 여자 중에 창기가 있지
못할 것이요 이스라엘 남자 중에
남창이 있지 못할지니
18 창기가 번 돈과 개 같은 자의 소득
은 어떤 서원하는 일로든지 네 하
나님 야훼의 전에 가져오지 말라
이 둘은 다 네 하나님 야훼께 가증
한 것임이니라
19 네가 형제에게 꾸어주거든 이자를
받지 말지니 곧 돈의 이자, 식물의
이자, 이자를 낼 만한 모든 것의 이
자를 받지 말 것이라
20 타국인에게 네가 꾸어주면 이자를
받아도 되거니와 네 형제에게 꾸어
주거든 이자를 받지 말라 그리하면
네 하나님 야훼께서 네가 들어가서
차지할 땅에서 네 손으로 하는 범
사에 복을 내리시리라
21 네 하나님 야훼께 서원하거든 갚기
를 더디하지 말라 네 하나님 야훼
께서 반드시 그것을 네게 요구하시
리니 더디면 그것이 네게 죄가 될
것이라
22 네가 서원하지 아니하였으면 무죄
하리라 그러나
23 네 입으로 말한 것은 그대로 실행
하도록 유의하라 무릇 자원한 예물
은 네 하나님 야훼께 네가 서원하
여 입으로 언약한 대로 행할지니라
24 네 이웃의 포도원에 들어갈 때에는
마음대로 그 포도를 배불리 먹어도
되느니라 그러나 그릇에 담지는 말
것이요
25 네 이웃의 곡식밭에 들어갈 때에
는 네가 손으로 그 이삭을 따도 되

기록일 : . . .

느니라 그러나 네 이웃의 곡식밭에
낫을 대지는 말지니라

24 사람이 아내를 맞이하여 데려온
후에 그에게 수치되는 일이 있음을
발견하고 그를 기뻐하지 아니하면
이혼 증서를 써서 그의 손에 주고
그를 자기 집에서 내보낼 것이요
2 그 여자는 그의 집에서 나가서 다
른 사람의 아내가 되려니와
3 그의 둘째 남편도 그를 미워하여
이혼 증서를 써서 그의 손에 주고
그를 자기 집에서 내보냈거나 또는
그를 아내로 맞이한 둘째 남편이
죽었다 하자
4 그 여자는 이미 몸을 더럽혔은즉 그
를 내보낸 전남편이 그를 다시 아
내로 맞이하지 말지니 이 일은 야훼
앞에 가증한 것이라 너는 네 하나
님 야훼께서 네게 기업으로 주시는
땅을 범죄하게 하지 말지니라
5 사람이 새로이 아내를 맞이하였으
면 그를 군대로 내보내지 말 것이
요 아무 직무도 그에게 맡기지 말
것이며 그는 일 년 동안 한가하게
집에 있으면서 그가 맞이한 아내를
즐겁게 할지니라
6 사람이 맷돌이나 그 위짝을 전당
잡지 말지니 이는 그 생명을 전당
잡음이니라
7 사람이 자기 형제 곧 이스라엘 자
손 중 한 사람을 유인하여 종으로
삼거나 판 것이 발견되면 그 유인한
자를 죽일지니 이같이 하여 너희 중
에서 악을 제할지니라
8 너는 나병에 대하여 삼가서 레위
사람 제사장들이 너희에게 가르치
는 대로 네가 힘써 다 지켜 행하되
너희는 내가 그들에게 명령한 대로
지켜 행하라
9 너희는 애굽에서 나오는 길에서 네
하나님 야훼께서 미리암에게 행하
신 일을 기억할지니라
10 네 이웃에게 무엇을 꾸어줄 때에
너는 그의 집에 들어가서 전당물을
취하지 말고
11 너는 밖에 서 있고 네게 꾸는 자가
전당물을 밖으로 가지고 나와서 네
게 줄 것이며
12 그가 가난한 자이면 너는 그의 전
당물을 가지고 자지 말고
13 해 질 때에 그 전당물을 반드시 그
에게 돌려줄 것이라 그리하면 그가
그 옷을 입고 자며 너를 위하여 축
복하리니 그 일이 네 하나님 야훼
앞에서 네 공의로움이 되리라
14 곤궁하고 빈한한 품꾼은 너희 형제
든지 네 땅 성문 안에 우거하는 객
이든지 그를 학대하지 말며
15 그 품삯을 당일에 주고 해 진 후까
지 미루지 말라 이는 그가 가난하

기록일 : . . .

므로 그 품삯을 간절히 바람이라
그가 너를 야훼께 호소하지 않게
하라 그렇지 않으면 그것이 네게
죄가 될 것임이라
16 아버지는 그 자식들로 말미암아 죽
임을 당하지 않을 것이요 자식들은
그 아버지로 말미암아 죽임을 당하
지 않을 것이니 각 사람은 자기 죄
로 말미암아 죽임을 당할 것이니라
17 너는 객이나 고아의 송사를 억울하
게 하지 말며 과부의 옷을 전당 잡
지 말라
18 너는 애굽에서 종 되었던 일과 네
하나님 야훼께서 너를 거기서 속량
하신 것을 기억하라 이러므로 내가
네게 이 일을 행하라 명령하노라
19 네가 밭에서 곡식을 벨 때에 그 한
뭇을 밭에 잊어버렸거든 다시 가서
가져오지 말고 나그네와 고아와 과
부를 위하여 남겨두라 그리하면 네
하나님 야훼께서 네 손으로 하는
모든 일에 복을 내리시리라
20 네가 네 감람나무를 떤 후에 그 가
지를 다시 살피지 말고 그 남은 것
은 객과 고아와 과부를 위하여 남
겨두며
21 네가 네 포도원의 포도를 딴 후에
그 남은 것을 다시 따지 말고 객과
고아와 과부를 위하여 남겨두라
22 너는 애굽 땅에서 종 되었던 것을
기억하라 이러므로 내가 네게 이 일
을 행하라 명령하노라

# 25

사람들 사이에 시비가 생겨 재판
을 청하면 재판장은 그들을 재판하
여 의인은 의롭다 하고 악인은 정
죄할 것이며
2 악인에게 태형이 합당하면 재판장
은 그를 엎드리게 하고 그 앞에서
그의 죄에 따라 수를 맞추어 때리
게 하라
3 사십까지는 때리려니와 그것을 넘
기지는 못할지니 만일 그것을 넘겨
매를 지나치게 때리면 네가 네 형제
를 경히 여기는 것이 될까 하노라
4 곡식 떠는 소에게 망을 씌우지 말
지니라
5 형제들이 함께 사는데 그 중 하나
가 죽고 아들이 없거든 그 죽은 자
의 아내는 나가서 타인에게 시집
가지 말 것이요 그의 남편의 형제
가 그에게로 들어가서 그를 맞이하
여 아내로 삼아 그의 남편의 형제
된 의무를 그에게 다 행할 것이요
6 그 여인이 낳은 첫 아들이 그 죽은
형제의 이름을 잇게 하여 그 이름이
이스라엘 중에서 끊어지지 않게 할
것이니라
7 그러나 그 사람이 만일 그 형제의
아내 맞이하기를 즐겨하지 아니하
면 그 형제의 아내는 그 성문으로

기록일 : . . .

장로들에게로 나아가서 말하기를
내 남편의 형제가 그의 형제의 이
름을 이스라엘 중에 잇기를 싫어하
여 남편의 형제 된 의무를 내게 행
하지 아니하나이다 할 것이요
8 그 성읍 장로들은 그를 불러다가
말할 것이며 그가 이미 정한 뜻대로
말하기를 내가 그 여자를 맞이하기
를 즐겨하지 아니하노라 하면
9 그의 형제의 아내가 장로들 앞에서
그에게 나아가서 그의 발에서 신을
벗기고 그의 얼굴에 침을 뱉으며 이
르기를 그의 형제의 집을 세우기를
즐겨 아니하는 자에게는 이같이 할
것이라 하고
10 이스라엘 중에서 그의 이름을 신 벗
김 받은 자의 집이라 부를 것이니라
11 두 사람이 서로 싸울 때에 한 사람
의 아내가 그 치는 자의 손에서 그
의 남편을 구하려 하여 가까이 가
서 손을 벌려 그 사람의 음낭을 잡
거든
12 너는 그 여인의 손을 찍어버릴 것이
고 네 눈이 그를 불쌍히 여기지 말
지니라
13 너는 네 주머니에 두 종류의 저울
추 곧 큰 것과 작은 것을 넣지 말
것이며
14 네 집에 두 종류의 되 곧 큰 것과
작은 것을 두지 말 것이요
15 오직 온전하고 공정한 저울추를 두
며 온전하고 공정한 되를 둘 것이라
그리하면 네 하나님 야훼께서 네게
주시는 땅에서 네 날이 길리라
16 이런 일들을 행하는 모든 자, 악을
행하는 모든 자는 네 하나님 야훼
께 가증하니라
17 너희는 애굽에서 나오는 길에 아말
렉이 네게 행한 일을 기억하라
18 곧 그들이 너를 길에서 만나 네가
피곤할 때에 네 뒤에 떨어진 약한
자들을 쳤고 하나님을 두려워하지
아니하였느니라
19 그러므로 네 하나님 야훼께서 네게
기업으로 주어 차지하게 하시는 땅
에서 네 하나님 야훼께서 사방에
있는 모든 적군으로부터 네게 안식
을 주실 때에 너는 천하에서 아말
렉에 대한 기억을 지워버리라 너는
잊지 말지니라

26 네 하나님 야훼께서 네게 기업으
로 주어 차지하게 하실 땅에 네가
들어가서 거기에 거주할 때에
2 네 하나님 야훼께서 네게 주신 땅
에서 그 토지의 모든 소산의 맏물
을 거둔 후에 그것을 가져다가 광
주리에 담고 네 하나님 야훼께서
그의 이름을 두시려고 택하신 곳으
로 그것을 가지고 가서
3 그 때의 제사장에게 나아가 그에게

기록일 : . . .

이르기를 내가 오늘 당신의 하나님
야훼께 아뢰나이다 내가 야훼께서
우리에게 주시겠다고 우리 조상들
에게 맹세하신 땅에 이르렀나이다
할 것이요
4 제사장은 네 손에서 그 광주리를
받아서 네 하나님 야훼의 제단 앞
에 놓을 것이며
5 너는 또 네 하나님 야훼 앞에 아뢰
기를 내 조상은 방랑하는 아람 사
람으로서 애굽에 내려가 거기에서
소수로 거류하였더니 거기에서 크
고 강하고 번성한 민족이 되었는데
6 애굽 사람이 우리를 학대하며 우리
를 괴롭히며 우리에게 중노동을 시
키므로
7 우리가 우리 조상의 하나님 야훼께
부르짖었더니 야훼께서 우리 음성
을 들으시고 우리의 고통과 신고와
압제를 보시고
8 야훼께서 강한 손과 편 팔과 큰 위
엄과 이적과 기사로 우리를 애굽에
서 인도하여 내시고
9 이곳으로 인도하사 이 땅 곧 젖과
꿀이 흐르는 땅을 주셨나이다
10 야훼여 이제 내가 주께서 내게 주
신 토지 소산의 만물을 가져왔나이
다 하고 너는 그것을 네 하나님 야
훼 앞에 두고 네 하나님 야훼 앞에
경배할 것이며
11 네 하나님 야훼께서 너와 네 집에
주신 모든 복으로 말미암아 너는
레위인과 너희 가운데에 거류하는
객과 함께 즐거워할지니라
12 셋째 해 곧 십일조를 드리는 해에
네 모든 소산의 십일조 내기를 마
친 후에 그것을 레위인과 객과 고
아와 과부에게 주어 네 성읍 안에
서 먹고 배부르게 하라
13 그리 할 때에 네 하나님 야훼 앞에
아뢰기를 내가 성물을 내 집에서
내어 레위인과 객과 고아와 과부
에게 주기를 주께서 내게 명령하신
명령대로 하였사오니 내가 주의 명
령을 범하지도 아니하였고 잊지도
아니하였나이다
14 내가 애곡하는 날에 이 성물을 먹
지 아니하였고 부정한 몸으로 이를
떼어두지 아니하였고 죽은 자를 위
하여 이를 쓰지 아니하였고 내 하
나님 야훼의 말씀을 청종하여 주께
서 내게 명령하신 대로 다 행하였
사오니
15 원하건대 주의 거룩한 처소 하늘에
서 보시고 주의 백성 이스라엘에게
복을 주시며 우리 조상들에게 맹세
하여 우리에게 주신 젖과 꿀이 흐
르는 땅에 복을 내리소서 할지니라
16 오늘 네 하나님 야훼께서 이 규례
와 법도를 행하라고 네게 명령하

기록일 : . . .

시나니 그런즉 너는 마음을 다하고
뜻을 다하여 지켜 행하라
17 네가 오늘 야훼를 네 하나님으로
인정하고 또 그 도를 행하고 그의
규례와 명령과 법도를 지키며 그의
소리를 들으리라 확언하였고
18 야훼께서도 네게 말씀하신 대로 오
늘 너를 그의 보배로운 백성이 되
게 하시고 그의 모든 명령을 지키
라 확언하셨느니라
19 그런즉 야훼께서 너를 그 지으신
모든 민족 위에 뛰어나게 하사 찬
송과 명예와 영광을 삼으시고 그가
말씀하신 대로 너를 네 하나님 야
훼의 성민이 되게 하시리라
27 모세와 이스라엘 장로들이 백성
에게 명령하여 이르되 내가 오늘
너희에게 명령하는 이 명령을 너희
는 다 지킬지니라
2 너희가 요단을 건너 네 하나님 야
훼께서 네게 주시는 땅에 들어가는
날에 큰 돌들을 세우고 석회를 바
르라
3 요단을 건넌 후에 이 율법의 모든
말씀을 그 위에 기록하라 그리하면
네 하나님 야훼께서 네게 주시는
땅 곧 젖과 꿀이 흐르는 땅에 네가
들어가기를 네 조상들의 하나님 야
훼께서 네게 말씀하신 대로 하리라
4 너희가 요단을 건너거든 내가 오늘
너희에게 명령하는 이 돌들을 에발
산에 세우고 그 위에 석회를 바를
것이며
5 또 거기서 네 하나님 야훼를 위하
여 제단 곧 돌단을 쌓되 그것에 쇠
연장을 대지 말지니라
6 너는 다듬지 않은 돌로 네 하나님
야훼의 제단을 쌓고 그 위에 네 하
나님 야훼께 번제를 드릴 것이며
7 또 화목제를 드리고 거기에서 먹으
며 네 하나님 야훼 앞에서 즐거워
하라
8 너는 이 율법의 모든 말씀을 그 돌
들 위에 분명하고 정확하게 기록할
지니라
9 모세와 레위 제사장들이 온 이스라
엘에게 말하여 이르되 이스라엘아
잠잠하여 들으라 오늘 네가 네 하
나님 야훼의 백성이 되었으니
10 그런즉 네 하나님 야훼의 말씀을
청종하여 내가 오늘 네게 명령하는
그 명령과 규례를 행할지니라
11 모세가 그 날 백성에게 명령하여
이르되
12 너희가 요단을 건넌 후에 시므온과
레위와 유다와 잇사갈과 요셉과 베
냐민은 백성을 축복하기 위하여 그
리심 산에 서고
13 르우벤과 갓과 아셀과 스불론과 단
과 납달리는 저주하기 위하여 에발

기록일 : . . .

산에 서고
14 레위 사람은 큰 소리로 이스라엘
모든 사람에게 말하여 이르기를
15 장색의 손으로 조각하였거나 부어
만든 우상은 야훼께 가증하니 그것
을 만들어 은밀히 세우는 자는 저
주를 받을 것이라 할 것이요 모든
백성은 응답하여 말하되 아멘 할지
니라
16 그의 부모를 경홀히 여기는 자는
저주를 받을 것이라 할 것이요 모
든 백성은 아멘 할지니라
17 그의 이웃의 경계표를 옮기는 자는
저주를 받을 것이라 할 것이요 모
든 백성은 아멘 할지니라
18 맹인에게 길을 잃게 하는 자는 저
주를 받을 것이라 할 것이요 모든
백성은 아멘 할지니라
19 객이나 고아나 과부의 송사를 억울
하게 하는 자는 저주를 받을 것이
라 할 것이요 모든 백성은 아멘 할
지니라
20 그의 아버지의 아내와 동침하는 자
는 그의 아버지의 하체를 드러냈으
니 저주를 받을 것이라 할 것이요
모든 백성은 아멘 할지니라
21 짐승과 교합하는 모든 자는 저주를
받을 것이라 할 것이요 모든 백성
은 아멘 할지니라
22 그의 자매 곧 그의 아버지의 딸이
나 어머니의 딸과 동침하는 자는
저주를 받을 것이라 할 것이요 모
든 백성은 아멘 할지니라
23 장모와 동침하는 자는 저주를 받을
것이라 할 것이요 모든 백성은 아
멘 할지니라
24 그의 이웃을 암살하는 자는 저주를
받을 것이라 할 것이요 모든 백성
은 아멘 할지니라
25 무죄한 자를 죽이려고 뇌물을 받는
자는 저주를 받을 것이라 할 것이
요 모든 백성은 아멘 할지니라
26 이 율법의 말씀을 실행하지 아니하
는 자는 저주를 받을 것이라 할 것
이요 모든 백성은 아멘 할지니라

# 28

네가 네 하나님 야훼의 말씀을 삼
가 듣고 내가 오늘 네게 명령하는
그의 모든 명령을 지켜 행하면 네
하나님 야훼께서 너를 세계 모든
민족 위에 뛰어나게 하실 것이라
2 네가 네 하나님 야훼의 말씀을 청
종하면 이 모든 복이 네게 임하며
네게 이르리니
3 성읍에서도 복을 받고 들에서도 복
을 받을 것이며
4 네 몸의 자녀와 네 토지의 소산과
네 짐승의 새끼와 소와 양의 새끼
가 복을 받을 것이며
5 네 광주리와 떡 반죽 그릇이 복을
받을 것이며

기록일 : . . .

6 네가 들어와도 복을 받고 나가도
복을 받을 것이니라
7 야훼께서 너를 대적하기 위해 일어
난 적군들을 네 앞에서 패하게 하
시리라 그들이 한 길로 너를 치러
들어왔으나 네 앞에서 일곱 길로
도망하리라
8 야훼께서 명령하사 네 창고와 네 손
으로 하는 모든 일에 복을 내리시고
네 하나님 야훼께서 네게 주시는 땅
에서 네게 복을 주실 것이며
9 야훼께서 네게 맹세하신 대로 너를
세워 자기의 성민이 되게 하시리니
이는 네가 네 하나님 야훼의 명령
을 지켜 그 길로 행할 것임이니라
10 땅의 모든 백성이 야훼의 이름이
너를 위하여 불리는 것을 보고 너
를 두려워하리라
11 야훼께서 네게 주리라고 네 조상들
에게 맹세하신 땅에서 네게 복을
주사 네 몸의 소생과 가축의 새끼
와 토지의 소산을 많게 하시며
12 야훼께서 너를 위하여 하늘의 아름
다운 보고를 여시사 네 땅에 때를
따라 비를 내리시고 네 손으로 하
는 모든 일에 복을 주시리니 네가
많은 민족에게 꾸어줄지라도 너는
꾸지 아니할 것이요
13 야훼께서 너를 머리가 되고 꼬리가
되지 않게 하시며 위에만 있고 아
래에 있지 않게 하시리니 오직 너는
내가 오늘 네게 명령하는 네 하나
님 야훼의 명령을 듣고 지켜 행하며
14 내가 오늘 너희에게 명령하는 그
말씀을 떠나 좌로나 우로나 치우치
지 아니하고 다른 신을 따라 섬기
지 아니하면 이와 같으리라
15 네가 만일 네 하나님 야훼의 말씀
을 순종하지 아니하여 내가 오늘
네게 명령하는 그의 모든 명령과
규례를 지켜 행하지 아니하면 이 모
든 저주가 네게 임하며 네게 이를
것이니
16 네가 성읍에서도 저주를 받으며 들
에서도 저주를 받을 것이요
17 또 네 광주리와 떡 반죽 그릇이 저
주를 받을 것이요
18 네 몸의 소생과 네 토지의 소산과
네 소와 양의 새끼가 저주를 받을
것이며
19 네가 들어와도 저주를 받고 나가도
저주를 받으리라
20 네가 악을 행하여 그를 잊으므로
네 손으로 하는 모든 일에 야훼께
서 저주와 혼란과 책망을 내리사
망하며 속히 파멸하게 하실 것이며
21 야훼께서 네 몸에 염병이 들게 하
사 네가 들어가 차지할 땅에서 마
침내 너를 멸하실 것이며
22 야훼께서 폐병과 열병과 염증과 학

기록일 : . . .

질과 한재와 풍재와 썩는 재앙으로
너를 치시리니 이 재앙들이 너를 따
라서 너를 진멸하게 할 것이라
23 네 머리 위의 하늘은 놋이 되고 네
아래의 땅은 철이 될 것이며
24 야훼께서 비 대신에 티끌과 모래를
네 땅에 내리시리니 그것들이 하늘
에서 네 위에 내려 마침내 너를 멸
하리라
25 야훼께서 네 적군 앞에서 너를 패
하게 하시리니 네가 그들을 치러
한 길로 나가서 그들 앞에서 일곱
길로 도망할 것이며 네가 또 땅의
모든 나라 중에 흩어지고
26 네 시체가 공중의 모든 새와 땅의
짐승들의 밥이 될 것이나 그것들을
쫓아줄 자가 없을 것이며
27 야훼께서 애굽의 종기와 치질과 괴
혈병과 피부병으로 너를 치시리니
네가 치유 받지 못할 것이며
28 야훼께서 또 너를 미치는 것과 눈
머는 것과 정신병으로 치시리니
29 맹인이 어두운 데에서 더듬는 것과
같이 네가 백주에도 더듬고 네 길
이 형통하지 못하여 항상 압제와
노략을 당할 뿐이리니 너를 구원할
자가 없을 것이며
30 네가 여자와 약혼하였으나 다른 사
람이 그 여자와 같이 동침할 것이요
집을 건축하였으나 거기에 거주하
지 못할 것이요 포도원을 심었으나
네가 그 열매를 따지 못할 것이며
31 네 소를 네 목전에서 잡았으나 네
가 먹지 못할 것이며 네 나귀를 네
목전에서 빼앗겨도 도로 찾지 못할
것이며 네 양을 원수에게 빼앗길
것이나 너를 도와 줄 자가 없을 것
이며
32 네 자녀를 다른 민족에게 빼앗기고
종일 생각하고 찾음으로 눈이 피곤
하여지나 네 손에 힘이 없을 것이며
33 네 토지 소산과 네 수고로 얻은 것
을 네가 알지 못하는 민족이 먹겠
고 너는 항상 압제와 학대를 받을
뿐이리니
34 이러므로 네 눈에 보이는 일로 말
미암아 네가 미치리라
35 야훼께서 네 무릎과 다리를 쳐서
고치지 못할 심한 종기를 생기게
하여 발바닥에서부터 정수리까지
이르게 하시리라
36 야훼께서 너와 네가 세울 네 임금
을 너와 네 조상들이 알지 못하던
나라로 끌어 가시리니 네가 거기서
목석으로 만든 다른 신들을 섬길
것이며
37 야훼께서 너를 끌어 가시는 모든
민족 중에서 네가 놀람과 속담과
비방거리가 될 것이라
38 네가 많은 종자를 들에 뿌릴지라도

기록일 : . . .

메뚜기가 먹으므로 거둘 것이 적을
것이며
39 네가 포도원을 심고 가꿀지라도 벌
레가 먹으므로 포도를 따지 못하고
포도주를 마시지 못할 것이며
40 네 모든 경내에 감람나무가 있을지
라도 그 열매가 떨어지므로 그 기
름을 네 몸에 바르지 못할 것이며
41 네가 자녀를 낳을지라도 그들이 포
로가 되므로 너와 함께 있지 못할
것이며
42 네 모든 나무와 토지 소산은 메뚜
기가 먹을 것이며
43 너의 중에 우거하는 이방인은 점점
높아져서 네 위에 뛰어나고 너는
점점 낮아질 것이며
44 그는 네게 꾸어줄지라도 너는 그에
게 꾸어주지 못하리니 그는 머리가
되고 너는 꼬리가 될 것이라
45 네가 네 하나님 야훼의 말씀을 청
종하지 아니하고 네게 명령하신 그
의 명령과 규례를 지키지 아니하므
로 이 모든 저주가 네게 와서 너를
따르고 네게 이르러 마침내 너를
멸하리니
46 이 모든 저주가 너와 네 자손에게
영원히 있어서 표징과 훈계가 되
리라
47 네가 모든 것이 풍족하여도 기쁨과
즐거운 마음으로 네 하나님 야훼를
섬기지 아니함으로 말미암아
48 네가 주리고 목마르고 헐벗고 모든
것이 부족한 중에서 야훼께서 보내
사 너를 치게 하실 적군을 섬기게
될 것이니 그가 철 멍에를 네 목에
메워 마침내 너를 멸할 것이라
49 곧 야훼께서 멀리 땅 끝에서 한 민
족을 독수리가 날아오는 것 같이
너를 치러 오게 하시리니 이는 네가
그 언어를 알지 못하는 민족이요
50 그 용모가 흉악한 민족이라 노인을
보살피지 아니하며 유아를 불쌍히
여기지 아니하며
51 네 가축의 새끼와 네 토지의 소산
을 먹어 마침내 너를 멸망시키며 또
곡식이나 포도주나 기름이나 소의
새끼나 양의 새끼를 너를 위하여
남기지 아니하고 마침내 너를 멸절
시키리라
52 그들이 전국에서 네 모든 성읍을
에워싸고 네가 의뢰하는 높고 견고
한 성벽을 다 헐며 네 하나님 야훼
께서 네게 주시는 땅의 모든 성읍
에서 너를 에워싸리니
53 네가 적군에게 에워싸이고 맹렬한
공격을 받아 곤란을 당하므로 네 하
나님 야훼께서 네게 주신 자녀 곧
네 몸의 소생의 살을 먹을 것이라
54 너희 중에 온유하고 연약한 남자까
지도 그의 형제와 그의 품의 아내

기록일 : . . .

와 그의 남은 자녀를 미운 눈으로
바라보며
55 자기가 먹는 그 자녀의 살을 그 중
누구에게든지 주지 아니하리니 이
는 네 적군이 네 모든 성읍을 에워
싸고 맹렬히 너를 쳐서 곤란하게
하므로 아무것도 그에게 남음이 없
는 까닭일 것이며
56 또 너희 중에 온유하고 연약한 부
녀 곧 온유하고 연약하여 자기 발
바닥으로 땅을 밟아 보지도 아니하
던 자라도 자기 품의 남편과 자기
자녀를 미운 눈으로 바라보며
57 자기 다리 사이에서 나온 태와 자
기가 낳은 어린 자식을 남몰래 먹
으리니 이는 네 적군이 네 생명을
에워싸고 맹렬히 쳐서 곤란하게 하
므로 아무것도 얻지 못함이리라
58 네가 만일 이 책에 기록한 이 율법
의 모든 말씀을 지켜 행하지 아니
하고 네 하나님 야훼라 하는 영화
롭고 두려운 이름을 경외하지 아니
하면
59 야훼께서 네 재앙과 네 자손의 재
앙을 극렬하게 하시리니 그 재앙이
크고 오래고 그 질병이 중하고 오
랠 것이라
60 야훼께서 네가 두려워하던 애굽의
모든 질병을 네게로 가져다가 네
몸에 들어붙게 하실 것이며
61 또 이 율법책에 기록하지 아니한
모든 질병과 모든 재앙을 네가 멸
망하기까지 야훼께서 네게 내리실
것이니
62 너희가 하늘의 별 같이 많을지라도
네 하나님 야훼의 말씀을 청종하지
아니하므로 남는 자가 얼마 되지
못할 것이라
63 야훼께서 너희에게 선을 행하시고
너희를 번성하게 하시기를 기뻐하
시던 것 같이 이제는 야훼께서 너희
를 망하게 하시며 멸하시기를 기뻐
하시리니 너희가 들어가 차지할 땅
에서 뽑힐 것이요
64 야훼께서 너를 땅 이 끝에서 저 끝
까지 만민 중에 흩으시리니 네가
그 곳에서 너와 네 조상들이 알지
못하던 목석 우상을 섬길 것이라
65 그 여러 민족 중에서 네가 평안함
을 얻지 못하며 네 발바닥이 쉴 곳
도 얻지 못하고 야훼께서 거기에서
네 마음을 떨게 하고 눈을 쇠하게
하고 정신을 산란하게 하시리니
66 네 생명이 위험에 처하고 주야로
두려워하며 네 생명을 확신할 수
없을 것이라
67 네 마음의 두려움과 눈이 보는 것
으로 말미암아 아침에는 이르기를
아하 저녁이 되었으면 좋겠다 할 것
이요 저녁에는 이르기를 아하 아침

기록일 : . . .

이 되었으면 좋겠다 하리라
68 야훼께서 너를 배에 싣고 전에 네
게 말씀하여 이르시기를 네가 다시
는 그 길을 보지 아니하리라 하시던
그 길로 너를 애굽으로 끌어 가실
것이라 거기서 너희가 너희 몸을 적
군에게 남녀 종으로 팔려 하나 너
희를 살 자가 없으리라

29 호렙에서 이스라엘 자손과 세우
신 언약 외에 야훼께서 모세에게
명령하여 모압 땅에서 그들과 세우
신 언약의 말씀은 이러하니라
2 모세가 온 이스라엘을 소집하고 그
들에게 이르되 야훼께서 애굽 땅에
서 너희의 목전에 바로와 그의 모
든 신하와 그의 온 땅에 행하신 모
든 일을 너희가 보았나니
3 곧 그 큰 시험과 이적과 큰 기사를
네 눈으로 보았느니라
4 그러나 깨닫는 마음과 보는 눈과
듣는 귀는 오늘 야훼께서 너희에게
주지 아니하셨느니라
5 주께서 사십 년 동안 너희를 광야
에서 인도하게 하셨거니와 너희 몸
의 옷이 낡아지지 아니하였고 너희
발의 신이 해어지지 아니하였으며
6 너희에게 떡도 먹지 못하며 포도주
나 독주를 마시지 못하게 하셨음은
주는 너희의 하나님 야훼이신 줄을
알게 하려 하심이니라
7 너희가 이 곳에 올 때에 헤스본 왕
시혼과 바산 왕 옥이 우리와 싸우
러 나왔으므로 우리가 그들을 치고
8 그 땅을 차지하여 르우벤과 갓과
므낫세 반 지파에게 기업으로 주었
나니
9 그런즉 너희는 이 언약의 말씀을
지켜 행하라 그리하면 너희가 하는
모든 일이 형통하리라
10 오늘 너희 곧 너희의 수령과 너희
의 지파와 너희의 장로들과 너희의
지도자와 이스라엘 모든 남자와
11 너희의 유아들과 너희의 아내와 및
네 진중에 있는 객과 너를 위하여
나무를 패는 자로부터 물 긷는 자
까지 다 너희의 하나님 야훼 앞에
서 있는 것은
12 네 하나님 야훼의 언약에 참여하며
또 네 하나님 야훼께서 오늘 네게
하시는 맹세에 참여하여
13 야훼께서 네게 말씀하신 대로 또
네 조상 아브라함과 이삭과 야곱에
게 맹세하신 대로 오늘 너를 세워
자기 백성을 삼으시고 그는 친히
네 하나님이 되시려 함이니라
14 내가 이 언약과 맹세를 너희에게만
세우는 것이 아니라
15 오늘 우리 하나님 야훼 앞에서 우
리와 함께 여기 서 있는 자와 오늘
우리와 함께 여기 있지 아니한 자

기록일 : . . .

에게까지이니
16 (우리가 애굽 땅에서 살았던 것과
너희가 여러 나라를 통과한 것을
너희가 알며
17 너희가 또 그들 중에 있는 가증한
것과 목석과 은금의 우상을 보았느
니라)
18 너희 중에 남자나 여자나 가족이나
지파나 오늘 그 마음이 우리 하나님
야훼를 떠나서 그 모든 민족의 신들
에게 가서 섬길까 염려하며 독초와
쑥의 뿌리가 너희 중에 생겨서
19 이 저주의 말을 듣고도 심중에 스
스로 복을 빌어 이르기를 내가 내
마음이 완악하여 젖은 것과 마른
것이 멸망할지라도 내게는 평안이
있으리라 할까 함이라
20 야훼는 이런 자를 사하지 않으실
뿐 아니라 그 위에 야훼의 분노와
질투의 불을 부으시며 또 이 책에
기록된 모든 저주를 그에게 더하실
것이라 야훼께서 그의 이름을 천하
에서 지워버리시되
21 야훼께서 곧 이스라엘 모든 지파
중에서 그를 구별하시고 이 율법책
에 기록된 모든 언약의 저주대로
그에게 화를 더하시리라
22 너희 뒤에 일어나는 너희의 자손과
멀리서 오는 객이 그 땅의 재앙과
야훼께서 그 땅에 유행시키시는 질
병을 보며
23 그 온 땅이 유황이 되며 소금이 되
며 또 불에 타서 심지도 못하며 결
실함도 없으며 거기에는 아무 풀도
나지 아니함이 옛적에 야훼께서 진
노와 격분으로 멸하신 소돔과 고모
라와 아드마와 스보임의 무너짐과
같음을 보고 물을 것이요
24 여러 나라 사람들도 묻기를 야훼께
서 어찌하여 이 땅에 이같이 행하
셨느냐 이같이 크고 맹렬하게 노하
심은 무슨 뜻이냐 하면
25 그 때에 사람들이 대답하기를 그
무리가 자기 조상의 하나님 야훼께
서 그들의 조상을 애굽에서 인도하
여 내실 때에 더불어 세우신 언약
을 버리고
26 가서 자기들이 알지도 못하고 야훼
께서 그들에게 주시지도 아니한 다
른 신들을 따라가서 그들을 섬기고
절한 까닭이라
27 이러므로 야훼께서 이 땅에 진노하
사 이 책에 기록된 모든 저주대로
재앙을 내리시고
28 야훼께서 또 진노와 격분과 크게
통한하심으로 그들을 이 땅에서 뽑
아내사 다른 나라에 내던지심이 오
늘과 같다 하리라
29 감추어진 일은 우리 하나님 야훼께
속하였거니와 나타난 일은 영원히

기록일 :   .   .   .

우리와 우리 자손에게 속하였나니
이는 우리에게 이 율법의 모든 말
씀을 행하게 하심이니라

30 내가 네게 진술한 모든 복과 저
주가 네게 임하므로 네가 네 하나님
야훼로부터 쫓겨간 모든 나라 가운
데서 이 일이 마음에서 기억이 나
거든
2 너와 네 자손이 네 하나님 야훼께로
돌아와 내가 오늘 네게 명령한 것을
온전히 따라 마음을 다하고 뜻을 다
하여 야훼의 말씀을 청종하면
3 네 하나님 야훼께서 마음을 돌이키
시고 너를 긍휼히 여기사 포로에서
돌아오게 하시되 네 하나님 야훼께
서 흩으신 그 모든 백성 중에서 너
를 모으시리니
4 네 쫓겨간 자들이 하늘 가에 있을
지라도 네 하나님 야훼께서 거기서
너를 모으실 것이며 거기서부터 너
를 이끄실 것이라
5 네 하나님 야훼께서 너를 네 조상
들이 차지한 땅으로 돌아오게 하사
네게 다시 그것을 차지하게 하실
것이며 야훼께서 또 네게 선을 행
하사 너를 네 조상들보다 더 번성
하게 하실 것이며
6 네 하나님 야훼께서 네 마음과 네
자손의 마음에 할례를 베푸사 너
로 마음을 다하며 뜻을 다하여 네
하나님 야훼를 사랑하게 하사 너로
생명을 얻게 하실 것이며
7 네 하나님 야훼께서 네 적군과 너
를 미워하고 핍박하던 자에게 이
모든 저주를 내리게 하시리니
8 너는 돌아와 다시 야훼의 말씀을
청종하고 내가 오늘 네게 명령하는
그 모든 명령을 행할 것이라
9 네가 네 하나님 야훼의 말씀을 청
~
10 종하여 이 율법책에 기록된 그의
명령과 규례를 지키고 네 마음을
다하며 뜻을 다하여 야훼 네 하나
님께 돌아오면 네 하나님 야훼께서
네 손으로 하는 모든 일과 네 몸의
소생과 네 가축의 새끼와 네 토지
소산을 많게 하시고 네게 복을 주
시되 곧 야훼께서 네 조상들을 기
뻐하신 것과 같이 너를 다시 기뻐
하사 네게 복을 주시리라
11 내가 오늘 네게 명령한 이 명령은
네게 어려운 것도 아니요 먼 것도
아니라
12 하늘에 있는 것이 아니니 네가 이
르기를 누가 우리를 위하여 하늘
에 올라가 그의 명령을 우리에게로
가지고 와서 우리에게 들려 행하게
하랴 할 것이 아니요
13 이것이 바다 밖에 있는 것이 아니니
네가 이르기를 누가 우리를 위하여
바다를 건너가서 그의 명령을 우리

기록일 : . . .

에게로 가지고 와서 우리에게 들려
행하게 하랴 할 것도 아니라
14 오직 그 말씀이 네게 매우 가까워
서 네 입에 있으며 네 마음에 있은
즉 네가 이를 행할 수 있느니라
15 보라 내가 오늘 생명과 복과 사망
과 화를 네 앞에 두었나니
16 곧 내가 오늘 네게 명령하여 네 하
나님 야훼를 사랑하고 그 모든 길로
행하며 그의 명령과 규례와 법도를
지키라 하는 것이라 그리하면 네가
생존하며 번성할 것이요 또 네 하나
님 야훼께서 네가 가서 차지할 땅에
서 네게 복을 주실 것임이니라
17 그러나 네가 만일 마음을 돌이켜
듣지 아니하고 유혹을 받아 다른
신들에게 절하고 그를 섬기면
18 내가 오늘 너희에게 선언하노니 너
희가 반드시 망할 것이라 너희가
요단을 건너가서 차지할 땅에서 너
희의 날이 길지 못할 것이니라
19 내가 오늘 하늘과 땅을 불러 너희
에게 증거를 삼노라 내가 생명과
사망과 복과 저주를 네 앞에 두었
은즉 너와 네 자손이 살기 위하여
생명을 택하고
20 네 하나님 야훼를 사랑하고 그의
말씀을 청종하며 또 그를 의지하라
그는 네 생명이시요 네 장수이시니
야훼께서 네 조상 아브라함과 이삭
과 야곱에게 주리라고 맹세하신 땅
에 네가 거주하리라

# 31

또 모세가 가서 온 이스라엘에게
이 말씀을 전하여
2 그들에게 이르되 이제 내 나이 백
이십 세라 내가 더 이상 출입하지
못하겠고 야훼께서도 내게 이르시
기를 너는 이 요단을 건너지 못하리
라 하셨느니라
3 야훼께서 이미 말씀하신 것과 같이
네 하나님 야훼께서 너보다 먼저
건너가사 이 민족들을 네 앞에서 멸
하시고 네가 그 땅을 차지하게 할
것이며 여호수아는 네 앞에서 건너
갈지라
4 또한 야훼께서 이미 멸하신 아모리
왕 시혼과 옥과 및 그 땅에 행하신
것과 같이 그들에게도 행하실 것
이라
5 또한 야훼께서 그들을 너희 앞에
넘기시리니 너희는 내가 너희에게
명한 모든 명령대로 그들에게 행할
것이라
6 너희는 강하고 담대하라 두려워하
지 말라 그들 앞에서 떨지 말라 이
는 네 하나님 야훼 그가 너와 함께
가시며 결코 너를 떠나지 아니하시
며 버리지 아니하실 것임이라 하고
7 모세가 여호수아를 불러 온 이스라
엘의 목전에서 그에게 이르되 너는

강하고 담대하라 너는 이 백성을 거
느리고 야훼께서 그들의 조상에게
주리라고 맹세하신 땅에 들어가서
그들에게 그 땅을 차지하게 하라
8 그리하면 야훼 그가 네 앞에서 가
시며 너와 함께 하사 너를 떠나지
아니하시며 버리지 아니하시리니 너
는 두려워하지 말라 놀라지 말라
9 또 모세가 이 율법을 써서 야훼의
언약궤를 메는 레위 자손 제사장들
과 이스라엘 모든 장로에게 주고
10 모세가 그들에게 명령하여 이르기
를 매 칠 년 끝 해 곧 면제년의 초
막절에
11 온 이스라엘이 네 하나님 야훼 앞
그가 택하신 곳에 모일 때에 이 율
법을 낭독하여 온 이스라엘에게 듣
게 할지니
12 곧 백성의 남녀와 어린이와 네 성
읍 안에 거류하는 타국인을 모으
고 그들에게 듣고 배우고 네 하나
님 야훼를 경외하며 이 율법의 모
든 말씀을 지켜 행하게 하고
13 또 너희가 요단을 건너가서 차지할
땅에 거주할 동안에 이 말씀을 알
지 못하는 그들의 자녀에게 듣고
네 하나님 야훼 경외하기를 배우게
할지니라
14 야훼께서 모세에게 이르시되 네가
죽을 기한이 가까웠으니 여호수아를
불러서 함께 회막으로 나아오라 내
가 그에게 명령을 내리리라 모세와
여호수아가 나아가서 회막에 서니
15 야훼께서 구름 기둥 가운데에서 장
막에 나타나시고 구름 기둥은 장막
문 위에 머물러 있더라
16 또 야훼께서 모세에게 이르시되 너
는 네 조상과 함께 누우려니와 이
백성은 그 땅으로 들어가 음란히
그 땅의 이방 신들을 따르며 일어
날 것이요 나를 버리고 내가 그들
과 맺은 언약을 어길 것이라
17 내가 그들에게 진노하여 그들을 버
리며 내 얼굴을 숨겨 그들에게 보
이지 않게 할 것인즉 그들이 삼킴을
당하여 허다한 재앙과 환난이 그들
에게 임할 그 때에 그들이 말하기
를 이 재앙이 우리에게 내림은 우
리 하나님이 우리 가운데에 계시지
않은 까닭이 아니냐 할 것이라
18 또 그들이 돌이켜 다른 신들을 따르
는 모든 악행으로 말미암아 내가 그
때에 반드시 내 얼굴을 숨기리라
19 그러므로 이제 너희는 이 노래를
써서 이스라엘 자손들에게 가르쳐
그들의 입으로 부르게 하여 이 노
래로 나를 위하여 이스라엘 자손들
에게 증거가 되게 하라
20 내가 그들의 조상들에게 맹세한 바
젖과 꿀이 흐르는 땅으로 그들을

기록일 : . . .

인도하여 들인 후에 그들이 먹어 배
부르고 살찌면 돌이켜 다른 신들을
섬기며 나를 멸시하여 내 언약을 어
기리니
21 그들이 수많은 재앙과 환난을 당할
때에 그들의 자손이 부르기를 잊지
아니한 이 노래가 그들 앞에 증인
처럼 되리라 나는 내가 맹세한 땅
으로 그들을 인도하여 들이기 전
오늘 나는 그들이 생각하는 바를
아노라
22 그러므로 모세가 그 날 이 노래를
써서 이스라엘 자손들에게 가르쳤
더라
23 야훼께서 또 눈의 아들 여호수아에
게 명령하여 이르시되 너는 이스라
엘 자손들을 인도하여 내가 그들에
게 맹세한 땅으로 들어가게 하리니
강하고 담대하라 내가 너와 함께
하리라 하시니라
24 모세가 이 율법의 말씀을 다 책에
써서 마친 후에
25 모세가 야훼의 언약궤를 메는 레위
사람에게 명령하여 이르되
26 이 율법책을 가져다가 너희 하나님
야훼의 언약궤 곁에 두어 너희에게
증거가 되게 하라
27 내가 너희의 반역함과 목이 곧은
것을 아나니 오늘 내가 살아서 너
희와 함께 있어도 너희가 야훼를
거역하였거든 하물며 내가 죽은 후
의 일이랴
28 너희 지파 모든 장로와 관리들을
내 앞에 모으라 내가 이 말씀을 그
들의 귀에 들려주고 그들에게 하늘
과 땅을 증거로 삼으리라
29 내가 알거니와 내가 죽은 후에 너희
가 스스로 부패하여 내가 너희에게
명령한 길을 떠나 야훼의 목전에 악
을 행하여 너희의 손으로 하는 일로
그를 격노하게 하므로 너희가 후일
에 재앙을 당하리라 하니라
30 그리고 모세가 이스라엘 총회에
이 노래의 말씀을 끝까지 읽어 들
리니라

# 32

하늘이여 귀를 기울이라 내가 말
하리라 땅은 내 입의 말을 들을지
어다
2 내 교훈은 비처럼 내리고 내 말은
이슬처럼 맺히나니 연한 풀 위의 가
는 비 같고 채소 위의 단비 같도다
3 내가 야훼의 이름을 전파하리니 너
희는 우리 하나님께 위엄을 돌릴지
어다
4 그는 반석이시니 그가 하신 일이 완
전하고 그의 모든 길이 정의롭고
진실하고 거짓이 없으신 하나님이
시니 공의로우시고 바르시도다
5 그들이 야훼를 향하여 악을 행하니
하나님의 자녀가 아니요 흠이 있고

기록일 : . . .

삐뚤어진 세대로다
6 어리석고 지혜 없는 백성아 야훼께
이같이 보답하느냐 그는 네 아버지
시요 너를 지으신 이가 아니시냐 그
가 너를 만드시고 너를 세우셨도다
7 옛날을 기억하라 역대의 연대를 생
각하라 네 아버지에게 물으라 그가
네게 설명할 것이요 네 어른들에게
물으라 그들이 네게 말하리로다
8 지극히 높으신 자가 민족들에게 기
업을 주실 때에, 인종을 나누실 때
에 이스라엘 자손의 수효대로 백성
들의 경계를 정하셨도다
9 야훼의 분깃은 자기 백성이라 야곱
은 그가 택하신 기업이로다
10 야훼께서 그를 황무지에서, 짐승이
부르짖는 광야에서 만나시고 호위
하시며 보호하시며 자기의 눈동자
같이 지키셨도다
11 마치 독수리가 자기의 보금자리를
어지럽게 하며 자기의 새끼 위에
너풀거리며 그의 날개를 펴서 새끼
를 받으며 그의 날개 위에 그것을
업는 것 같이
12 야훼께서 홀로 그를 인도하셨고 그
와 함께 한 다른 신이 없었도다
13 야훼께서 그가 땅의 높은 곳을 타
고 다니게 하시며 밭의 소산을 먹
게 하시며 반석에서 꿀을, 굳은 반
석에서 기름을 빨게 하시며
14 소의 엉긴 젖과 양의 젖과 어린 양
의 기름과 바산에서 난 숫양과 염
소와 지극히 아름다운 밀을 먹이시
며 또 포도즙의 붉은 술을 마시게
하셨도다
15 그런데 여수룬이 기름지매 발로 찼
도다 네가 살찌고 비대하고 윤택하
매 자기를 지으신 하나님을 버리고
자기를 구원하신 반석을 업신여겼
도다
16 그들이 다른 신으로 그의 질투를
일으키며 가증한 것으로 그의 진노
를 격발하였도다
17 그들은 하나님께 제사하지 아니하
고 귀신들에게 하였으니 곧 그들이
알지 못하던 신들, 근래에 들어온
새로운 신들 너희의 조상들이 두려
워하지 아니하던 것들이로다
18 너를 낳은 반석을 네가 상관하지
아니하고 너를 내신 하나님을 네가
잊었도다
19 그러므로 야훼께서 보시고 미워하
셨으니 그 자녀가 그를 격노하게
한 까닭이로다
20 그가 말씀하시기를 내가 내 얼굴을
그들에게서 숨겨 그들의 종말이 어
떠함을 보리니 그들은 심히 패역한
세대요 진실이 없는 자녀임이로다
21 그들이 하나님이 아닌 것으로 내 질
투를 일으키며 허무한 것으로 내 진

기록일 : . . .

노를 일으켰으니 나도 백성이 아닌
자로 그들에게 시기가 나게 하며
어리석은 민족으로 그들의 분노를
일으키리로다
22 그러므로 내 분노의 불이 일어나서
스올의 깊은 곳까지 불사르며 땅과
그 소산을 삼키며 산들의 터도 불
타게 하는도다
23 내가 재앙을 그들 위에 쌓으며 내
화살이 다할 때까지 그들을 쏘리
로다
24 그들이 주리므로 쇠약하며 불 같은
더위와 독한 질병에 삼켜질 것이라
내가 들짐승의 이와 티끌에 기는
것의 독을 그들에게 보내리로다
25 밖으로는 칼에, 방 안에서는 놀람
에 멸망하리니 젊은 남자도 처녀도
백발 노인과 함께 젖 먹는 아이까
지 그러하리로다
26 내가 그들을 흩어서 사람들 사이에
서 그들에 대한 기억이 끊어지게 하
리라 하였으나
27 혹시 내가 원수를 자극하여 그들의
원수가 잘못 생각할까 걱정하였으
니 원수들이 말하기를 우리의 수단
이 높으며 야훼가 이 모든 것을 행
함이 아니라 할까 염려함이라
28 그들은 모략이 없는 민족이라 그들
중에 분별력이 없도다
29 만일 그들이 지혜가 있어 이것을 깨
달았으면 자기들의 종말을 분별하
였으리라
30 그들의 반석이 그들을 팔지 아니하
였고 야훼께서 그들을 내주지 아니
하셨더라면 어찌 하나가 천을 쫓으
며 둘이 만을 도망하게 하였으리요
31 진실로 그들의 반석이 우리의 반석
과 같지 아니하니 우리의 원수들이
스스로 판단하도다
32 이는 그들의 포도나무는 소돔의 포
도나무요 고모라의 밭의 소산이라
그들의 포도는 독이 든 포도이니
그 송이는 쓰며
33 그들의 포도주는 뱀의 독이요 독사
의 맹독이라
34 이것이 내게 쌓여 있고 내 곳간에
봉하여 있지 아니한가
35 그들이 실족할 그 때에 내가 보복하
리라 그들의 환난날이 가까우니 그
들에게 닥칠 그 일이 속히 오리로다
36 참으로 야훼께서 자기 백성을 판단
하시고 그 종들을 불쌍히 여기시리
니 곧 그들의 무력함과 갇힌 자나
놓인 자가 없음을 보시는 때에로다
37 또한 그가 말씀하시기를 그들의 신
들이 어디 있으며 그들이 피하던 반
석이 어디 있느냐
38 그들의 제물의 기름을 먹고 그들의
전제의 제물인 포도주를 마시던 자
들이 일어나 너희를 돕게 하고 너

기록일 : . . .

희를 위해 피난처가 되게 하라
39 이제는 나 곧 내가 그인 줄 알라 나
외에는 신이 없도다 나는 죽이기도
하며 살리기도 하며 상하게도 하며
낫게도 하나니 내 손에서 능히 빼
앗을 자가 없도다
40 이는 내가 하늘을 향하여 내 손을
들고 말하기를 내가 영원히 살리라
하였노라
41 내가 내 번쩍이는 칼을 갈며 내 손
이 정의를 붙들고 내 대적들에게
복수하며 나를 미워하는 자들에게
보응할 것이라
42 내 화살이 피에 취하게 하고 내 칼
이 그 고기를 삼키게 하리니 곧 피
살자와 포로된 자의 피요 대적의
우두머리의 머리로다
43 너희 민족들아 주의 백성과 즐거워
하라 주께서 그 종들의 피를 갚으
사 그 대적들에게 복수하시고 자기
땅과 자기 백성을 위하여 속죄하시
리로다
44 모세와 눈의 아들 호세아가 와서
이 노래의 모든 말씀을 백성에게
말하여 들리니라
45 모세가 이 모든 말씀을 온 이스라
엘에게 말하기를 마치고
46 그들에게 이르되 내가 오늘 너희에
게 증언한 모든 말을 너희의 마음
에 두고 너희의 자녀에게 명령하여
이 율법의 모든 말씀을 지켜 행하
게 하라
47 이는 너희에게 헛된 일이 아니라 너
희의 생명이니 이 일로 말미암아 너
희가 요단을 건너가 차지할 그 땅
에서 너희의 날이 장구하리라
48 바로 그 날에 야훼께서 모세에게
말씀하여 이르시되
49 너는 여리고 맞은편 모압 땅에 있
는 아바림 산에 올라가 느보 산에
이르러 내가 이스라엘 자손에게 기
업으로 주는 가나안 땅을 바라보라
50 네 형 아론이 호르 산에서 죽어 그
의 조상에게로 돌아간 것 같이 너
도 올라가는 이 산에서 죽어 네 조
상에게로 돌아가리니
51 이는 너희가 신 광야 가데스의 므
리바 물 가에서 이스라엘 자손 중
내게 범죄하여 내 거룩함을 이스라
엘 자손 중에서 나타내지 아니한
까닭이라
52 네가 비록 내가 이스라엘 자손에게
주는 땅을 맞은편에서 바라보기는
하려니와 그리로 들어가지는 못하
리라 하시니라

33 하나님의 사람 모세가 죽기 전에
이스라엘 자손을 위하여 축복함이
이러하니라
2 그가 일렀으되 야훼께서 시내 산
에서 오시고 세일 산에서 일어나시

기록일 : . . .

고 바란 산에서 비추시고 일만 성
도 가운데에 강림하셨고 그의 오른
손에는 그들을 위해 번쩍이는 불이
있도다
3 야훼께서 백성을 사랑하시나니 모
든 성도가 그의 수중에 있으며 주
의 발 아래에 앉아서 주의 말씀을
받는도다
4 모세가 우리에게 율법을 명령하였
으니 곧 야곱의 총회의 기업이로다
5 여수룬에 왕이 있었으니 곧 백성의
수령이 모이고 이스라엘 모든 지파
가 함께 한 때에로다
6 르우벤은 죽지 아니하고 살기를 원
하며 그 사람 수가 적지 아니하기
를 원하나이다
7 유다에 대한 축복은 이러하니라 일
렀으되 야훼여 유다의 음성을 들으
시고 그의 백성에게로 인도하시오
며 그의 손으로 자기를 위하여 싸우
게 하시고 주께서 도우사 그가 그
대적을 치게 하시기를 원하나이다
8 레위에 대하여는 일렀으되 주의 둠
밈과 우림이 주의 경건한 자에게 있
도다 주께서 그를 맛사에서 시험하
시고 므리바 물 가에서 그와 다투
셨도다
9 그는 그의 부모에게 대하여 이르기
를 내가 그들을 보지 못하였다 하
며 그의 형제들을 인정하지 아니하
며 그의 자녀를 알지 아니한 것은
주의 말씀을 준행하고 주의 언약을
지킴으로 말미암음이로다
10 주의 법도를 야곱에게, 주의 율법
을 이스라엘에게 가르치며 주 앞에
분향하고 온전한 번제를 주의 제단
위에 드리리로다
11 야훼여 그의 재산을 풍족하게 하시
고 그의 손의 일을 받으소서 그를
대적하여 일어나는 자와 미워하는
자의 허리를 꺾으사 다시 일어나지
못하게 하옵소서
12 베냐민에 대하여는 일렀으되 야훼
의 사랑을 입은 자는 그 곁에 안전
히 살리로다 야훼께서 그를 날이
마치도록 보호하시고 그를 자기 어
깨 사이에 있게 하시리로다
13 요셉에 대하여는 일렀으되 원하건
대 그 땅이 야훼께 복을 받아 하늘
의 보물인 이슬과 땅 아래에 저장
한 물과
14 태양이 결실하게 하는 선물과 태음
이 자라게 하는 선물과
15 옛 산의 좋은 산물과 영원한 작은
언덕의 선물과
16 땅의 선물과 거기 충만한 것과 가
시떨기나무 가운데에 계시던 이의
은혜로 말미암아 복이 요셉의 머리
에, 그의 형제 중 구별한 자의 정수
리에 임할지로다

기록일 : . . .

17 그는 첫 수송아지 같이 위엄이 있으
니 그 뿔이 들소의 뿔 같도다 이것
으로 민족들을 받아 땅 끝까지 이르
리니 곧 에브라임의 자손은 만만이
요 므낫세의 자손은 천천이리로다
18 스불론에 대하여는 일렀으되 스불
론이여 너는 밖으로 나감을 기뻐하
라 잇사갈이여 너는 장막에 있음을
즐거워하라
19 그들이 백성들을 불러 산에 이르게
하고 거기에서 의로운 제사를 드릴
것이며 바다의 풍부한 것과 모래에
감추어진 보배를 흡수하리로다
20 갓에 대하여는 일렀으되 갓을 광대
하게 하시는 이에게 찬송을 부를
지어다 갓이 암사자 같이 엎드리고
팔과 정수리를 찢는도다
21 그가 자기를 위하여 먼저 기업을 택
하였으니 곧 입법자의 분깃으로 준
비된 것이로다 그가 백성의 수령들
과 함께 와서 야훼의 공의와 이스
라엘과 세우신 법도를 행하도다
22 단에 대하여는 일렀으되 단은 바산
에서 뛰어나오는 사자의 새끼로다
23 납달리에 대하여는 일렀으되 은혜
가 풍성하고 야훼의 복이 가득한
납달리여 너는 서쪽과 남쪽을 차지
할지로다
24 아셀에 대하여는 일렀으되 아셀은
아들들 중에 더 복을 받으며 그의
형제에게 기쁨이 되며 그의 발이 기
름에 잠길지로다
25 네 문빗장은 철과 놋이 될 것이니
네가 사는 날을 따라서 능력이 있
으리로다
26 여수룬이여 하나님 같은 이가 없도
다 그가 너를 도우시려고 하늘을
타고 궁창에서 위엄을 나타내시는
도다
27 영원하신 하나님이 네 처소가 되시
니 그의 영원하신 팔이 네 아래에
있도다 그가 네 앞에서 대적을 쫓
으시며 멸하라 하시도다
28 이스라엘이 안전히 거하며 야곱의
샘은 곡식과 새 포도주의 땅에 홀
로 있나니 곧 그의 하늘이 이슬을
내리는 곳에로다
29 이스라엘이여 너는 행복한 사람이
로다 야훼의 구원을 너 같이 얻은
백성이 누구냐 그는 너를 돕는 방
패시요 네 영광의 칼이시로다 네
대적이 네게 복종하리니 네가 그들
의 높은 곳을 밟으리로다

34 모세가 모압 평지에서 느보 산에
올라가 여리고 맞은편 비스가 산꼭
대기에 이르매 야훼께서 길르앗 온
땅을 단까지 보이시고
2 또 온 납달리와 에브라임과 므낫세
의 땅과 서해까지의 유다 온 땅과
3 네겝과 종려나무의 성읍 여리고 골

짜기 평지를 소알까지 보이시고
4 야훼께서 그에게 이르시되 이는 내
가 아브라함과 이삭과 야곱에게 맹
세하여 그의 후손에게 주리라 한
땅이라 내가 네 눈으로 보게 하였
거니와 너는 그리로 건너가지 못하
리라 하시매
5 이에 야훼의 종 모세가 야훼의 말
씀대로 모압 땅에서 죽어
6 벳브올 맞은편 모압 땅에 있는 골
짜기에 장사되었고 오늘까지 그의
묻힌 곳을 아는 자가 없느니라
7 모세가 죽을 때 나이 백이십 세였
으나 그의 눈이 흐리지 아니하였고
기력이 쇠하지 아니하였더라
8 이스라엘 자손이 모압 평지에서 모
세를 위하여 애곡하는 기간이 끝나
도록 모세를 위하여 삼십 일을 애
곡하니라
9 모세가 눈의 아들 여호수아에게 안
수하였으므로 그에게 지혜의 영이
충만하니 이스라엘 자손이 야훼께
서 모세에게 명령하신 대로 여호수
아의 말을 순종하였더라
10 그 후에는 이스라엘에 모세와 같은
선지자가 일어나지 못하였나니 모세
는 야훼께서 대면하여 아시던 자요
11 야훼께서 그를 애굽 땅에 보내사
바로와 그의 모든 신하와 그의 온
땅에 모든 이적과 기사와
12 모든 큰 권능과 위엄을 행하게 하
시매 온 이스라엘의 목전에서 그것
을 행한 자이더라

기록일 : . . .

구약 2 : 레위기 - 신명기

성령님과 함께 쓰는

# 은혜로운 필사성경 2

초판 1쇄 인쇄 2020년 5월 06일
초판 1쇄 발행 2020년 5월 27일

편 집 인 김호성
발 행 처 서울말씀사
출판등록 제2016-000172호
주 소 서울시 영등포구 은행로 55, 나동 9층
전 화 02) 846-9222
팩 스 02) 846-9225



MERCIFUL WRITING BIBLE